KB268663

國語學叢書 67

15세기 국어 접속문의 통사와 의미

장요한 저

태학사

　이 책은 지난 2009년 2월에 서강대학교 대학원에 제출한 저자의 박사학위 논문을 새로 깁고 다듬어 펴낸 것이다. 글 전체의 논지나 내용은 크게 달라진 곳은 없다. 다만 목차와 제목 그리고 오자나 표현상 어색한 부분만을 바로잡았다. 박사논문을 제출한 이후에 한 두 해 정도의 시간을 두고 아직 설익은 생각이나 세밀하게 기술하지 못한 부분을 차분히 앉아서 손질해 보고 싶었으나 이런 저런 일에 관심을 두고 살피다보니 박사논문을 새로 깁는 일은 뒤로 미루어지게 되었다. 그러던 차에 국어학회의 배려로 출판을 서두르게 되어 2010년 여름 방학 기간에 아직 이룰 수 없는 주장이나 생각은 삭제하고 내용만을 다듬는 수준에서 책을 펴내게 되었다.

　국어 접속문은 절과 접속어미, 의미 관계 및 통사 관계, 그리고 접속어미의 통합과 선어말어와의 통합 등 다양한 현상이 하나의 통합된 모습으로 어우러진 구성체이다. 그러므로 접속문을 관찰하여 그 실체를 밝히기 위해서는 각 접속문의 접속어미 목록은 물론 그 의미기능과 각 접속문의 통사·의미적 특징에 대한 연구가 면밀하게 이루어져야 한다. 특히 모든 분야의 국어 연구가 그렇듯이 보다 깊이 있고 완성된 접속문 연구를 위해서는 역사적 연구 또한 체계적이고 다양한 논의가 이루어져야 한다. 그런데 접속문의 역사적 연구는 그 논의가 본격적으로 진행된 것도 그리 오래되지 않을뿐더러 현대국어만큼 체계적이고 다양한 논의가 이루어지지 못한 면이 있다. 이는 역사적 자료의 제약 때문도 있겠지만 접속문의 핵심으로서 접속어미를 확인하고 그 쓰임을 밝히는 일, 한 의미 범주에 속하는 접속어미들의 의미 차이를 찾아내는 일, 특히 부정적 자료 없이 접속문의 통사·의미적 특징을 밝히는 일이 매우 어렵기 때문일 것이다. 저자의 경우에도 몇 접속어미의 쓰임과 함께 통사·의미적 특성을 파악하는 데에, 마치 짙은 안개에 갇혀 있는 듯하여, 아주 오랜 시간이 걸린 적이 있었다. 이에 몇 접속어미의 형태 및 그 쓰임에 대해서 선행 연구를 적극 반영한 것도 이 때문이다.

저자가 15세기 국어 접속문에 관심을 가지게 된 것은 현대국어와 다른 15세기 접속문의 통사적 특성을 접하게 되면서 몇 접속 구성을 천착하다가 한두 편의 소논문을 작성한 것이 박사학위논문으로까지 이어졌다. 그 결과 15세기 국어 접속문의 모습을 그려보고자 하여 다음과 같은 문제를 다룰 수 있었다. 첫째로, 각 접속문의 주요 접속어미를 중심으로 선어말어미의 통합과 보조사의 통합을 살펴보는 일을 하였다. 둘째로, 각 접속문의 통사적 특성을 검토하여 대등 접속문과 종속 접속문의 차이를 확인하는 일을 하였다. 셋째로, 각 접속문의 의미적 특성을 시간성과 양태성으로 검토하여 대등 접속문과 종속 접속문의 차이를 확인하는 일을 시도하였다.

15세기 국어 접속문에 호기심을 갖게 되면서 만난 중세 접속문의 다채로운 현상은 마치 다듬어지지 않은 자연의 신비로움을 보는 듯 신기하고 새로웠다. 지금도 그때 느끼던 감동이 저자의 마음에 울림으로 남아 있어 저자의 시선을 이끄는 듯하다. 그런데 당시 접속문은 마치 큰 숲과 같아서 들어가면 들어갈수록 밖에서 느끼던 흥분과 호기심은 온데간데없이 사라지고 두려움과 아득함 때문에 생각을 한 곳에 집중할 수가 없었다. 그래서 한 때는 어떻게 해서라도 빠져나오고 싶은 마음에 펜을 던져보기도 하였다. 하지만, 겨자씨 같은 믿음으로, 던져진 펜을 다시 들고 그 실체를 그려보리라는 마음을 다시금 품고서 여기까지 달려와 어설프나마 한 편의 글을 세상에 내놓게 되었다.

그러나 막상 부족한 대로 책을 펴내려니 이 책을 펴내기까지 많은 도움을 주신 분께 송구스러울 뿐이다. 학문에 대한 냉엄한 태도와 인생에 대한 도리를 친히 보여주신 여러 선생님 곁에서 학문과 삶의 길을 닦을 수 있었던 시간은 결코 잊을 수 없는 소중한 시간이리라. 투박하고 얕은 생각이 그나마 책으로 모양을 갖추게 된 것은 저자의 지도 교수이신 徐禎穆 선생님을 비롯하여 李承旭, 郭忠求, 李庭勳, 任洪彬, 李賢熙, 洪允杓, 韓東完 선생님의 가르침과 보살핌이 있었기에 가능했던 것이다. 선생님들께 감사의 말씀을 올린다. 또한 저자의 학부 시절 국어학이 어떠한 학문인지를 일깨워주신 禹敏燮, 金泰子, 朴銅圭, 蘇江春 선생님과, 학문과 세상에 대한 진중한 태도를 몸소 보여주신 全壹煥, 林哲鎬, 金昇宗 선생님께 머리 숙여 감사를 드린다. 이렇게 훌륭하신 여러 선생님께 자상하고도 엄격한 가르침을 받은 것은 저자에게 큰 영광이었다. 또한 같은 분야를 공부한다는 것만으로도 믿음과 격려를 주신 여러 선배님께도 고마운 마음을 드리고 싶다. 그리고 초고 때부터 열띤 토론과 교정으로 도와준 동무 박진혁을 비롯하여 김수현, 박미영, 황정인, 박소은과 여러 후배에게도 고마운 마음을 전하고 싶다. 부족한 저자를 제자로 삼은 것을 항상 자랑스럽게 생각하시며 신앙과 인격적 삶을 가르쳐 주시는 저자의 국어 선생님, 朴柱信 선생님께 머리 숙여 감사를 올린다. 부족한 글을 국어학 총서로 선정해 주신 국어학회 여러 선생님들과 이 책의 출판을 맡아 수고해 주신 태학사의 사장님을 비롯하여 관계자 여러분께도 깊이 감사드린다.

끝으로, 새벽마다 교회에서 어린 자식을 위해 기도하시며 몸소 선한 삶의 모습을 보여주신 부모님, 그리고 항상 따뜻한 관심과 격려를 보내주신 처부모님, 또한 막내 동생을 항상 사랑으로 대하며 아껴주신 누님들과 형님에게도 감사드린다. 이 책의 출간을 누구보다 기뻐할 사랑하는 아내 金吉禮와 아들 민성에게도 고마움을 전한다. 이 책이 이분들과 하나님께 기쁨이 되었으면 한다.

2010년 11월
장요한

| 목차 |

제1장
서론

1. 연구의 목적

이 글은 국어 접속문에서 선행절에 통합하여 나타나는 접속어미의 연결 구성을 정리하고, 이를 바탕으로 15세기 국어 접속문의 선행절과 후행절 사이에서 보이는 통사, 의미적 특성을 검토하는 것을 목적으로 한다. 이를 위하여 본고는 접속의 개념과 접속어미의 구성 방식을 살펴보고, 접속어미에 통합하는 선어말어미와 보조사의 통합 양상, 그리고 선행절과 후행절 사이의 통사적 특성과 의미적 특성을 검토해 보고자 한다.[1]

지금까지 국어 접속문 연구는 크게 접속어미의 형태 분석 및 의미 기능에 대한 논의와 접속 구성의 통사 · 의미적 특성에 대한 논의로 구분된다. 먼저 접속어미의 형태 분석 및 의미 기능에 대한 논의는 국어 연구의 초기부터 관심을 받아온 부분으로 접속어미의 목록 및 범주 분류와 함께 접속문 연구의 주요 연구 대상이 되었다. 반면 접속 구성의 통사 · 의미적 연구는 초기 국어 문법 연구에서 주목을 받지 못하다가 변형 생성 문법과 함께 국어 문장 구조에 대한 관심이 점차 많아지면서 자연스럽게 관심을 받게 되었다. 또한 복합문의 유형 분류와 더불어 접속문의 구조에 대한 심도 있는 논의가 진행되어 왔다.

그러나 이러한 접속문 연구가 대체로 현대국어를 중심으로 진행되었다는 점에서 국어 접속문 연구가 아직은 정밀하게 논의된 연구 분야라고 하기에는 어려움이 있다. 즉 국어 접속문 연구가 균형 잡힌 연구가 되기 위해서는 중세국어 접속문 연구뿐 아니라 근대국어 접속문 연구도 더욱 세

---

[1] 본고에서 다루는 접속문(conjoined sentence)은 둘 이상의 절(서술어)이 연결된 구성으로 복합문(complex sentence)의 하위 부류이다. 전통적으로 문장은 단문과 복합문으로 구분되는데, 복합문은 다시 내포문(포유문)과 접속문으로 구분되고 접속문은 다시 대등 접속문(coordinate conjoined sentence)과 종속 접속문(subordinate conjoined sentence)으로 구분된다. 본고는 잠정적으로 이러한 전통문법의 분류 방식을 따르기로 한다. 따라서 본고에서 기술한 접속어미는 접속문에서 절과 절을 연결해 주는 어미로 한정한다.

밀하게 논의되어야 할 것이다.

지금까지 진행된 15세기 국어 접속문 연구는 초기에 접속어미의 형태 및 의미 기능에 대한 연구가 중심을 이루다가 최근 논의에서는 원인이나 조건 등의 몇 접속문 혹은 접속어미를 중심으로 형태·통사적 연구가 진행되었다.[2] 특히, 원인이나 조건 등의 제한된 접속문을 대상으로 연구한 논의를 보면 선어말어미의 통합 양상 및 통사적 특성(인칭 제약, 문체법 제약 및 서술어 통합 등)이 주로 논의되었다. 그러나 제한적 접속문의 연구와 접속어미의 분류 문제, 접속어미의 역사적 변천 과정 등은 여전히 남아 있는 문제라 할 수 있다.[3]

최근 15세기 국어 접속문을 대상으로 통사·의미적 연구가 진행되고 있기는 하나 접속어미의 형태적 연구에 비하면 미지한 상태라 할 수 있다. 문헌 자료의 예문이 정적이고 그 수가 적어서인지 상대적으로 큰 조명을 받지 못하고 핵심 연구 분야에서도 소외된 점이 있다. 그럼에도 15세기 국어 접속문의 통사적 연구가 단절되지 않고 몇몇의 연구자들에 의해 이루어져 왔는데, 그 연구 내용을 보면 주로 접속어미와 선어말어미의 통합 관계 및 문체법 제약 현상, 인칭법 제약 현상 등이 검토되어 왔다. 하지만 이 경우에도 몇몇 접속문 혹은 접속어미에 한정되어 검토되거나 기술적

---

2) 남윤진(1989), 장윤희(1991), 정재영(1992), 전병용(1995), 황선엽(1995), 남미정(1998), 박용찬(2006) 등이 있다.

3) 교착어에 속하는 국어는 무엇보다 어미의 형태 분석 및 형태의 의미 기능을 체계적으로 기술하는 것이 국어 문법 연구의 중요한 부분이라 하겠다. 그러나 어미 형태들의 기술은 그리 쉽지만은 않다. 특히 복잡한 역사적 변천 과정을 가진 접속어미나 유사한 의미를 가지는 접속어미는 그 형태 확인 및 의미 기능을 기술하는 데에 상당한 어려움이 있다. 가령, '-거늘', '-건마른', '-고도', '-어사', '-던댄', '-고셔' 등과 같은 이른바 통합형 어미의 형태 분석 문제, 또는 '-(으)니', '-어', '-거늘' 등과 같이 둘 이상의 의미 기능을 보이는 어미들에 대한 문제 등이 그것이다. 그런데 본고는 접속문의 통사·의미적 관계에 주안점을 두기 때문에 접속어미의 형태 확인 및 의미 기능에 대해서는 최대한 선행 연구의 논의를 좇아서 검토하되 본고의 생각과 다른 경우나 추가할 내용이 있을 경우는 각주를 통해서 본고의 생각을 정리하기로 하겠다.

차원에 그치고 있어 보다 면밀하고 상세한 연구가 요구된다. 그러고 보면 15세기 국어의 문장에 대한 연구가 시작된 것도 그리 오래되지 않았을뿐더러 그 연구의 양도 그리 많지 않기 때문에 15세기 국어 접속문 연구는 앞으로도 지속적이고 보다 다양한 연구가 필요한 영역이라 하겠다.

15세기 국어 접속문은 통사론적으로 15세기 국어만의 흥미로운 특징을 보여주기도 한다. 가령 "<u>그듸는</u> 버듫 두듥에 녀거든 <u>나는</u> 渡頭ㅅ 몰애예 자다라"〈金三4:5a〉 처럼 '-거든'이 이끄는 종속 접속문의 경우에 '-는'이 선행절과 후행절에 모두 나타난 식의 표현이 있는가 하면, "어듸셔 오시니 므슷 거슬 求ᄒ노니잇가"〈月釋20:47b〉 처럼 '-(으)니'가 나열의 의미로 쓰이기도 하고, "아니 빅골ᄑ며 ᄀᆞᆺ브니잇가"〈內訓2:19b〉 처럼 선행절에 통합한 '아니'가 후행절의 사태까지 부정하는 경우가 존재하는데, 이들은 본 논의의 출발점이 되었을 정도로 흥미로웠다. 또한 의문사의 실현 및 의문의 언표 내적 효력, 주어 명사구 생략 현상, 분열문 등의 현상은 현대국어 관점에서도 이채로운 양상을 보이는 통사적 특성들이다. 본 연구는 이와 같은 표현에 대한 관심에서 출발하였다. 그리하여 접속문 전반에 대한 선어말어미의 통합 양상, 즉 선어말어미가 선행절과 후행절에 모두 나타나는 것이 일반적인지 후행절에만 나타나는 것이 일반적인지에 대한 현상을 비롯하여, 보조사의 통합 관계, 그리고 선행절과 후행절 사이에서 보이는 다양한 통사론적 현상을 밝혀 보고자 한다.

한편, 지금까지 논의된 접속문의 의미 관계 연구는 주로 의미 범주 설정을 중심으로 진행되어 왔다. 몇 개의 의미 범주를 삼을 것인지, 혹은 각 의미 범주의 명칭을 어떻게 할 것인지가 그 중심에 서 있다. 물론 보다 합리적이고 타당한 의미 범주를 설정하는 것 또한 매우 중요한 논제이다. 하지만 긴 시간이 흘렀음에도 의미 범주 설정에만 머물러 있는 듯한 느낌을 주는 것은 안타까운 부분이다. 때문에 보다 진전된 논의로서 의미 관계와 통사적 관계가 어떻게 긴밀한 관련을 맺고 있는지 각 의미 범주들이 어떠한 유사점과 차이점을 가지고 있는지, 혹은 의미 범주들 사이의 위계는 어떠한지 등에 대한 논의들이 다양한 관점에서 진행되어야 할 것이다. 이에 본고에서는 기존에 설정한 의미 범주를 중심으로 검토하되 이 의미 범주가 선행절과 후행절의 시간적 관계와 양태적 관계에 의하여서 다시 하위 분류될 수 있음을 지적하고, 나아가 그 결과를 통해서 통사적 관계와 의미적 관계가 밀접한 관련을 맺고 있음을 살펴보고자 한다.

15세기 국어 접속문의 통사·의미론적 현상을 검토하고자 하는 본고의 시도는 몇 가지 측면에서 그 의의가 있다고 생각된다. 먼저 국어 접속문의 특성을 파악하는 데에 있어서 15세기 국어 접속문 연구가 도움이 되는 것은 주지의 사실이다. 국어 접속문 연구에서 쟁점이 되는 접속문과 내포문의 차이, 대등 접속문과 종속 접속문의 차이를 15세기 국어에서 접속문이 어떤 양상을 보이는지를 면밀하게 살펴봄으로써 여러 양상들이 더 정밀하게 설명될 수도 있다. 또한 접속문의 변화를 통해서 언어의 역사적 변화를 살펴볼 수 있는 문법사적 의의도 들 수 있다. 언어의 역사적 변화에 대한 연구는 주로 음운과 형태 중심으로 진행되어 왔기 때문에 통사적 현상의 역사적 변화를 고찰하는 것은 의의가 있다 하겠다. 뿐만 아니라, 15세기 국어 접속문 연구는 아직까지 정밀하게 기술되지 않았기 때문에 다양한 구문에 대한 기술은 그 자체로도 자료적인 가치를 지닐 수 있을 것이다.

2. 연구사

국어의 접속문은 국어 연구가 시작된 이래로 많은 연구자들에게 관심을 받아온 분야이다. 초기 국어 접속문 연구는 주시경(1910)을 비롯하여 최현배(1937/1971), 허웅(1975) 등 문법서의 일부분으로 다루어졌다. 이러한 경향은 이익섭·임홍빈(1983), 고영근(1987), 서정수(1994), 허원욱 (1993) 등에서 계속되었다. 그러다가 80년대에 이르면서 접속문 연구가 서태룡(1979), 권재일(1985ㄱ, 1985ㄴ), 유현경(1986), 이현우(1986), 김진수(1987), 김송원(1988), 김영희(1988, 1991), 윤평현(1989), 최재희(1991), 이은경(2000), 김정대(2004), 허철구(2005) 등에 의하여서 본격적으로 진행되기 시작하였다. 이와 함께 개별 접속문과 접속어미에 대한 연구도 진행되었는데, 서정수(1985), 남기심(1985), 이기갑(1981), 최재희(1985), 남윤진(1989), 한동완(1989), 장윤희(1991), 정재영(1992), 전병용(1995), 황선엽(1995), 남미정(1998), 정혜선(2005), 박용찬(2006) 등이 대표적 연구이다.

이러한 접속문 연구는 접속어미의 형태 분석 및 목록 설정에 대한 논의와, 접속문의 구조 설정과 통사적 특성에 대한 논의, 선행절과 후행절의 의미 범주에 대한 논의, 복합문의 유형에 대한 논의 등으로 다시 세분할 수 있다.

먼저 국어 접속어미의 설정과 관련된 형태적 논의를 살펴보자. 접속어미의 설정은 형태 분석의 문제가 주로 논란이 되었는데, 2개 이상의 형태가 통합한 어미일 경우에 그 어미를 분석하여 한 형태만 접속어미로 볼 것인지 아니면 통합형으로 보고 더 이상 분석할 수 없는 단위로 볼 것인지가 핵심 문제이다. 가령 '-거늘', '-건마른', '-(으)ㄹ딘댄', '-고셔', '-고도', '-어사' 등의 어형을 하나의 통합형 접속어미로 볼 것인지 아니면 분석하여 '-늘', '-은마른', '-인댄', '-고', '-고', '-어' 등을 접속어미로 다룰 것인지가 논란이 되어 왔다. 특히 서태룡(1979)의 경우에는 '-더-', '-느-', '-거-' 등을 분석하여 이들을 앞세우는 어미는 모두 둘 이상의 형태소 결합으로 보고 분석하였다. 그러나 이는 형태소의 추상적인 분석에 너무 치우쳐 공시적 특성을 고려하지 못한 부분이 나타나게 되었다. 한편, 고영근(1975)에서는 '-거-', '-(으)리-' 등은 분석될 수 없는 통합형 어미로 간주하고 '-더-', '-느-' 등은 분석 가능하며 '-도', '-야' 등은 수의적인 것으로 분석하는 태도를 보였다. 이는 공시적 체계를 고려한 연구였다는 점에서 의의가 있다.

한편, 통합형 분석의 문제에서 장윤희(1991)은 통합형의 구성요소가 독립된 형태소와 형태·의미적 연관성을 보임을 제시하였는데, 이 논의에 따르면 접속어미를 계열·통합관계에 의하여 분석하되 계열·통합관계에 의해 분석되지 않는 통합형의 경우에 통합형의 구성 요소가 독립된 형태소와 형태·의미적으로 연관되어 있으면 일반적 통합형 어미와 구분하여 이를 과도적 형태로 처리하였다. 이는 통합형 접속어미의 통시적 형성 과정을 고려한 태도라는 점에서 의의가 있다 하겠다.[4]

　　다음 접속문의 통사론적 연구에서는 접속문의 통사론적 특성을 검토하여 국어 접속문의 성격을 밝히고 아울러 복합문의 유형을 설정하는 논의가 진행되었다. 이러한 논의는 남기심(1985), 유현경(1986), 김영희(1988, 1991), 김지홍(1989), 최재희(1991), 김인택(1993), 김종록(1993), 고광주(1999), 김정대(2004), 허철구(2005), 이정훈(2008) 등이 대표적 논의이다. 특히, 남기심(1985), 유현경(1986), 김영희(1991) 등은 내포문의 대용화 현상과 주제어 제약 현상이 종속 접속문에서도 동일하게 보인다는 점을 들어 종속 접속문의 구조가 내포문의 구조와 동일하다고 지적하면서 종속 접속문을 부사절로 다룬 바 있다. 그러나 김지홍(1989)에서는 대용현상을 가지고 종속 접속문의 지위를 결정할 수 없다고 지적하여 종속 접속문을 내포문으로 분류해서는 안 된다는 입장을 취하였다. 또한 김인택(1993)은 부사가 정도나 양태, 방법을 나타내는 낱말이므로 부사절은 이러한 의미를 구체화하는 방법으로 쓰이게 되는데, 종속 접속문은 후행절과 논리적 관계를 가지므로 종속 접속문의 선행절은 부사절과 구별되어야 한다고 주장하였다. 나아가 그는 전제성, 시간성, 한정성이라는 논리·의미면에서 종속 접속문과 부사절의 차이를 지적하고, 대치와 생략시 나타나는 의미 차이는 통사적 측면에서도 종속 접속문과 부사절이 구분되어야 함을

---

4) 정재영(1996)에서도 문법형태들이 공시적으로 분석 가능한 통합구조체 또는 어미구조체인지, 아니면 공시적으로 형태 분석이 불가능한 통합형어미이거나 또는 화석형인지를 구분해야 한다고 지적한 바 있다.

말해준다고 하였다.

한편, 접속문의 구조에 대해서도 다양한 논의가 전개되었다. 접속문의 구조에서 핵심적 문제로 대두된 것은 접속어미의 처리와 대등 접속문과 종속 접속문의 구조적 차이이다. 국어의 특성상 접속어미는 선행절의 서술어에 통합하여 나타나게 된다. 그런데 이런 특성을 구조에 반영하게 되면 대등 접속문과 종속 접속문의 선행절과 후행절은 부가 구조를 취하게 된다. 부가 구조가 문장의 부차적 요소를 구조적으로 나타내는 문장 구조라는 점에서 접속문을 부가 구조로 처리하기에 어려움이 있으나 종속 접속문의 선행절이 의존적이라는 측면에서 부가 구조로 다루어야 한다는 생각은 어느 정도 합의점에 이르는 것 같다.

그러나 대등 접속문의 구조는 그렇지 않다. 대등 접속문은 선행절과 후행절이 대등하기 때문에 부가 구조이어서는 안 된다는 논의가 우세하다. 그리하여 접속문의 구조 연구에서 대등 접속문의 구조가 문제의 핵심에 서게 되었다. 이에 대한 최근의 논의는 김정대(2004), 허철구(2005), 이정훈(2008) 등이 대표적이다. 김정대(2004)와 허철구(2005)는 '평행한 부가 구조'와 '계층적 부가 구조'라는 새로운 대안을 제시한 바 있다. 즉 형태적 특성상 국어 접속문은 부가 구조를 취하는데, 대등 접속문은 선행절과 후행절이 대등한 관계를 가지기 때문에 '평행한 부가 구조'를 취하는 반면에 종속 접속문은 종속적 관계를 보이기 때문에 '계층적 부가 구조'를 취한다는 것이다. 한편, 이정훈(2008)에서는 대등 접속문과 종속 접속문이 본질적으로 차이를 지니지 않고, 다만 대등 접속문은 VP 부가 구조를 취하고 종속 접속문은 V'나 V 부가 구조를 가지는 것으로 두 접속 구성의 구조를 제시하였다. 즉 두 논의 모두 대등 접속문과 종속 접속문이 부가 구조를 취하는 구성으로 보자는 데에 동의하고 있다. 그러나 선·후행절의 의미 관계가 한 구성은 대등적이고 다른 한 구성은 종속적인데 이 차이를 부가 구조로 나타낼 수 있을지가 의문이다. 이에 고광주(1999)에서는 통사와 의미의 불일치를 주장하며, 대등적 관계를 가진 대등 접속문도 종속 접속문과 동일한 부가 구조를 가질 수 있다고 주장한 바 있다.

다음으로 접속문의 의미 연구는 개별 접속어미의 의미 특성이 어떠한지를 밝히는 것과 선행절과 후행절의 의미 관계를 몇 가지로 분류하는 것이 국어에 합리적인지가 핵심적 논의 내용이다. 아울러 국어 접속어미는 '-(으)니', '-어', '-고', '-(으)며', '-거늘' 등처럼 하나의 어미가 둘 이상의 의미 기능을 보이는 예들이 많은데, 이들 어미들의 중심적 의미가 무엇이고 주변적 의미가 무엇인지 혹은 접속어미가 지니는 의미적 속성이 무엇인지 등도 관심을 받아온 주제이다. 이러한 논의는 김흥수(1976), 전수태(1984), 강기진(1985), 김승곤(1986), 전병용(1986, 1995), 김진수(1987ㄱ), 남윤진(1989), 이시형(1989), 박용찬(2006) 등이 대표적이다.

접속문의 선·후행절의 의미 관계를 분류한 논의들은 논자들의 관점에 따라서 의미 범주의 명칭, 수, 해당 어미 목록 등이 다르다. 몇 선행연구를 살펴보면, 주시경(1910)에서는 "덩이, 잇어함, 그침, 함께, 풀이, 까닭, 뒤집힘, 뜻밖, 거짓, 홀로, 하랴함"의 11개 의미 범주로 분류하였고, 최현배(1937/1971)에서는 "구속, 방임, 나열, 설명, 비교, 선택, 연발, 중지, 첨가, 익심, 의도, 목적, 도급, 반복"의 14개 의미 범주로 구분하였으며, 허웅(1975)는 16개의 의미 범주로 분류하였고, 최재희(1991)에서는 14개로, 이은경(2000)에서는 9개의 의미 범주로 분류하였다. 이 밖에도 접속문의 의미 관계에 따른 범주 설정은 여러 논의에서도 확인할 수 있다. 그러나 아직까지 접속문의 의미 범주에 대한 합의가 이루어지지 않은 점은 아쉬운 점이다. 이에 의미 범주 체계에 대해서는 정확하고 가치 있는 의미 범주 설정이 계속해서 논의되어 보다 합리적이고 객관적인 의미 범주가 설정되었으면 한다.

마지막 접속문 연구에서 복합문의 유형론적 연구는 국어 연구에서뿐 아니라 일찍이 서양에서도 상당한 관심을 받아온 분야이다. 일반적으로 복합문을 형성하는 방법은 대등(coordination)과 종속(subordination)으로 구분된다. 이때 대등과 종속은 절의 의존성(dependency)과 내포(embedding),

그리고 의미적 관계 등에 의하여서 정의되었다. 여기에서 종속(subordination)은 주절(main clause)과 종속절(subordinate clause)의 관계를 이루는 복합 형식을 말하는데, 종속절이 주절에 속한다 하여 내포(embedding)로 표현되기도 한다.

이러한 복합문의 이분법적 체계 외에 삼분법적 체계를 제시한 논의도 있다. 주로 서양의 기능문법 학자들 중심으로 이루어졌는데, Foley and Van Valin(1984)가 대표적 논의이다. 이 논문에서는 복합문을 형성하는 방식을 대등(coordination)과 종속(subordination), 그리고 대-종속(cosubordination)으로 구분하였다. 절의 구별이 의존성(dependency)과 내포(embedding)에 의하여서 이루어진다고 보고, 두 절의 관계가 내포되는 것도 아니고 의존적이지도 않은 경우는 대등(coordination)이라 하고, 내포되면서 의존적인 경우는 종속(subordination)이라 하며, 내포되지 않으면서 의존적인 경우를 대-종속(cosubordination)이라 하였다. 여기에서 대-종속(cosubordination)은 내포되지는 않지만 논항과 작용역(시제, 언표 내적 효력 등) 측면에서 의존적 관계인 것을 지시한다.[5]

한편, Matthiessen and Thompson(1988)은 if, because, while 등에 의해 연결된 부사절을 주절 안에 내포되지 않은 것으로 보고, 이를 종속

---

5) Foley and Van Valin(1984)에서 '대-종속(cosubordination)'은 파푸아어(Papuan)와 아메리칸 인디언어(American Indian languages)에서 보이는 특정한 절의 연결 구성을 말한다. 이 언어에서 절과 절의 관계가 내포 관계를 이루지 않으면서 시제와 수, 인칭 등에서 선행절이 후행절에 의존적인 절 연결을 확인하고 이를 대-종속(cosubordination)으로 명명한 것이다. 이는 후에 Van Valin and Lapolla(1997 : ch, 8)에서 다시 논의된 바 있다. 그런데 이러한 복합문의 분류가 국어에 적합한지는 의심스럽다. 이 분류는 파푸아뉴 기니어를 대상으로 한 방식인데, 이 언어에서 대-종속(cosubordination)에 해당하는 문장에서 선행절이 후행절에 대해서 시제나 상, 서법 등에 의존적이라는 점은 국어와 유사하다. 그러나 국어는 선행절에도 이 기능 범주의 형태소들이 통합 가능하지만 이 언어는 후행절에만 나타나기 때문에 완전히 동일한 구성으로 볼 수 없다. 더욱이 이러한 현상은 대체로 동사 연쇄의 경우에 발견되는데, 이는 국어와 상당한 차이를 갖는다. 그러므로 대-종속(cosubordination)을 국어에 그대로 받아들이는 것은 어려워 보인다.

(hypotaxis)으로 명명한 다음에 대등(coordination), 내포(embedding)와 구분하여 복합문을 삼분법적 체계로 파악하였다.[6] 이 논의에서 제시한 종속(hypotaxis)은 'when', 'while', 'as', 'before', 'if', 'as long as', 'because', 'although' 등이 이끄는 절이다. 이 절은 전통적으로 부사절로서 내포 구성으로 분류하였는데, Matthiessen and Thompson(1988)에서는 내포 구성으로 보지 않고, 대등적 연결과 같이 절 연결(clause combining) 구성으로 파악하였다. 의존적 연결 구성이지만 내포되지 않은 연결로 본 것이다.

또한, 절을 이분법 혹은 삼분법으로 구분하지 않고 정도성 측면에서 논의한 경우도 있는데, Kuno(1973), Lehmann(1988), Givón(1990) 등이 절 연결을 연속체의 관점에서 범주화할 수 있다고 주장하였다. 특히 Kuno(1973 : 200-09)에서는 의문문(Questions), 부정문(Negation), 양태(Modal), 어순재배치(Scrambling) 등을 통해서 절 연결의 종속성(degrees of subordination)을 논의하였다.

이러한 서구의 분류와 함께 국어 연구에서도 복합문에 대한 분류 문제가 제기되었는데, 국어 연구에서는 복합문을 학교문법에 따라 '안은 문장'과 '이어진 문장'으로 구분하고 '이어진 문장'은 다시 '대등하게 이어진 문장'과 '종속적으로 이어진 문장'으로 구분하는 것이 일반적이다. 이러한 복합문의 분류는 최현배(1937/1971)에서 기인한 것으로 최현배(1937/1971)는 복합문('겹월')을 '포유문'과 '병렬문', '연합문'으로 구분한 삼분법 체계

---

6) 전통문법에서 부사절로 파악했던 if 절, because 절, while 절 등을 내포로 여기지 않고 절 연결로 파악한 논의는 Longacre(1970), Halliday(1985) 등에서도 언급된 바 있다. 이들은 if, because, while 등이 이끄는 절은 담화상 하나의 독립된 절이라며, 보문이나 관계절 등이 주절 안에 내포된 것이라면 부사절은 주절 안에 내포되지 않는다고 주장한다. 또한 Matthiessen and Thompson(1988)은 내포는 하나의 절이 다른 절의 성분으로서 기능하지만 종속(hypotaxis)으로 분류한 부사절은 절이 다른 절과 핵·의존 관계에 있으며 둘 중의 어떤 절도 다른 절의 부분이 아니라고 지적하였다. 이러한 분류 방식은 국어의 접속문 분류에 적용하기에 유용하리라 생각된다. 하지만 이 논의는 담화 맥락을 중시한 분류 방식이므로 적극적인 통사적 논의가 결여되어 있다는 점에서 아쉬움이 있다.

를 설정하였다. 이러한 분류를 국어 복합문을 구분하는 방식으로 받아들인 것이다.

그러나 한편에서는 종속 접속문을 내포 구성으로 보고자 하는 논의가 진행되었는데, 남기심(1985), 유현경(1986), 김영희(1991), 이익섭(2003)이 그 대표적 논의이다. 남기심(1985), 유현경(1986), 김영희(1991)은 종속 접속문을 부사절로 파악하여 문장 맨 앞에서 문장 전체를 수식하는 문장 수식 부사절과, 서술구 안에서 성분을 수식하는 성분수식 부사절로 나누었다. 이러한 논의와 유사하게, 임홍빈·장소원(1995)는 종속 접속문을 동사-부사절과 문장-부사절로 나눈 다음에 문장-부사절이 국어의 종속 접속문에 해당된다고 기술하였다. 이은경(2000)에서도 절-연결 어미 구성과 동사구-연결 어미 구성으로 구별하여 절 연결을 구분한 바 있다.

그런데 절을 이분법 내지 삼분법 체계로 보지 않고 정도성 측면에서 접근한 논의도 있는데, 이은경(2000)이 대표적이다. 이은경(2000)에서는 국어 복합문을 정도성 측면에서 파악하였는데, 접속어미를 중심으로 다양한 통사적 특성을 검토하여 절과 절의 관계를 대등성과 종속성의 관점에서 설명하였다. 즉 정도적 차이에 의해서 보다 대등적인 구성 혹은 보다 종속적인 구성 등으로 절의 관계를 해석한 것이다. 그리하여 절-연결 어미 구성에서 선행절의 독립성이 '대조 〉 나열 〉 선택 〉 배경 〉 원인 〉 조건 〉 양보 〉 결과 〉 선행'으로 나타난다고 제시하였다.

접속문의 역사적 연구는 현대국어의 양적·질적 연구에 비하면 매우 부족한 실정이다. 역사적 연구의 대표적 논의로 권재일(1985, 1988), 김송원(1988), 리의도(1989), 남윤진(1989), 장윤희(1991), 정재영(1992), 허원욱(1993), 황선엽(1995), 박용찬(2006) 등을 들 수 있다. 그런데 앞서 지적한 것처럼 주로 접속어미의 형태·의미적 특성에 대한 논의이거나 몇몇 접속문에 국한되어 논의되었다는 점에서 아쉬움이 있다. 권재일(1985, 1988), 김송원(1988), 허원욱(1993) 등에서 중세국어 접속문의 통사적 특성을 검토하여 기술한 바 있으나 단순한 기술에 그치고 있어 15세기 국어 접속문의 특성이 완전히 밝혀진 것으로 보기에는 어려움이 있다. 이에 15세기 국어 접속문의 연구도 보다 치밀하고 객관적인 연구를 통해서 그 특성을 검토할 필요가 있다.

이상에서 접속문과 관련하여 주요하게 논의된 내용을 중심으로 선행 연구를 검토한 결과, 접속문의 주요 연구 주제가 매듭지어진 것보다 진행 중에 있거나 논란이 되고 있는 것이 곳곳에 있음을 알 수 있다. 연결어미의 분석 및 쓰임부터 접속문의 구조, 의미 범주, 유형 분류, 또한 통시적 연구 등의 문제가 계속해서 논의되어 보다 타당하고 합리적인 결과들이 제시되어야 할 것이다. 본 연구 또한 이에 대한 동기에서 시작된 논의로 15세기 국어 접속문 연구뿐 아니라 나아가 국어 접속문 연구에 도움이 되기를 기대한다.

3. 논의의 구성 및 자료

본 연구의 내용을 간략하게 서술하면 다음과 같다.

2장에서는 본격적인 논의에 앞서 접속과 접속문의 구성, 접속문의 의미 범주를 정리하기로 한다.

3장에서는 이어서 접속어미에 선행하는 선어말어미, 접속어미에 후행하는 보조사의 통합 양상을 접속 구성에 따라서 검토하기로 하겠다. 특히 선어말어미의 통합 양상은 각 선어말어미가 선행절과 후행절에 모두 통합하여 나타나는 것이 일반적인지 아니면 후행절에만 나타나는 것이 일반적인지를 관찰하면서 정리하기로 하겠다. 이러한 검토 내용을 통해서 요약 부분에서는 검토한 내용을 요약·정리하되 그 결과를 통해서 대등 접속문과 종속 접속문의 차이를 부각하여 드러내기로 한다.

4장에서는 접속문의 선행절과 후행절 사이에서 보이는 통사적 특성을 살펴보고, 나아가 이러한 특성이 접속문의 유형에 따라 어떤 차이를 보이는지를 정리하기로 한다. 그간의 15세기 국어 접속문 연구는 접속문의 의미 관계에 따른 접속어미 목록 설정과 접속어미와 선어말어미의 통합 양상을 중심으로 진행되어 왔기 때문에 15세기 국어 접속문 연구가 완전하다고 볼 수 없다. 이에 본고는 15세기 국어 접속문의 통사적 특성으로 주제어 통합 현상, 부정사 '아니'와 '몯', '아니ᄒᆞ-'와 '몯ᄒᆞ-'의 통합 양상 및 그 부정 범위를 살펴본다. 다음으로 의문사의 통합 양상 및 의문어미와의 호응 관계, 그리고 판정의문에서 의문의 언표 내적 효력이 어떻게 나타나는지를 검토할 것이다. 주제어 통합 현상은 '-ᄂᆞᆫ'이 통합한 명사구의 실현 양상을 대등 접속문과 종속 접속문을 나누어 검토하고 접속문의 분류에 따라 어떻게 실현되는지를 살펴보고자 하는 것이다. 아울러 주어 명사구 생략을 중심으로 접속문에서 명사구 생략 현상을 살펴보고, 이어서 접속어미와 문체법의 호응 관계를 검토할 것이다. 마지막으로 접속문이 분열문으로 나타나는 경우가 있는데, 이를 보다 정밀하게 검토하여 어떤 접속 구성에서 분열문이 나타나는지 혹은 어떻게 나타나는지를 검토하기로 하겠다. 접속문의 통사적 현상으로는 이 외에도 후행절의 이동 현상, 언표 내적 효력, 대용화 등이 검토된 바 있으나 통시적 연구의 문제, 즉 문헌 자료의 한계 및 부정 표현의 결여 등으로 본 연구에서 제외하였다. 본고에서 검토되지 못한 문제는 다음을 기약하기로 한다.

5장에서는 우선 접속문의 의미 관계를 살펴보면서 해당 접속어미를 정리하고, 다음으로 검토한 의미 관계가 선행절의 사태와 후행절의 사태 사이의 시간적 배열 관계와 양태적 관계에 의하여서 다시 하위 분류될 수 있음을 지적한다. 나아가 그 결과가 통사론적 특성과 밀접한 관련을 맺고 있음을 살펴보기로 하겠다. 이는 의미 관계를 다양한 관점에서 관찰하여 그 의미 범주 사이의 유사점과 차이점을 확인할 수 있고, 통사적 논의와 관련하여 논의할 수 있다는 점에서 과거의 연구와 차이를 보인다 하겠다.

6장에서는 앞에서 전개된 논의를 요약하는 것으로 결론을 대신한다. 아울러 본 논의에서 미처 다루지 못한 문제를 제시하기로 한다.

본고는 후기 15세기 국어의 접속문을 대상으로 한 연구이다. 이에 본고
에서 인용한 후기 15세기 국어 자료의 간행 연대와 명칭 및 약호를 아래
와 같이 제시한다.[7]

간행 연대	인용 문헌	약호(略號)
1447	龍飛御天歌	龍歌
1447	釋譜詳節	釋詳
1447	月印千江之曲	月曲
1447년경	訓民正音諺解	訓諺
1459	月印釋譜	月釋
1461	楞嚴經諺解	楞嚴
1463	法華經諺解	法華
1464	阿彌陀經諺解	阿彌
1464	般若心經諺解	般若
1464	金剛經諺解	金剛
1464	禪宗永嘉集諺解	永嘉
1465	圓覺經諺解	圓覺
1466	救急方諺解	救方
1467	牧牛子修心訣	牧牛
1467년경	蒙山和尙法語略錄諺解	蒙山
1467	四法語諺解	法語
1475	內訓	內訓[8]

---

7) 문헌 자료 서지 사항은 15세기 국어 문헌 자료를 포괄적으로 검토한 안병희(1992), 이
현희(1996), 홍윤표(2004) 등을 참고하여 제시하였다.

1481	杜詩諺解	杜詩
1481년경	三綱行實圖(런던대학본)	三綱[9]
1482	金剛經三家解	金三
1482	南明集諺解	南明
1485	靈驗略抄	靈驗
1489	救急簡易方諺解	救簡
1496	六祖壇經諺解	六祖
1496	眞言勸供	勸供

8) 『내훈』은 1475년(성종 6년) 왕의 어머니인 소혜왕후(昭惠王后)가 부녀자의 훈육을 위하여 편찬한 책으로 3권 3책으로 구성되어 있다. 1475년에 간행된 원간본은 전하지 않으나 16세기 이후의 간본을 비롯한 약간의 중간본이 알려져 있다. 완전한 책으로서 가장 오래된 간본은 일본 나고야(名古屋)의 호사문고(蓬左文庫)에 소장되어 있는 1573년 을해자본(乙亥字本)이다.

9) 『삼강행실도』는 주지하는 바와 같이 1434년(세종 16년)에 한문본이 편찬 간행된 책이다. 훈민정음 창제 이후에 3권 1책의 『삼강행실도』 언해본이 간행되었다. 그 간년은 실록의 기록을 근거로 1481년(성종 12년)으로 추정하고 있다. 그런데 『삼강행실도』 언해본의 초간본에 대한 명확한 기록이 없기 때문에 많은 이본들의 간행 시기가 학자들에 따라 각각 다른 의견이 개진되어 왔다.

제2장
접속문의 구조와 범위

1. 도입

본 장에서는 본격적인 논의에 앞서 접속문의 구조와 범위에 대해서 15세기 국어 자료를 중심으로 살펴보고 이어서 접속문의 의미 범주에 대해서 검토하기로 하겠다.

지금까지의 접속문 논의에서 접속문의 구조는 큰 관심을 받아온 분야이다. 그러나 본 장에서는 새롭게 접속문의 구조를 논의하는 것이 아니라 선행 논의를 토대로 필자의 입장을 정리하는 것이 목적이다. 또한 접속문의 의미 범주 설정에 대해서도 선행 연구를 토대로 본고에서 다루고자 하는 접속문의 범주를 제한하는 데에 만족하기로 한다. 이는 본 논의가 15세기 국어의 접속문을 대상으로 하기 때문에 불필요한 논쟁을 피하기 위함이자 15세기 국어 접속문에 집중하여 검토하고자 하는 데에서이다.

이에 따라서 2.2에서는 접속문의 구조와 범위를 15세기 국어 자료를 대상으로 살펴보고, 이어서 2.3에서는 접속문의 의미 범주 설정에 대해서 정리하기로 하겠다.

2. 접속문의 구조와 범위

국어 연구에서 복합문은 일반적으로 내포문과 접속문으로 구분된다. 이 내포문과 접속문은 복합문을 형성하는 방식인 내포와 접속에서 비롯된 용어이다. 여기에서 내포가 절이 문장의 성분으로 기능하는 방식이라면 접속은 절과 절을 연결하는 방식을 말한다. 즉, 접속은 통사적으로 내포 구성이 아니면서 의미적으로 대등하거나 종속적인 연결 구성 방식인 것이다.[1] 이러한 접속 방식에 의하여서 형성된 문장이 바로 접속문인 것이다. 그러므로 접속문은 선행절이 후행절에 부가적, 혹은 필수적 성분으로 기능하는 것이 아니라 선행절과 후행절이 연결되어 새롭게 형성된 문장을 말한다.

(1) 가. 梵王은 왼녁 겨틔 <u>셔슙고</u> 帝釋은 올흔녁 겨틔 <u>셔슙고</u>〈釋詳
　　　3:30a〉

　　나. 시혹 내 허므를 <u>보거시나</u> 시혹 내 罪를 <u>듣거시나</u> 시혹 내 犯
　　　을 <u>疑心커시나</u> 어엿비 너겨 マ장 니르쇼셔 내 懺悔호리이다
　　　〈月釋23:94a〉

　　다. 내 如來ㅅ 法身은 <u>보ᅀᆞ뱃가니와</u> 如來ㅅ 妙色身은 몬 보ᅀᆞ뱃노
　　　니〈月釋4:31b〉

(2) 가. 이 獄앳 衆生은 前生애 므슷 罪業을 <u>짓관ᄃᆡ</u> 이런 受苦를 ᄒᆞᄂ
　　　뇨〈月釋23:78b〉

　　나. 太子ㅣ 부톄 <u>드외시면</u> 聖王ㄱ 子孫이 <u>그츠시리이다</u>〈釋詳
　　　3:10b〉

　　다. 비록 사ᄅᆞᆷ 무레 <u>사니고도</u> 즁싱마도 몯호이다〈釋詳6:5a〉

　　라. 王이 <u>드르시고</u> 즉자히 南堀애 <u>가샤</u> 뎌 仙人을 보샤〈釋詳

---

1) 접속에 대한 기존 입장을 정리하면 아래와 같다.
　(가) 서태룡(1979)
　　: 두 문장이 지배관계가 아니라, 횡적관계를 맺고 결합하면 그 전체 문장을 접속문으로
　　　정의할 수 있다. 즉 한 문장이 다른 한 문장의 구성성분이 아니라 그 문장 전체와
　　　관계를 맺고 결합한 문장으로 정의한다.
　(나) 권재일(1985)
　　: 상위문이 하위문을 직접 관할하는 복합문 구성
　(다) 최재희(1991)
　　: 두 개 혹은 그 이상의 독립된 문장이 서로의 논리적 관계에 따라, 접속어미에 의하여
　　　복합문을 구성하는 현상을 지칭한다. 그리고 이러한 절차에 의하여 만들어진 문장을
　　　접속문이라고 한다.
　(라) 임홍빈 · 장소원(1995)
　　: 문장과 문장이 대등적으로나 종속적으로 이어지는 경우만을 '접속'에 포함시키고....
　(마) 이익섭 · 채완(2005)
　　: 두 문장이 대등한 자격으로 결합하는 방식(대등접속)

11:28a〉

　　마. 山中에 므슴 粮食을 <u>먹고</u> 道理를 빅호리잇고〈月釋23:77b〉

　　바. 그듸 精舍 <u>지수려</u> 터흘 굿 始作ᄒ야〈釋詳6:35a〉

　　사. 술 몯 먹ᄂᆞ니는 뿔 글힌 므레 프러 <u>머고듸</u> ᄌᆞ조 두어 복을 노
　　　　ᄃ록 머그라〈救簡3:86a〉

위 (1)과 (2)는 각각 대등 접속어미와 종속 접속어미가 연결되어 형성된 접속문이다. 즉, (1)과 (2)가 의미 관계의 의존성 면에서는 차이를 보이지만 문장의 기능 측면에서 다른 절의 성분으로 기능하지 않는 독립된 내용을(혹은 명제) 가지며 접속된 복합문인 것이다.

　이와 같이 접속에 의하여서 형성된 접속문은 절과 절을 연결 단위로 삼는데, 이를 나타내면 아래와 같다.

　(3) 가. 聖人ᄋᆞᆫ 眞을 <u>보고</u> 凡夫는 俗을 보ᄂᆞ니라〈月釋8:30b〉

　　가′. [[[聖人ᄋᆞᆫ 眞을 보-]고] [凡夫는 俗을 보-]]-ᄂᆞ니래

　　나. 太子ㅣ 부톄 ᄃᆞ외시면 聖王ㄱ 子孫이 그츠시리이다〈釋詳
　　　　3:10b〉

　　나′. [[[太子ㅣ 부톄 ᄃᆞ외시-]면] [聖王ㄱ 子孫이 그츠시-]]-리이대

위 (3 가)는 대등 접속에 의하여서 형성된 접속문이고 (3 나)는 종속 접속에 의하여서 형성된 접속문이다. (3 가, 나)은 그에 따른 접속 구조를 '[ ]'으로 표시한 것이다. 이처럼 접속문이 절을 연결 대상으로 한 구조라는 점에 대해서는 별다른 이견이 없다.

　접속문의 단위인 '절'은 문의 하위 구성으로 문장과 같이 주부와 서술부로 구성되나, 절이 종결어미를 취하지 않는다는 것과 수행 억양을 가지지 않고, 구조적으로 후행절에 의존적인 것 등은 문장과 다른 절의 특성이라 하겠다. 즉 절은 하나의 사태 혹은 명제를 나타내지만 구조적으로 의존적

이기 때문에 어떤 절이든 서술어의 어간에 적절한 종결어미가 통합되게 되면 완전한 문장이 형성되는 것이다. 가령, (3 가)의 선행절 '聖人은 眞을 보-'에 '-ᄂ니라'를 통합하면 완전한 문장이 형성되고 (3 나)의 선행절에도 종결어미를 통합하면 '太子ㅣ 부톄 ᄃ외시리이다'로 완전한 문장이 형성된다. 이러한 절의 특성을 염두에 두면 접속문은 독립적인 둘 또는 그 이상의 명제에 종결어미가 통합된 구성이라 하겠다.

여기에서 두 명제 사이에서 나타나는 의미적 관계는 접속어미에 의하여서 나타나게 되는데 이 접속어미의 구조적 위치는 접속문의 문장 구조의 핵심 문제 중의 하나이다. 교착어에 속하는 국어는 형태적 특성상 어미가 선행 어간에 통합하여 나타나는 것이 일반적이 때문에 접속어미가 구조적으로 선행절에 통합하는 구성을 가져야 한다. 접속어미가 선행절에 통합한 구조에 대한 생각에는 연구자들 사이에서 이견이 없는 듯하다. 그런데 접속어미가 선행절에 통합하는 구성은 접속문 차원에서 보면 부가 구조를 연상케 한다. 이 부가 구조는 선행절이 언표 내적 효력을 후행절에 의존한다는 점과 선행절의 시제 해석, 보조사의 통합 현상 등이 뒷받침해 준다. 하지만 그렇다고 해서 이 구조를 단순한 부가 구조로 처리하는 것은 문제가 있어 보인다. 만약 접속문의 구조를 단순한 부가 구조로 본다면 내포문의 구조와 동일한 문장 구조를 취하게 되는데 과연 두 구조를 동일하게 볼 수 있는지가 문제로 제기될 수 있기 때문이다. 더더욱 문제되는 것은 대등 접속문의 구조이다.

대등 접속문은 선행절과 후행절이 의미 관계가 대등하기 때문에 이를 내포문과 동일하게 부가 구조로 본다는 것은 납득하기 어려운 주장이다. 종속 접속문이 접속문이긴 하지만 의미 관계나 통사적 측면에서 내포문과 유사한 현상을 보인다는 점에서 내포문과 유사한 부가 구조를 취할 수 있다고 하겠지만 대등 접속문은 의미 관계뿐만 아니라 부정의 해석이나 선행절의 이동 문제, 교호성 등 통사적인 차이점도 존재하기 때문에 접속문의 구조에 대한 고민이 보다 조심스럽게 이루어져야 할 것이다.

이에 본고는 접속어미가 선행절에 통합한 구조를 반영한 '[[S1-접속어미][S2]]'와 같은 구조를 지지하면서 대등 접속문과 종속 접속문의 구조가 구별되어야 한다는 데도 의견을 같이 한다.[2]

지금까지 살펴본 접속과 접속단위인 절, 그리고 접속어미의 특성을 염두에 둘 때 접속문의 구조를 '[ ]'으로 표시하면 다음과 같다.

접속문(S-CP) : [CP [[[IP1] -Conj] [IP2]]-C]

위 도식에서 서술어의 어간에 종결어미가 통합하지 않은 구성을 IP라고 할 때, 접속문은 IP인 절과 절이 접속어미에 의하여서 연결된 접속 구성을 말한다. 위 접속문의 구조는 대등 접속문이나 종속 접속문이나 동일하게 표현되지만 그 나무 그림은 대등 접속문과 종속 접속문이 달리 그려져야 할 것이다. 하지만 이에 대해서는 보다 심도 있는 논의가 필요하기에 여기에서는 그 필요성만 상고한 것으로 만족하기로 하겠다.

그런데 접속문은 선행절의 성분과 후행절의 성분이 동일한 경우에 후

---

2) 최근 접속문 구조에 대한 연구로 김정대(2004), 허철구(2005), 이정훈(2008)은 접속문 구조에 대한 새로운 대안을 제시하는 연구라 할 수 있다. 이들 연구는 대등 접속문과 종속 접속문이 부가 구조로서 동일한 구조를 지니지만 대등 접속문과 종속 접속문이 구조적 차이를 가진다는 점에 인식을 같이 하고 있다. 그런데 부가 위치나 형식에 있어서는 약간의 차이를 보인다. 김정대(2004)는 대등 접속문의 경우에 평행한 구조의 모습을 가지고 종속 접속문의 경우에 계층적 구조의 모습을 가지는 것으로 설명하였고, 허철구(2005)의 경우에는 대등 접속문은 '촘스키-부가'가 아니라 '자매-부가(sister-adjunction)'일 가능성이 있다고 말했다. 부가 위치에 대해서도 조금씩 차이를 보이는데, 허철구(2005)는 대등 접속문의 경우에 선행절이 CP에 부가된 구조이고, 종속 접속문은 선행절이 CP에 부가된 구조를 가지거나 VP에 부가된 구조를 가지는 것으로 기술하였다. 한편, 이정훈(2008)은 대등 접속문의 선행절이 VP에 부가되고 종속 접속문의 선행절은 V'나 V에 부가되는 차이를 지닌다고 제시하였다. 허철구(2005)나 이정훈(2008)의 경우는 부가 교점에 집중된 논의라 할 수 있는데, 허철구(2005)는 주제어 위치에 대한 설정에 초점을 둔 구조이고, 이정훈(2008)은 핵 이동에 따른 구조 설정에 초점을 둔 구조이다. 즉 이 두 논의는 구조 설정에 있어서 어디에 주안점을 두느냐에 따라서 부가 교점이 달라질 수 있음을 말해준다 하겠다. 그만큼 접속문의 구조를 밝히는 것은 쉬운 일이 아니다.

행절의 요소가 생략되기도 하고 문맥에 따라서 동일 성분과 관련 없이 생략되기도 하여 그 모습이 복합 동사나 보조 용언 구성과도 유사하게 나타나기도 한다.

(4) 가. 大德하 사루미 다 모다 잇느니 오쇼셔〈釋詳6:29b〉

　　나. 主人이 므슴 차바눌 손소 둘녀 밍ᄀ노닛가〈釋詳6:16a〉

　　다. 世尊 오샤물 아숩고 소사 뵈ᅀᆞᆸ니 녯 ᄠ들 고티라 ᄒ시니〈月釋2:48a〉

(5) 가. 그 모딘 노물 스라 주기고 地獄을 허러 ᄇ리니라〈釋詳24:18b〉

　　나. 金翅鳥ㅣ 나니 그 龍을 자바 올오리 ᄠ저 다 머거 ᄇ리니〈月曲59a〉

　　다. 아니한 시예 다 일워 내ᄂ니〈月釋1:27b〉

(6) 가. 셔ᄫᆯ 긔벼를 알씨 ᄒᄫᅡ 나ᅀᅡ가샤 모딘 도ᄌᆞᄀᆞᆯ 믈리시니이다〈龍歌35〉

　　나. 本國에 도라오샤 父母 뵈ᅀᆞᆸ시고 大衆을 싄ᅀᆞᄒ시니〈月釋22:19a〉

　　다. 즉자히 禮服 니브시고 ᄃ라나샤〈月釋8:90b〉

위 예들의 밑줄 친 부분은 모두 '서술어 + 서술어' 구성이지만 그 문법적 구성이 다르다. 얼핏 보기에는 그 구성이 유사하여 동일한 문법 구성으로 생각할 수도 있으나 (4)는 선행 요소나 후행 요소가 모두 절로서 기능하는 접속 구성이고, (5)는 후행 요소를 온전한 절로 보기에는 어려움이 있는 이른바 보조 용언 구성이다. (6)은 선행 요소와 후행 요소를 분리할 수 없는 단어합성 구성이다. 이러한 사실은 선행 요소나 후행 요소가 각각 독립된 내용을 나타내는지와 연결 요소의 분리성 및 의미 차이 등을 통해

서 확인할 수 있다.[3]

아래는 선행절 접속어미에 이어서 'ㅎ-'가 직접 후행하는 구성으로 이 예들도 접속문으로 보기에 어려운 경우이다.

   (7) 가. 이제 쏘 내 아두룰 <u>드려가려</u> 호시누니〈釋詳6:5b〉

      나. 十方世界예 法을 <u>펴려</u> 호시니〈月曲5a〉

      다. 世尊이 神通力으로 妙音을 <u>나토시과뎌</u> 호야시늘〈月釋18:76b〉

      라. 묏고리 올마가문 주모 열흘를 <u>못드록</u> 호리로다〈杜詩8:54a〉

      마. 샐리 덩바기옛 머리터리 혼 져봄을 미이 자바 들이요디 신끠
         <u>추리드록</u> 호라〈救簡1:30b〉

      바. 出家히여 聖人人道理 <u>빈화아</u> 호리니〈釋詳6:3b〉

위 (7)의 예들은 '-오려', '-과뎌', '-드록', '-아아'에 의하여서 연결된 구성으로 앞의 예들처럼 이 예들도 구성상 '서술어 + 서술어' 구성을 취하고 있어 접속문과 유사하게 보이나 (7)에서 접속어미의 후행 요소들을 분리 불가능하고, 어휘 요소를 개재하기 어렵다는 등의 사실 때문에 기존의 논의에서 보조 용언 구성으로 분류되어 왔던 경우이다.

다음은 '-(으)며'나 '-거나' 뒤에 'ㅎ-'가 직접 후행하는 예들이다.

---

3) 이와 같이 15세기 국어에서 특히 'Vˊ-어 V' 구성이 합성어 구성인지, 접속문 구성인지, 보조 용언 구성인지를 구분하는 것은 쉬운 일이 아니다. 정언학(2006)에 의하면 15세기 국어에서 'V -어 V' 구성이 접속 구성과 합성어의 경계에 있는 예들도 확인된다.

  (가) 精숨룰 <u>디나아 가니</u>….〈月曲2a〉
  (나) 라귀 모라 <u>미조차 가라</u> 호야둔….〈三綱孝27〉

정언학(2006 : 194)에서 '디나가-'는 합성어로 처리하였으나 위 (가)는 어미 '-아'가 표면에 나타난 것으로 보아 합성어와 접속 구성의 경계에 있는 것으로 보았고, 위 (나)도 합성어로 처리할 수도 있고 분리성이 있는 것으로 보아 접속 구성으로 처리할 수도 있는 것으로 기술하였다. 절 접속 구성과 보조 용언 구성에 대한 구분은 임홍빈·장소원(1995), 이은경(2000), 정언학(2006)을 참고.

(8) 가. 그제사 舍利弗이 虛空애 올아 <u>거르며</u> <u>셔며</u> <u>안ᄌ며</u> <u>누ᄫᆞ며</u> ᄒᆞ고
〈釋詳6:33b〉

나. 샹녜 이 經을 바다 디니며 닐그며 <u>외오며</u> 사겨 니르며 <u>쓰며</u>
<u>ᄒᆞ야ᅀᅡ</u> ᄒᆞ리라〈釋詳19:36a〉

다. 뉘 能히 이리 <u>ᄃᆞ니며</u> ᄒᆞᄂᆞ뇨〈牧牛子18b〉

라. 白帝예 祠廟ㅣ 뷔엿ᄂᆞ니 외ᄅᆞ윈 구루미 절로 <u>가며</u> 오며 ᄒᆞ놋
다〈杜詩14:6b〉

마. 뎌 나라해 불쎠 <u>나거나</u> 이제 <u>나거나</u> 쟝ᄎᆞ <u>나거나</u> ᄒᆞ리라〈月釋
7:76a〉

바. 흔 히 <u>디나거나</u> 석 ᄃᆞᆯ만 <u>ᄒᆞ거나</u> ᄒᆞ야〈月釋9:36下a〉

위의 예들은 나열의 '-(으)며'와 선택의 '-거나' 뒤에 'ᄒᆞ-'가 직접 후행하는
구성으로 일반적인 대등 접속문과는 다른 경우이다.[4] 특히 선택의 '-거나'
의 경우는 (8 마, 바)처럼 15세기 국어에서 대체로 'ᄒᆞ-'가 후행하여 나타
나는 특성을 가지고 있다.

그런데 이러한 접속문은 아래와 같이 'ᄒᆞ-'를 생략해도 앞의 (8)과 큰
차이를 보이지 않는다.

(9) 가. 그제사 舍利弗이 虛空애 올아 거르며 셔며 안ᄌ며 <u>눕고</u>

나. 샹녜 이 經을 바다 디니며 닐그며 외오며 사겨 니르며 <u>써ᅀᅡ</u>
<u>ᄒᆞ리라</u>

다. 뉘 能히 이리 <u>ᄃᆞ니ᄂᆞ뇨</u>

라. 白帝예 祠廟ㅣ 뷔엿ᄂᆞ니 외ᄅᆞ윈 구루미 절로 <u>가며 오놋다</u>

마. 뎌 나라해 불쎠 나거나 이제 나거나 쟝ᄎᆞ <u>나리라</u>

---

4) 이처럼 접속어미가 후행절까지 통합한 예는 "나모와 곳과 果實와ᄂᆞᆫ...."〈釋詳6:40a〉, "입
시울와 혀와 엄과 니왜 다 됴ᄒᆞ며...."〈釋詳19:7b〉처럼 명사 접속과도 유사하다.

바. 흔 히 디나거나 석 둘만 ᄒ야

위 (9)를 통해서 우리는 (8)에서 'ᄒ-'가 특정한 명제를 나타내지 않는다는 사실을 알 수 있다. 따라서 위 (8)에서 보이는 '-(으)며 ᄒ-', '-거나 ᄒ-' 구성은 접속문으로 보기에 어려움이 있다.

그러나 '-(으)며 ᄒ-', '-거나 ᄒ-' 구성에서 뒤의 'ᄒ-'가 특정한 명제를 나타내지는 않으나 '-(으)며 ᄒ-', '-거나 ᄒ-' 구성이 나열과 선택 외에 아무런 의미가 나타나지 않는다고 할 수 없다. '-(으)며 ᄒ-' 구성에서는 선행절에 나타난 행위가 연속으로 일어난 것을 가리키는 해석을 발견할 수 있고, '-거나 ᄒ-'구성에서는 선행절에 의하여서 나타난 행위가 강조되는 듯한 해석을 발견할 수 있다. 이에 대해 김영희(2005 : 15)는 나열의 '-(으)며'와 선택의 '-거나' 접속어미 다음에 '하-'가 후행하는 구성을 내포 접속문으로 명명하고 '하-'를 내포절인 등위 접속문의 의미를 포괄적으로 나타내는 포괄 동사로서 내포 접속문의 상위절 서술어로 파악하였다. 즉 내포문 구성으로 파악한 것이다. 본고에서도 현재로서는 김영희(2005)의 의견을 따르기로 하겠다.

이처럼 'ᄒ-'에 의하여서 내포되는 접속문은 대체로 나열이나 선택에서만 보이나 아래처럼 '-거니'에 의해 연결된 구성에서도 확인된다.

(10) 가. 하ᄂᆞᆳ 풍류 虛空애 ᄀᆞ득ᄒ야 곳비 비흐며 香 퓌우고 길 잡ᅀᆞᆸ
　　　거니 미조쫍거니 ᄒ야 ᄂᆞ려오더라〈釋詳11:13a〉
　　나. 잇거니 죽거니 ᄒ야 다시 보디 몯ᄒ니〈杜詩24:58a〉

위 (10)의 예도 '-(으)며 ᄒ-', '-거나 ᄒ-'의 구성과 유사한 구성으로 보인다.

한편, "王ㅅ 너를 ᄉᆞ랑티 아니ᄒ시린댄 커니와 王이 너를 禮로 待接ᄒ샳딘댄 모로매 願이 이디 말오라"〈釋詳11:30a〉 처럼 '-(으)ㄴ댄'이 이끄는 접속문에서 'ᄒ거니와'의 축약형인 '커니와'가 나타나는 예도 발견된다. 이 경우는 '커니와'가 앞의 '아니ᄒᆞ시린댄'과 접속한 접속 구성으로 파악된다. 이 용례는 아비가 자신과 이별하여 떠나는 딸을 생각하며 주술을 외워 비는 장면으로 '왕이 너를 사랑하지 아니하신다면 모르겠지만' 정도로 해석되는 구문이다. 즉 '커니와'는 어떤 대상이나 일에 대하여 무관심한 화자의 태도를 나타내는 의미로 쓰인 '모르다' 정도로 해석되는 'ᄒᆞ-'에 '-거니와'가 통합한 구성으로 파악된다.[5]

3. 접속문의 의미 범주

접속문 연구에서 선행절과 후행절의 의미 관계에 따른 의미 범주 설정은 주요한 주제 중의 하나이다. 그러므로 의미 관계에 따른 의미 범주의 분류는 보편타당하고 가치 있는 의미 분류가 요구된다. 그러나 본고에서 의미 범주의 설정 문제는 기존의 논의를 참고하여 정리하고자 한다. 본고의 초점이 이에 있지 않고 통사적 특성 및 의미적 특성을 통해서 접속문

---

5) 아래의 예들은 '-ㄹ딘댄', '-(으)나', '-어도' '-거늘' 등이 이끄는 접속문에서 선행절 뒤에 '컨마른'이 나타난 경우인데 이때도 '-ㄹ딘댄 ᄒᆞ-', '-(으)나 ᄒᆞ-', '-어도 ᄒᆞ-', '-거늘 ᄒᆞ-' 구성으로 파악해야 할지 아니면 '컨마른'을 'ᄒᆞ-건마른'으로 분석하지 않고 하나의 관용구 정도로 파악해야 할지에 대해서 의문이다. 박용찬(1996)은 '컨마른'이 爭乃(奈)에 대응하는 자리에 나타난 사실을 지적하면서 '컨마른'을 'ᄒᆞ-건마른'으로 분석하지 않는 태도인 듯하다.

　가. ᄒᆞ다가 一定ᄒᆞ야 잇다 닐올딘댄 컨마른 이쇼ᇝ 아니오〈金三2:41b〉
　나. 南北東西예 오직 이 내라 ᄒᆞ나 컨마른 一切 고대 어더 잡디 몯ᄒᆞ리로다〈金三1:19b〉
　다. 비록 곧 ᄆᆞᅀᆞ미며 곧 부톄라 닐어도 컨마른 ᄆᆞᅀᆞᆷ 아니며 부텨 아니며 비록 ᄒᆞᆫ 거시라 닐어도 ᄯᅩ ᄒᆞᆫ 거시 아니니라〈金三4:13b〉
　라. 비록 理 우희 노가 둘히 업스나 컨마른 聖과 凡괏 일후미 근호미 어려우니라〈金三4:40a〉
　마. 녯 길헤 사ᄅᆞᄆᆞᆯ 블러 녀라 커늘 컨마른 모ᄅᆞᄂᆞᆫ 무리 荒草ᄅᆞᆯ ᄉᆞ랑ᄒᆞᄂᆞ다〈南明하39a〉

의 성격을 파악하고자 하기 때문이다. 의미 범주 설정 문제는 본고의 내용과 함께 큰 주제이자 주요 논제이기에 본고에서 함께 다루기에는 논의가 산만해질 수 있다. 이에 본 논의를 진행하기에 앞서 기왕의 논의를 참고하여 의미 범주를 기술하기로 하겠다.[6]

지금까지의 선행 연구를 참고해 보면 각 논의마다 용어의 차이가 있기는 하지만 대등적 의미 관계의 경우에 대체로 '나열', '대조', '선택' 정도로 구분하고 있음을 알 수 있다. '나열' 접속문의 경우에 대표적 접속어미는 '-고', '-(으)며'이고, '대조'의 경우는 '-(으)나'이다. '선택' 접속문의 경우는 '-거나' 등이 주로 쓰인다.

문제는 종속적 의미 관계의 경우인데 종속적 의미 관계의 경우는 각 논자마다 용어뿐 아니라 설정 목록 수에 차이를 보이고 있다. 의미 관계의 초점을 어디에 두느냐에 따른 것으로 보이는데 본고는 중세국어를 대상으로 한 허웅(1975), 고영근(1987), 김송원(1988), 안병희·이광호(1990/

---

6) 접속문의 의미 범주 설정에 대한 대표적 선행 논의를 제시하면 아래와 같다.

  (가) 중세국어를 대상으로 한 논의
      허 웅(1975): 나열, 가림, 설명, 제약, 불구, 미침, 의도, 전환, 비례, 비교, 동시,
          흡사, 힘줌, 가치, 되풀이, 연결
      고영근(1987): 나열, 상반(양보), 조건(가정), 설명, 이유, 원인, 인용, 비교, 더해
          감, 비유, 희망, 의도, 목적, 전환, 선택, 반복
      김송원(1988): 연결, 선택, 인과, 조건, 상대, 결과, 의도, 전환, 비례, 비교, 평가,
          목적, 반복, 동시, 흡사, 강조, 가치
      안병희·이광호(1990/2001): 병행, 양태, 원인, 조건, 양보, 목적, 의향, 원망, 한
          도, 더해감, 연속, 도달, 부정 대상, 긍정 대상

  (나) 현대국어를 대상으로 한 논의
      최현배(1937/1971): 공간적 나열, 선택, 설명, 추정방임, 사실구속, 가정구속, 필
          요구속, 가정방임, 양보방임, 사실방임, 도급, 시간나열, 중단
      최재희(1991): 병렬, 대립, 선택, 설명, 인과, 조건, 의도, 대조, 양보, 순차, 설명,
          전환, 비례, 비유, 결과
      권재일(1985): 연결, 상대, 선택, 연결, 인과, 조건, 결과, 첨의
      임홍빈·장소원(1995): 나열, 반의, 선택, 제시, 인과, 조건, 양보, 결과, 시간, 계기
      이은경(2000): 나열, 대조, 선택, 배경, 원인, 조건, 양보, 결과, 선행

2001)과 현대국어를 대상으로 한 최재희(1991), 임홍빈·장소원(1995), 이은경(2000)의 논의를 적극 받아들이기로 하겠다. 이들의 논의를 통해 볼 때, 종속적 의미 관계의 경우에 용어가 조금씩 차이를 보이기는 하지만 '원인', '조건', '양보', '결과'는 각각 하나의 의미 범주로 설정하는 데에 의견이 없는 듯하다. 다만 양보의 경우를 대조와 어떻게 차이를 둘 것인지가 문제이긴 하지만 이은경(2000)에서 이에 대해서 자세히 다룬 바 있다. 그런데 시간 관련 접속문의 경우에 '계기'만 설정할 것인지 아니면 '동시'와 '계기'를 나누어 다룰 것인지가 문제로 보이나 본고 4장에서 보다 자세히 다루겠지만 선행절 사태와 후행절 사태가 동시적 사태인 구성과 계기적 혹은 순차적 사태인 구성에 따라서 문법적 특성이 달리 나타나는 경우가 존재하기 때문에 본고는 이를 구분하고자 한다. 또한 이 외에 15세기 국어를 대상으로 한 연구에서 공통적으로 제시하고 있는 의미 범주 중의 하나는 '의도' 내지 '목적' 구성이다. 15세기 국어에서 '-(으)라', '-오려', '-고져', '-과뎌' 정도가 이끄는 접속 구성을 접속의 한 범주로 처리한 것이다. 이에 본고에서도 이를 받아들여 '의도'의 접속 구성을 설정하기로 하겠다.

지금까지의 내용을 정리하여 접속문의 의미 범주를 제시하면 아래와 같다.

대등 접속 구성: 나열, 선택, 대조
종속 접속 구성: 원인, 조건, 양보, 계기, 동시, 배경, 의도, 결과

앞서 언급했듯이 접속문의 의미 범주는 보다 정확하고 가치 있는 논의를 이끌어 내어야 할 것이지만 본고에서는 선행 논의를 적극 받아들여 의미 범주를 정리하였다는 점에서는 아쉬움이 남는다. 하지만 본고 4장에서 선행절과 후행절의 의미 관계에 대해서 다시 그 의미 관계의 특성과 해당 접속어미에 대해서 자세히 논의하게 될 것이기에 이 절의 내용은 접속문의 형태·통사적 특성을 다루기 위한 의미 범주 확인 단계로 삼겠다.

4. 요약

2장에서 본고는 접속문의 구조와 범주 설정에 대해서 정리하였다. 먼저 2.2에서는 논의의 진행에 앞서서 접속의 개념과 접속어미의 연결 구성에 대해서 살펴보았다. 접속이 절을 연결 단위로 삼아서 절과 절을 연결하는 복합 구성 방식임을 지적하고 나아가 접속문은 선행절이 후행절에 부가적 혹은 필수적 성분으로 기능하는 것이 아니라 선행절과 후행절이 연결되어 새롭게 형성된 문장임을 기술하였다. 아울러 국어의 특성상 접속어미는 '[S1-접속어미-S2]' 구조를 가져야 한다고 정리하였다.

다음으로 2.3에서는 접속문의 의미 범주를 정리하였다. 특히 접속문의 의미 범주는 접속문 연구에서 상당히 중요한 영역이기 때문에 정확하고 가치 있는 논의가 이뤄져야 할 것이나, 본고는 본 논의에 집중하기 위해서 접속문의 의미 범주는 선행 연구를 적극 받아들여 정리하는 수준에 만족하였다. 선행 연구를 통해서 접속문의 의미 범주를 아래와 같이 설정할 수 있었다.

대등 접속문 구성: 나열, 선택, 대조
종속 접속문 구성: 원인, 조건, 양보, 결과, 동시, 계기, 의도, 배경

본 장에서 살펴본 내용은 본격적인 논의를 진행하기에 앞서 접속과 접속문의 구성, 접속문의 의미 범주를 정리하기 위한 것이었다. 그러나 본 논의가 15세기 국어의 접속문의 통사·의미적 특성을 검토하는 데에 목적이 있기 때문에 이론적인 논의는 가급적 선행 연구를 소개하고 정리하는 수준에서 그쳤다. 이에 아쉬움이 남지만 본 논의가 오히려 접속문의 이론적 논의에 도움이 되리라 기대한다.

제3장
접속어미의 통합관계

1. 도입

본 장에서는 접속 구성에 따라서 선어말어미가 선행절에 통합하는 통합관계를 검토하되 선행절에 통합 가능한 선어말어미가 선행절에 독립적으로 나타나는 것이 일반적인지 후행절에 의존하여 해석되는 것이 일반적인지를 검토하고, 아울러 보조사가 선행절에 통합하는 통합관계도 살펴보도록 하겠다.

지금까지의 15세기 국어 접속문 연구에서 선행절에 통합하는 선어말어미와 보조사에 대한 논의가 아주 없는 것은 아니다. 그러나 그간의 선행 연구가 몇몇 접속문에 한하여 선어말어미의 통합 양상을 검토하거나 통합 가능한 선어말어미의 확인에만 그치고 있다는 점에서 보다 포괄적이고 면밀한 연구가 필요한 부분이라 하겠다. 이에 접속문에서 나타난 선어말어미의 통합 양상과 함께 선어말어미의 실현, 즉 선행절과 후행절에 모두 통합하여 나타나는지 아니면 후행절에만 통합하여 나타나는지도 검토되어야 할 것이다. 특히 선어말어미의 실현 양상은 접속문의 속성(대등성/종속성)을 보여주는 특성으로도 볼 수 있기에 접속문 연구의 중요한 현상으로 판단된다. 또한 보조사의 통합은 초기 연구부터 접속문의 종속성을 검증하는 현상으로 지적된 현상으로 선어말어미의 실현과도 깊이 관련된 결과가 기대되는 부분이다.

먼저 3.2에서는 접속문의 선행절에 통합하여 나타나는 경어법 형태소 '-(으)시-', '-ᅀᆞᆸ-', 시제 관련 형태소 '-ᄂᆞ-', '-더-', '-(으)리-', 인칭법 관련 형태소 '-오-' 등을 검토하고, 나아가 이 형태들이 선행절과 후행절에 각각 독립적으로 실현되는 것이 일반적인지 후행절에 의존하여 해석되는 것이 일반적인지를 살펴보도록 하겠다.

3.3에서는 선행절에 통합하는 보조사를 살펴볼 것이다. 그간의 연구에서 15세기 국어 보조사는 개별 보조사의 의미 특성과 출현 환경, 즉 통합관계가 면밀하게 검토되었기 때문에 기존의 논의를 적극 참고하도록 하

겠다.

3.4에서는 살펴본 내용을 요약·정리하고 이 검토된 사항이 접속문 구성, 즉 대등 접속문과 종속 접속문에 따라서 어떻게 실현되는지, 그 결과가 대등 접속문과 종속 접속문을 가르는 기준이 되는지를 살펴보기로 하겠다.

2. 선어말어미와의 통합관계 및 독립성

본 절에서는 접속문의 선행절에 통합하는 선어말어미들을 살펴보고, 그 선어말어미들을 중심으로 선행절에 통합한 선어말어미가 후행절에 대해서 선행절에 독립적으로 통합하여 나타나는 것이 일반적인지 후행절에 의존하여 해석되는 것이 일반적인지 검토하고자 한다. 그런데 이미 선행 연구에서 지적된 바와 같이 접속문의 선행절에 통합하는 선어말어미는 그리 많지 않다. 경어법 선어말어미 '-(으)시-', '-슙-', 시제법 선어말어미 '-ㄴ-', '-더-', '-(으)리-', 인칭법 선어말어미 '-오/우' 정도이다.

이들 각 선어말어미는 접속문의 유형에 따라 다음 세 가지 유형으로 그 실현 양상을 보인다.

가. 선어말어미가 선행절과 후행절에 각각 통합하여 나타나는 경우.
나. 선어말어미가 후행절에만 통합하여 나타나는 경우.
다. 선어말어미가 선행절에만 통합하여 나타나는 경우.

첫째의 경우는 선어말어미가 선행절과 후행절에 모두 나타난 경우이다. 가령, 선행절과 후행절의 존칭 주어에 대해서 '-(으)시-'가 선행절과 후행절에 각각 통합하여 나타난 구성과 같은 경우를 말한다. 둘째의 경우는 선어말어미가 후행절에만 나타난 구성으로 선행절의 문법적 의미가 후행절의 문법 형태소에 의존하여 해석되는 경우이다. 가령, 나열의 '-고'가 이끄는 접속문에서 선행절과 후행절이 현재의 상황을 가리키는 내용임에도 현재의 '-ᄂᆞ-'가 후행절에만 통합하여 나타난다면 선행절의 현재의 상황은 후행절의 '-ᄂᆞ-'에 의하여서 해석된다고 할 수 있다. 즉 선행절의 현재의 상황 표현은 후행절에 의존하여 해석되는 것이다. 마지막 셋째의 경우는 선행절의 선어말어미가 후행절과 무관하게 나타난 것으로 극히 드문 통합 양상이다.

위 세 경우에서 첫 번째 경우가 선어말어미의 독립적 분포를 의미한다. 즉 선행절의 서술어가 후행절의 서술어에 통합한 선어말어미를 참고하지 않고 동일한 의미 요소라 할지라도 선행절에 독립적으로 통합한 구성이다. 이때 선어말어미가 독립적 분포를 보인다고 말할 수 있다. 두 번째의 경우는 선어말어미의 의존적 분포를 의미한다. 선어말어미가 후행절에만 실현되어 선행절의 경어법, 시제법, 인칭법이 후행절에 의존하여 해석될 때 선어말어미가 해당 접속문에서 의존적 분포(혹은 의존적 해석)를 보인다고 말할 수 있다. 이러한 선어말어미의 독립적 분포와 의존적 분포는 각각 선·후행절의 동일 주어문 혹은 동일 객어문, 혹은 동일 시제문 등에서 확인할 수 있다.[7] 이 선어말어미의 독립성 여부, 즉 독립적 분포와

---

7) 이 독립성 여부와 유사한 검토 작업이 허웅(1975), 남윤진(1989), 허원욱(1993), 이현희(1994) 등에 의하여서 '-(으)시-'와 '-ᅀᆞᆸ-', '-ᄂᆞ-', '-더-', '-(으)리-'를 중심으로 검토된 바 있다. 특히 이현희(1994 : 92~95)에서는 상위문과 하위문에 어떤 문법 요소가 통합되어 있을 수밖에 없는 상황에서 '-(으)시-'는 상위문 우선 원리가 적용되는 반면에 '-ᅀᆞᆸ-'은 하위문 우선 원리가 적용된다고 지적하였다. 즉 '-(으)시-'의 경우에는 동명사 구성, 관형 구성, 접속 구성, 보조동사 구성 등에서 상위문 우선 원리가 적용되어 '-(으)시-'가 상위문의 서술어에만 실현되는 것이 일반적이라는 것이고, '-ᅀᆞᆸ-'의 경우에는 하위문 우선 원리가 적용되어 '-ᅀᆞᆸ-'이 하위문의 서술어에만 실현되는 것이 일반적이라는 것이다. 한편, 남윤진(1989 : 10)에서는 '-고', '-(으)며', '-아'를 중심으로 검토하였는데, 이 논의에서는 '-(으)시-'의 경우에 선행 서술어와 후행 서술어 사이에 다른 문장 성분이 개재되면 선행 서술어와 후행 서술어에 모두 '-(으)시-'가 통합하며, 다른 성분이 개재되지 않으면 의미의 중심이 놓이는 구성에 '-(으)시-'가 통합하는 것이 자연스러운 것으로 파악하였다. 즉, 후행 서술어가 선행 서술어를 지배하는 경우에는 '-(으)시-'가 후행 서술어에 통

의존적 분포는 대등 접속문과 종속 접속문에 따라서 차이를 보일 것으로
예상된다.

2.1. 경어법 선어말어미와의 통합관계 및 독립성

15세기 국어 경어법 선어말어미는 존경법 '-(으)시-'와 겸양법의 '-숩-',
그리고 대우법(공손법)의 '-(으)이-/-(으)잇-'으로 나뉜다. 그런데 이 어미들
이 모두 접속문의 선행절에 통합되는 것은 아니다. 문장의 내적 요소와
관련되는 '-(으)시-'와 '-숩-'은 접속문의 선행절에 통합하여 나타나지만 '-
(으)이-/-(으)잇-'은 문장의 외적 요소인 청자와 관련되기 때문에 접속문의
선행절에 나타나지 않는다. 그러므로 이 절에서는 '-(으)시-'와 '-숩-'을 중
심으로 통합 양상을 검토하기로 한다.
　그럼 '-(으)시-'부터 살펴보자.

　(1) 가. 이제 世尊이 큰 法을 <u>니르시며</u> 큰 法雨를 <u>비흐시며</u>〈釋詳13:26b〉
　　　나. 부톄 …. 큰 일훔난 象 <u>투시고</u> 甲 <u>니브시고</u> 활살 츠시고 槍 자
　　　　　<u>브시고</u>〈月釋10:27b〉
　　　다. 阿闍世王이 <u>오시거나</u> 彌勒이 <u>下生커시나</u>〈釋詳24:6b〉
　　　라. 비록 根이 鈍호믈 <u>아르시나</u> 아직 本來ㅅ 므슴매 맞게 <u>호시다</u>
　　　　　<u>가</u>〈法華1:14a〉
　　　마. 비록 無數흔 法門을 <u>니르시나</u> 그 實은 흔 乘이라〈月釋11:115b〉
　　　바. 조흔 法界ㅅ 모미 本來 나며 드로미 <u>업거신마른</u> 그러나 未來世
　　　　　예 나샤〈月釋13:61b〉

합하고 선행 서술에 '-(으)시-'가 통합할 수 있는가는 선행 서술어와 후행 서술어에 문장
성분이 개재되는가에 의하여서 결정된다고 보았다. 그러나 두 논의가 접속문 전반에
대한 논의라기보다는 몇몇 접속어미와 관련된 논의이기에 아쉬움이 있다.

위의 예는 나열의 '-(으)며'와 '-고', 선택의 '-거나', 그리고 대조의 '-(으)나', '-건마른'[8])이 이끄는 대등 접속문의 선행절 서술어에 '-(으)시-'가 통합한 경우이다. 위 (1)에서처럼 15세기 국어에서 존경법 '-(으)시-'는 대등 접속 어미와 특별한 제약 현상을 보이지 않으며 선행절의 주어가 존대되어야 할 경우에는 '-(으)시-'가 선행절에 통합하여 나타나는 것이 보통이다.

다음, 아래는 동일 주어 접속문으로 '-(으)시-'의 통합 양상을 보인 것이다.

(2) 가. 世尊하 이 妙音菩薩이 엇던 善根을 <u>시므시며</u> 엇던 功德을 <u>닷구</u>
　　　<u>시관딕</u>〈法華7:23b〉

　　나. 부톄 .... 큰 일훔난 象 <u>투시고</u> 甲 <u>니브시고</u> 활살 <u>츠시고</u> 槍 <u>자</u>
　　　<u>브시고</u>〈月釋10:27b〉

　　다. 시혹 내 허므를 <u>보거시나</u> 시혹 내 罪를 <u>듣거시나</u>〈月釋23:94a〉

　　라. 님그미 <u>賢커신마른</u> 太子를 몯 <u>어드실씨</u>〈龍歌84〉

위 (2)는 선행절과 후행절의 주어가 동일인인 경우이다. 이때 '-(으)시-'는 선행절과 후행절에 각각 통합하여 나타나는 독립적 분포를 보이고 있다. (2)처럼 동일 주어문에서 '-(으)시-'가 독립적 분포를 보이는 것은 이 시기에 매우 자연스러운 표현으로 판단된다. 대부분 '-(으)시-'가 (2)처럼 나타나기 때문이다.

그런데 '-(으)시-'가 동일 주어 접속문에서 후행절에만 통합하는 경우가 아주 없는 것은 아니다. 아래 (3)처럼 특정 구성에 한해서 나타나기도 한다.

---

8) 15세기 국어에서 '-건마른'이 전제와 대조, 양보의 의미를 가진다는 것은 박용찬(1996) 에서 자세히 지적된 바 있다. 박용찬(1996)에서는 '-건마른'의 전제 의미를 기본 의미로 보고 대조와 양보는 전제 의미에서 파생된 부차적인 의미로 파악하였다.

(3) 가. 샹녜 光明이 面마다 여듧 자히시며 니 마스니 <u>ㄱ죽고</u> <u>조코</u> 칙
　　　 <u>칙ㅎ시며</u> 네 엄니 <u>희오</u> <u>놀나시며</u>〈月釋2:41a〉

　　나. 스믈 네차힌 ㄴ치 <u>넙고</u> <u>포ㅎ시며</u>〈月釋2:56b〉

위 (3)에서처럼 동일 주어 접속문에서 '-(으)시-'가 후행절에만 나타나는 경
우가 존재하나 선행절과 후행절 서술어가 직접 연쇄하는 제한적 분포를
보인다는 점에서 특징적이다. 하지만 이러한 경우에도 '-(으)시-'가 모두 통
합하는 경우도 있어 위 (3)과 같은 구성을 일반화하기는 어렵다. 오히려
위 (2)처럼 '-(으)시-'가 모두 통합하는 것이 자연스럽고 (3)처럼 나타나는
경우를 예외적 혹은 수의적 현상으로 처리하는 것이 바람직해 보인다.
　이제 종속 접속문의 경우를 살펴보자. 아래는 원인의 접속문의 경우이다.

(4) 가. 耶輸ㅣ 잠깐도 듣디 <u>아니ㅎ실씨</u> 目連이 淨飯王씌 도라가〈釋詳
　　　 6:6a〉

　　나. 釋迦太子ㅣ 직죄 <u>奇特ㅎ실씨</u> 우리 父母ㅣ 太子씌 <u>드리ㅿᄫ시니</u>
　　　 〈釋詳6:7a〉

　　다. 스승니미 엇던 <u>사르미시관ᄃᆡ</u> 쥬벼ㄴ로 이 門을 <u>여르시ᄂ니잇</u>
　　　 <u>고</u>〈月釋23:84a〉

　　라. 그 威音王佛이 뎌 世中에 天人阿脩羅 <u>爲ㅎ샤</u> <u>說法ㅎ샤ᄃᆡ</u>〈月釋
　　　 17:80a〉

　　마. 王이 婆羅門을 만히 <u>請ㅎ시고</u> 太子 아나 나샤 일훔 지터시니
　　　 모다 술보ᄃᆡ 나싫 저긔 吉慶ᄃᆞ욀 祥瑞 <u>하시란ᄃᆡ</u> 일후믈 薩婆悉
　　　 達이라 ㅎ습사이다〈釋詳3:3a〉

　　바. 太子ㅣ <u>ㄱᄫ시란ᄃᆡ</u> 져근덛 누버 <u>쉬시며</u> 甘露를 좌쇼셔 ㅎ고
　　　 〈月釋4:6b〉

위 (4)의 예들은 원인의 '-(으)ㄹ씨', '-관ᄃᆡ', '-어', '-(으)란ᄃᆡ'9)가 이끄는 접

속문으로 선행절에 '-(으)시-'가 통합한 경우이다. 이와 같이 원인 접속어
미도 '-(으)시-'와 특별한 제약은 보이지 않으며 선행절의 주어가 존칭일
경우에는 '-(으)시-'가 통합하여 나타난다.

　아래는 선행절과 후행절의 주어가 동일인인 경우로 '-(으)시-'가 선행절
과 후행절에 모두 통합하여 나타나고 있음을 보여 주고 있다.

> (5) 가. 부텨는 煩惱를 <u>떠러</u><u>린리실씨</u> 죽사릿 受苦를 아니 <u>ㅎ거시니와</u>
> 　　　〈月釋1:12a〉
>
> 　　나. 그 쁏 鹿母夫人은 …. 그지 업슨 됴ᄒᆫ 業을 <u>닷ᄀ실씨</u> 이제와
> 　　　如來를 <u>나ᄒ시니라</u>〈釋詳11:39b〉
>
> 　　다. 부텨끠 묻ᄌᆞᆸ딕 엇던 行願을 <u>지ᅀᆞ시관딕</u> 이 相ᄋᆞᆯ <u>得ᄒ시니잇</u>
> 　　　<u>고</u>〈月釋21:18a〉
>
> 　　라. 世尊하 이 菩薩이 엇던 三昧예 <u>住ᄒ시관딕</u> 能히 이ᄀ티 겨신
> 　　　고대 <u>變現ᄒ샤</u> 衆生ᄋᆞᆯ <u>度脫ᄒ시ᄂ니잇고</u>〈法華7:32a〉
>
> 　　마. 十八億衆 <u>爲ᄒ샤</u> 妙法을 <u>니ᄅ시니</u>〈月曲63b〉

원인의 접속문도 위 (5)처럼 존칭의 주어가 선행절과 후행절의 동일인일
때 '-(으)시-'가 선행절과 후행절에 각각 통합하여 나타나는 독립적 분포를
보인다. 즉 이 경우에도 '-(으)시-'는 선행절과 후행절에 모두 통합하는 것

---

9) 15세기 국어에서 '-(으)란딕'는 그간의 논의에서 조건 혹은 가정의 의미로 알려져 왔다.
　그러나 정재영(1996)에서 '-(으)란딕'를 원인이나 이유의 접속어미로 처리한 바 있다. 정
　재영(1996)은 '-(으)란딕'의 선행절이 화자 또는 주체가 경험했거나 과거의 확실한 사실
　로 인식한 내용을 전제하고, 후행절이 일반적으로 화자의 강한 의지가 반영된 표현이거
　나 당위적 표현으로 나타남을 확인하여, '-(으)란딕'의 의미 기능을 이유나 원인을 나타
　내는 접속어미로 간주하였다. 그런데 '-(으)란딕'가 원인이나 이유를 나타내는 접속어미
　인 것은 장윤희(1991 : 6~7)에서 이미 언급된 바 있다. 장윤희(1991)에서도 '-(으)란딕'
　가 단독으로 사용될 때는 이유 내지 원인을 나타내는 접속문을 형성하기 때문에 이 접
　속어미를 조건 접속어미로 다룰 수 없음을 지적하였다.

이 자연스러운 표현으로 보인다. 그런데 이 접속문의 경우에도 특히 원인의 '-어'가 이끄는 접속문에서 선행절의 서술어와 후행절의 서술어가 직접 연쇄할 때면 '-(으)시-'가 후행절에만 나타난 예가 확인된다. "諸天 爲ᄒᆞ야 說法ᄒᆞ시며...."〈月釋2:10a〉와 "衆 爲ᄒᆞ야 說法ᄒᆞ시거든"〈法華4:119a〉가 그 대표적인 예이다. 하지만 이 경우도 그 예가 적을뿐더러 제한된 구성에서만 보이고, 더더욱 수의적 분포를 보이기 때문에 예외적 혹은 수의적 현상으로 처리할 수 있을 듯하다. 즉 원인의 접속문 경우에도 '-(으)시-'는 독립적 분포를 보이는 것이 우선 원칙이고 서술어와 서술어가 직접 연쇄하는 경우에 한해서 의존적 분포를 보이는 예외적 현상 혹은 수의적 현상이 나타나기도 하는 것으로 처리할 수 있겠다.

다음은 조건의 접속어미가 이끄는 접속문이다.

(6) 가. 太子ㅣ 부톄 ᄃᆞ외시면 聖王ㄱ 子孫이 그츠시리이다〈釋詳3:10b〉

나. 내 말옷 아니 드르시면 ᄂᆞ외 즐거ᄫᅳᆫ ᄆᆞᅀᆞ미 업스레이다〈月釋2:5b〉

다. 부톄 이 世界예 나시거든 내 뎌 世界예 나며〈圓覺하3-2:95a〉

라. 알핏 네 時ㅅ 中에 부톄 ᄒᆞᆫ 소리로 法을 불어 니ᄅᆞ시거든 衆生이 類를 조차 各各 아로ᄆᆞᆯ 得ᄒᆞ니〈法華3:44a〉

마. 妙音을 니ᅀᅥ 普門品을 니르샤ᅀᅡ 圓ᄒᆞᆫ 行이 流通ᄒᆞ리라〈釋詳21:20b〉

위 예들은 조건의 '-(으)면', '-거든'[10], '-어ᅀᅡ'[11] 등이 이끄는 접속문으로

---

10) 15세기 국어에서 '-거든'은 조건 외에도 배경, 양보, 대조 등에 쓰이는 것으로 보고된 바 있다. 이현희(1994ㄱ : 73)에서 '-거든'의 쓰임이 자세히 논의되었다.

11) 여기에서 '-어ᅀᅡ'를 접속어미 '-어'와 보조사 '-ᅀᅡ'로 분석하여 조건 접속어미 '-어ᅀᅡ'를 부정할 수도 있으나 접속어미 '-어'가 조건으로 해석되는 예가 보이지 않을뿐더러 '-ᅀᅡ'를 생략했을 경우에 "??오직 ᄆᆞᅀᆞᆷ과 境과를 둘흘 ᄇᆞ리어 煩惱ㅣ 이에 그츠리라(오직 ᄆᆞᅀᆞᆷ

접속어미와 상관없이 선행절의 존칭 주어에 대해서 '-(으)시-'가 선행절에 통합하여 나타나고 있다.

아래는 조건 접속문의 동일 주어문으로 '-(으)시-'가 선행절과 후행절에 각각 독립적으로 통합하여 나타난 사실을 확인할 수 있다.

(7) 가. 聖子ㅣ 나샤 輪王이 ᄃᆞ외시리니 出家ᄒᆞ시면 正覺ᄋᆞᆯ 일우시리로
　　　소이다〈月釋2:23b〉

　　나. 王이 ᄐᆞ시면 天下를 ᄒᆞᆼ롯 內예 다 도라오샤ᄃᆡ〈月釋1:28a〉

　　다. 百姓ᄋᆞᆯ 앗기거시든 沙門ᄋᆞᆯ 자바주쇼셔〈釋詳24:22a〉

　　라. 諸佛도 出家ᄒᆞ샤ᅀᅡ 道理를 닷ᄀᆞ시ᄂᆞ니〈釋詳6:12a〉

위 (7)처럼 조건 접속문의 경우에도 선행절과 후행절의 주어가 동일 주어일 때 '-(으)시-'는 독립적 분포를 보이는 것으로 나타난다. 의존적 분포를 보이는 예는 아직까지는 확인되지 않는다. 따라서 이 접속문의 경우에도 '-(으)시-'의 독립적 분포를 규정할 수 있다.

다음은 계기와 동시 관계 접속어미가 이끄는 접속문이다.

(8) 가. 太子ㅣ 羊 술위 ᄐᆞ시고 東山애도 가시며 아자바님긔도 가샤 노

과 境과를 둘흘 ᄇᆞ려ᅀᅡ 煩惱ㅣ 이에 그츠리라〈楞嚴9:19b〉)"처럼 선행절과 후행절의 의미 관계가 매우 어색해지면서 조건의 의미가 나타나지 않기 때문에 '-어ᅀᅡ'를 분석하지 않고 하나의 접속어미로 보기로 하겠다. 그런데 "이 願을 브터 닷가ᅀᅡ 비르서 正覺을 일우리니"〈圓覺하3-1:128a〉, "믓 後ㅅ 無明을 그츠샤ᅀᅡ 비르서 佛道를 일우시ᄂᆞ니라"〈楞嚴6:9a〉 등처럼 어느 한 시점을 기준으로 한 사태가 이루어지거나 변화하기 시작함을 나타내는 부사 '비르서'가 후행절에 나타나는 '-어ᅀᅡ'는 '~한 후에야 비로소'로 해석된다. 즉 계기의 접속어미 '-어'와 보조사 '-ᅀᅡ'로 분석 가능해 보인다. 두 예문에서 '-ᅀᅡ'를 생략해도 문장의 성립에는 문제가 없는 것도 분석 가능한 형태로 생각하는 이유이다. 이 '-어ᅀᅡ'에 대한 면밀한 연구는 이미 이현희(1995ㄴ), 박용찬(2006) 등에서 기술된 바 있다. 이현희(1995ㄴ)에서는 '-어ᅀᅡ'를 '조건·한정'과 '계기·한정'으로 구분하였고 '계기·한정'의 '-어ᅀᅡ'는 원문의 '方', '乃', '始'에 대응한다고 기술하였다.

니더시니〈釋詳3:7a〉

나. 그 ᄢᅵ 世尊이 즉자히 化人을 <u>보내샤</u> 虛空애셔 耶輸끠 <u>니르샤ᄃᆡ</u>
〈釋詳6:8a〉

다. 王이 <u>보시고</u> ᄯᅡ해 업더디여 <u>우르시며</u>〈釋詳3:34b〉

라. 耶輸ㅣ 그 긔별 <u>드르시고</u> 羅睺羅 더브러 노ᄑᆞᆫ 樓 우희 <u>오르시</u>
<u>고</u> 門들ᄒᆞᆯ 다 구디 <u>ᄌᆞ겨뒷더시니</u>〈釋詳6:2b〉

마. 太子ㅣ ᄒᆞ마 <u>나가시고</u> ᄯᅩ 羅睺羅ᄅᆞᆯ <u>出家ᄒᆡ샤</u>〈釋詳6:7b〉

(9) 가. 부톄 처섬 妙光佛末法에 出家ᄒᆞ샤 道 <u>닷ᄀᆞ시다가</u> 五十三 佛ㅅ
일훔 <u>드르시고</u>〈法華4:14b〉

나. ᄯᅩ <u>나ᅀᅡ가시다가</u> 아바님 <u>맞나시니</u>〈月釋8:85b〉

위 (8)은 계기의 '-고', '-어'가 이끄는 접속문이고, (9)는 동시의 '-다가'[12),

---

12) 15세기 국어에서 접속어미 '-다가'는 두 가지의 쓰임 양상으로 나타난다. 첫째는 선행절
의 행위나 상태가 중단되고 새로운 사건인 후행절이 이어지는 관계를 가지는 접속문에
쓰이는 경우이다.

(1) 가. 坐禪ᄒᆞ시다가 나라해 빌머그라 오시니〈月釋1:5b〉
나. 福을 닷가 하ᄂᆞᆯ해 나앳다가 福이 다ᄋᆞ면 도로 ᄂᆞ리ᄂᆞ니라〈月釋1:42a〉
다. 아ᄎᆞᄆᆡᄂᆞᆫ 虛空애 나아 노다가 나조ᄒᆡᆫ 므레 가 자ᄂᆞ니〈釋詳13:10b〉

위 (1 가)는 세존이 옛 아승기겁 시절에 나라를 아우에게 맡기시고 도리를 배우러 나가
시어 깊은 산에 들어 좌선하시다가 (제) 나라에 얻어먹으러 온 장면을 기술한 것으로 선
행절과 후행절은 앉아서 깊은 도리를 생각하는 것을 중단하고 제 나라에 얻어먹으러 온
행위가 이어지는 구성이다. (1 나)도 하늘에 나아가 있는 상황을 중단하고 도로 땅에 내
려오는 행위가 이어지는 구성이고 (1 다)도 나가 노는 행위가 중단되고 이어서 자는 행
위가 이어지는 구성으로 선행절의 행위가 중단되고 새로운 사건인 후행절이 이어지는
관계를 가지는 접속 구성이다.
둘째는 선행절의 행위가 진행되는 도중에 후행절의 행위가 일어나는 관계를 가지는 접
속문에 쓰이는 경우이다. 그 예를 제시하면 아래와 같다.

(2) 가. 곳 잇ᄂᆞᆫ ᄯᅡᄒᆞᆯ 굳가 가시다가 俱夷ᄅᆞᆯ 맞나시니〈月釋1:9b〉
나. 하ᄂᆞᆯ 祭ᄒᆞ던 ᄯᅡᄒᆞᆯ 보고 절ᄒᆞ다가 忽然히 부텨 向ᄒᆞᆫ ᄆᆞᅀᆞᆷ 니즈니〈釋詳6:19a〉
다. 부톄 처섬 妙光佛末法에 出家ᄒᆞ샤 道 닷ᄀᆞ시다가 五十三 佛ㅅ 일훔 드르시고

‘-고’가 이끄는 접속문으로 모두 동일 주어 접속문이다. 이때도 ‘-(으)시-’가 선행절과 후행절의 서술어에 각각 통합하여 나타나고 있음을 확인할 수 있다.

그러나 아래 (10)과 (11)의 경우처럼 동일 주어 계기 접속문에서 ‘-(으)시-’가 후행절에만 실현되는 경우가 확인된다.

(10) 가. 두 허튀를 <u>안아</u> <u>우르시니</u>〈月釋8:85b〉

　　　나. 七寶로 꾸미시며 錦繡 쇼흘 <u>펴고</u> <u>앉더시니</u>〈月曲43a〉

　　　다. 世尊이 火龍窟에 <u>가</u> <u>자시거늘</u> 龍이 毒氣를 내야〈南明샹69a〉

(11) 가. 太子ㅣ 아니 <u>바다</u> 도로 <u>보내시니라</u>〈釋詳3:39b〉

　　　나. 그 목숨 다 샤르시고 쏘 <u>느려와</u> 轉輪王이 <u>드외시며</u>〈月釋
　　　　　1:20a〉

　　　다. 소내 흔 딱 <u>갓신 잡고</u> 너운너운 ㅎ오사 <u>가시거늘</u>〈南明샹52a〉

　　　라. 太子ㅣ 둘흘 <u>자바</u> 흔 뼈 <u>그우리와드시며</u>〈釋詳3:13a〉

위 (10)은 선행절의 서술어와 후행절의 서술어가 직접 연쇄하는 경우이고, (11)은 선행절의 서술어와 후행절의 서술어 사이에 다른 문장 성분이

기픈 ᄆᅀᆞᄆᆞ로 울워러 ᄉᆞ랑ᄒᆞ샤〈法華4:14b〉

위 (2 가)는 선혜가 꽃 있는 땅을 따라 가시는 도중에 구이를 만나는 장면으로 선행절의 행위 도중에 후행절의 행위가 일어나는 의미 관계로 해석된다. (2 나, 다)도 마찬가지이다. 즉 위 (2)의 예들은 선행절의 사태가 진행되는 도중에 후행절의 사태가 일어나는 것으로 해석되는 동시의 접속문인 것이다.

그러므로 본고는 ‘-다가’를 두 용법으로 보되 (1)의 경우는 계기 접속문으로 처리한다. (1)의 접속문을 전환, 중단으로 처리하여 계기와 다르게 기술할 수도 있겠으나 선행절 사태와 후행절 사태 이후에 후행절 사태가 일어난다는 점, 선행절과 사태와 후행절 사태 사이에 시간적 간격이 있다는 점을 들어 이은경(2000)와 같이 계기 접속문으로 분류하기로 하겠다.

개입한 경우이다. 문제는 이처럼 계기 접속문이 동일 주어문일 때 '-(으)시-'가 후행절에만 나타나는 일이 많다는 점이다. 이는 앞서 확인한 예들과 다른 상황이다. 즉 단순히 예외로 처리하거나 수의적 현상으로 처리하기에는 그 수가 상당히 많다는 문제가 있다. 이에 계기 접속문에서 '-(으)시-'의 경우는 독립적 분포와 의존적 분포를 함께 보이는 구성으로 정리하기로 한다.13) 이러한 분포를 보이는 이유에 대해서는 점차 드러나게 되겠지만 계기 접속문이 가지는 종속성의 차이에서 비롯된 것으로 생각된다. 즉 같은 종속 접속문이기는 하지만 다른 종속 접속문에 비해 보다 종속성이 강하여서 나타난 결과가 아닌가 한다. 하지만 이에 대한 본격적인 논의를 진행하기보다는 나타나는 현상을 통해서 국지적으로 그 가능성을 기술하기로 하겠다.

다음은 양보 접속문에서 '-(으)시-'가 선행절에 통합하여 나타난 경우이다.

(12) 가. 부톄 비록 <u>涅槃ㅎ샤도</u> 舍利와 法寶왜 世間애 <u>이실씨</u>〈釋詳 23:21a〉

　　나. 비록 天子ㅣ 두외야 <u>겨샤도</u> 儉朴호믈 便安히 <u>너기샤</u>〈內訓 2:120a〉

　　다. 聖神이 <u>니스샤도</u> 敬天勤民ㅎ샤아 더욱 <u>구드시리이다</u>〈龍歌 125〉

　　라. 後에 太子와 諸王이 <u>나샤도</u> 恩을 그치디 <u>아니ㅎ더시다</u>〈內訓

---

13) 이현희(1994 : 93~94)에서는 문법 요소가 상위문과 하위문에 통합하는 환경에 대해서 '-(으)시-'의 경우에 상위문 우선 원리가 적용된다고 지적하였다. 즉 계기 접속문에서 '-(으)시-'가 후행절에 나타난다는 사실은 상위문 우선 원리가 적용된 것이라 할 수 있겠다. 한편, 남윤진(1989 : 8)에서는 의미상으로 밀접한 관계를 맺는 것으로 인식되는 두 구성이 연결될 때 그 중의 한 구성에만 '-(으)시-'가 사용되는 경우 두 구성의 의미관계 내지 지배관계에 따라 '-(으)시-'의 출현 위치가 결정되는 것이라고 기술하였다. 그러나 이 주장은 선행절과 후행절의 사이에 어떠한 문장 성분도 개재되지 않는 경우이기 때문에 본고에서 제시된 예문은 그 기술에 해당되지 않는다.

　　　　2:89b〉

　마. 揚子江南을 쩌리샤 使者를 <u>보내신돌</u> 七代之王을 뉘 <u>마ㄱ리잇</u>
　　　<u>가</u>〈龍歌15〉

위 (12)는 '-어도', '-(으)ㄴ돌' 등14)이 이끄는 종속 접속문으로 앞서 살펴본
예들과 같이 선행절의 존칭 주어에 대해서 '-(으)시-'가 선행절에 통합한
사실을 보여준다. 이 접속문도 해당 접속어미가 '-(으)시-'와 특별한 제약
을 보이지 않는다.

　또한 동일 주어문일 때도 '-(으)시-'가 선행절과 후행절에 독립적 분포를
보이는 것을 아래의 예에서 확인할 수 있다.

　(13) 가. 부텨 ᄃ외야 나라해 <u>도라오샤도</u> ᄌᆞ올아비 <u>아니ᄒᆞ샤</u>〈釋詳
　　　　　6:4b〉

　　　나. 釋尊이 <u>成佛ᄒᆞ샤도</u> 오히려 이긔여 ᄇᆞ료믈 잇비ᄒᆞ시니〈法華
　　　　　3:60b〉

　　　다. 주거 가ᄂᆞ 거싀 일을 몯 <u>보신돌</u> 매 <u>모ᄅᆞ시리</u>〈月曲16a〉

다음은 배경의 접속문의 경우이다.

---

14) 여기에서 '-어도'는 양보를 나타내는 접속어미로서 '-(으)ㄴ돌'과 함께 15세기 국어의 대
　표적 접속어미이다. 그런데 이현희(1995), 박용찬(2006)처럼 15세기 국어 '-어도'는 양보
　와 역동의 두 가지 의미로 구분된다. 특히 박용찬(2006)에서 양보와 역동의 '-어도'를 명
　시적으로 구분하여 제시하였는데, "세 서린 時節 ᄀᆞᆮᄒᆞ야 번득히 달옴 업스며 이제 나히
　여쉰 둘헤 <u>니르러도</u> <u>ᄯ</u>ᅩ 달옴 업스이다"〈楞嚴2:9a〉, "내 願ᄒᆞᆫ돈 그듸와 사라셔 이ᄀᆞ티 ᄒᆞ
　고 <u>주거도</u> <u>ᄯ</u>ᅩ 이ᄀᆞ티 ᄒᆞ고져 ᄒᆞ노라"〈內訓2:25a〉처럼 나열 접속어미 '-(으)며'와 '-고'가
　이끄는 접속문의 후행절로 쓰이고, '-어도' 뒤에 부사 'ᄯᅩ'가 나타나는 예가 대체로 역동
　의 '-어도'로 해석된다고 기술하였다. 한편, 양보 접속어미 '-(으)ㄴ돌'은 통합형 접속어
　미로 명사구 보문 구성 '-(으)ㄴ#돌'의 통합구조체가 문법화한 것이다. 이에 대해서는 정
　재영(1996) 참고함.

(14) 가. 如來 나룰 <u>구지즈샤딕</u> 畜生이 類라 <u>ㅎ거시늘</u>〈楞嚴5:43a〉

나. 諸佛이 使者 <u>보내샤딕</u> 쏘 이ㄱ티 ㅎ시니라〈月釋15:81b〉

다. 王이 트샤 나시면 天下룰 ㅎ룻 內예 다 <u>도라오샤딕</u> 그 무리
ㄱ지 아니ㅎ며 그 믈 불븐 싸흔 몰애 金이 다외ㄴ니라〈月釋
1:28a〉

라. 太子ㅣ 東門 밧긔 <u>나가시니</u> 淨居天이 늘근 사ㄹ미 두외야 막
다히 딥고 가거늘〈釋詳3:16b〉

마. 그저긔 夫人이 나모 아래 <u>잇거시늘</u> 네 우므리 나니〈月釋
2:42a〉

위 예는 '-오딕', '-(으)니', '-거늘' 등15)이 이끄는 배경 접속문의 경우로 선
행절에 '-(으)시-'가 통합하여 나타나고 있다. 이 접속문의 경우에도 선행
절의 주어와 후행절의 주어가 동일할 때는 아래 (15)의 예에서처럼 '-(으)
시-'가 선행절과 후행절에 독립적으로 분포하는 것을 확인할 수 있다.

(15) 가. 지블 <u>빗이샤딕</u> 寶로 <u>꾸미시며</u>〈月曲43a〉

나. 王이 二萬夫人을 <u>두샤딕</u> 흔 子息도 <u>업스실씩</u>〈月釋20:62a〉

다. 各各 셜흔 여슷 디위를 <u>오르ㄴ리시니</u> 그 스시예 시혹 仙人이
<u>두외시며</u>〈月釋1:20b〉

라. 波羅㮈大王이 어디르샤 正法으로 나라흘 <u>다스리더시니</u> 여쉰
小國에 <u>위두ㅎ얫더시다</u>〈釋詳11:17b〉

---

15) 본고에서 제시한 '-오딕', '-(으)니', '-거늘'이 배경 접속문에만 쓰이는 것은 아니다. 이현
희(1994)에 따르면 '-오딕'의 경우에는 '전제', '발견', '역접' 등의 의미를 보이고, '-(으)니'
의 경우는 '전제'와 '발견' 등의 의미를 보이고, 마지막 '-거늘'의 경우는 '전제', '근거', '대
조', '양보' 등의 의미를 나타낸다. 즉 이들은 하나의 형태가 다양한 의미를 보이는 접속
어미로 주의하여 검토될 필요가 있다. 15세기 국어 '-(으)니'의 용법은 황선엽(1995)에서
면밀하게 검토된 바 있다.

그런데 이 접속문의 경우에도 "三業을 <u>니</u><u>〜오</u><u>ᄃᆡ</u> 大悲로 <u>ᄒᆞ샤문</u>"〈法華5:5b〉처럼 '-(으)시-'가 후행절에만 나타나는 예가 확인되기는 하나 극히 드물어 예외적이라 할 만하다. 그러므로 배경 접속문에서도 '-(으)시-'가 선행절에 독립적으로 통합하여 나타나는 것이 일반적이라 하겠다.

다음은 의도나 목적의 종속 접속문의 경우이다.

 (16) 가. 道理 비호라 <u>나아가샤</u> 瞿曇婆羅門을 <u>맛나샤</u>〈月釋1:5a〉

   나. 나라해 <u>빌머그라</u> <u>오시니</u>〈月釋1:5b〉

   다. 王이 므슴 호려 <u>져주시ᄂᆞ니잇고</u>〈釋詳11:28a〉

   라. 世亂을 <u>救호려</u> 나샤 天姿ㅣ <u>奇偉ᄒᆞ실씨</u>〈龍歌29〉

   마. 未來예 이 報를 <u>得고져</u> <u>願ᄒᆞ시며</u>〈法華5:194a〉

위 (16)은 '-(으)라', '-오려', '-고져'가 이끄는 접속문으로 '-(으)시-'가 후행절에만 통합하여 나타나고 있다. 이처럼 '-(으)라', '-오려', '-고져' 등이 이끄는 접속문은 앞서 검토한 다른 접속문과 달리 '-(으)시-'가 후행절에만 통합하여 나타나는 것이 일반적이다. 이 접속문의 경우에 '-(으)시-'가 선행절에만 독립적으로 나타나거나 선·후행절에 모두 나타나는 용례는 확인되지 않는다. 그러므로 의도의 접속문은 선행절의 존칭 주어가 후행절의 '-(으)시-'에 의존하여 해석되는 의존적 분포를 보이는 것이 일반적이라 하겠다.

한편, '-과뎌(과ᄃᆡ여) ᄒᆞ-' 구성은 아래와 같이 '-(으)시-'가 선행 서술어에만 독립적으로 나타나기도 하고 후행 서술어에만 통합하여 나타나기도 한다.

 (17) 가. 如來ㅣ 神通力으로 우리 무를 다 虛空애 잇게 <u>ᄒᆞ시과뎌</u> ᄒᆞ더니〈法華4:134a〉

   나. 一切 諸天이 願ᄒᆞᅀᆞᄫᅩᄃᆡ 出家ᄒᆞ샤 聖人ㅅ 道理 <u>비호시과ᄃᆡ여</u>

ㅎᄂ이다〈釋詳3:26b〉

다. 王으로 해 보샤 사르미 能을 <u>아르시과뎌</u> 호이다〈內訓2:20b〉

라. 이 經을 能히 得ᄒ리잇고 묻ᄌᆞ오샤믄 사름마다 제 <u>得과뎌</u> ᄒ
시니라〈法華7:164ㅁ〉

마. 夫人하 나를 브려 太子를 <u>얻과뎌</u> ᄒ시면〈月釋22:62a〉

바. 文殊ㅣ 世尊이 神通力으로 妙音을 爲ᄒ야 <u>現ᄒ시과뎌</u> <u>願커시</u>
늘〈法華7:17b〉

사. 世尊이 神通力으로 妙音을 <u>나토시과뎌</u> ᄒ야시늘〈月釋18:76b〉

위 (17 가, 나, 다)는 '-(으)시-'가 선행 서술어에 통합한 경우이고, (17 라,
마)는 '-(으)시-'가 후행 서술어에 나타난 경우이고, (17 바, 사)는 '-(으)시-'
가 선행 서술어와 후행 서술어에 각각 통합하여 나타난 경우이다. 그런데
이러한 '-(으)시-'의 실현 양상은 '-과뎌(과듸여)'의 의미 기능과 관련된 것
으로 보인다. 이미 알려진 바와 같이 '-과뎌(과듸여)'는 제3자의 동작이나
행동을 바랄 경우에 사용되는 것으로 선행 서술어와 후행 서술어의 주어
가 다르게 나타난다. 가령 (17 가, 나, 다)의 선행 서술어 주어는 각각 '如
來'와 '太子', '王'이고, 후행 서술어의 주어는 각각 '화자'(본문에서는 '우리
무리')와 '一切 諸天', '화자'이다. 때문에 (17 가, 나, 다)는 '-(으)시-'가 선행
절에만 통합한 것이다.

반면 (17 라)는 선행 서술어의 주어는 '사름'이고 후행 서술어의 주어는
'부텨'이기 때문에 '-(으)시-'는 후행 서술어에만 통합하여 나타난 경우이
다. 한편, (17 바, 사)는 선행 서술어와 후행 서술어의 주어가 모두 존칭
으로 '-(으)시-'가 선행 서술어와 후행 서술어에 각각 통합하여 나타난 경
우이다. 그러므로 위 (17)은 앞서 검토한 의도의 '-(으)라', '-오려', '-고져'
와 다른 분포 양상을 보이기 때문에 이들과 다르게 분류되어 기술되어야
할 것이다.

마지막은 '-두록', '-게' 등16)이 이끄는 결과 접속문인데, 15세기 국어에

서 결과 접속문의 예는 매우 드물어 다양한 예를 찾아볼 수가 없다. 때문에 논의를 이끄는 데에 어려움이 있다. 확인된 한 예를 보이면 "大臣이 모디라 德을 새오ᅀᆞ바 업스시긔 쇠룰 ᄒ더니"〈月釋21:211b〉와 같다. 여기에서 '-(으)시-'가 선행절에 통합하여 나타나고 있는데, '업스시긔'의 생략된 주어가 '태자'이기 때문에 선행절의 주어에 통합한 것이다. 한편, 시간의 경과로 쓰인 "내 (如來) 菩提樹 아래브터 涅槃ᄒ시ᄃ록 如來끠 여러 번 어즈리ᅀᆞ다이다"〈月釋4:26a〉 경우도 '-(으)시-'가 선행절에 통합하여 나타나는데 이도 선행절의 주어가 '如來'이기 때문에 선행절에 독립적으로 통합

---

16) 15세기 국어에서 '-ᄃ록'은 후행절의 사태의 결과가 선행절의 사태의 시점에 이르게 되는 접속 구성에서 주로 쓰인다.

   (1) 가. 댓무수미를 므레 글혀 하나 져그나 브스륨 독이 <u>업ᄃ록</u> 머그라〈救簡3:33a〉
      나. 내 菩提樹 아래브터 <u>涅槃ᄒ시ᄃ록</u> 如來끠 여러 번 어즈리ᅀᆞ다이다〈月釋4:26a〉
      다. 長者ㅣ 智慧 이셔 漸漸 들며 나게 ᄒ야 스믈 히룰 <u>디나ᄃ록</u> 집 이룰 자바 ᄒ게 ᄒ야〈法華2:243b〉
      라. 이웃짓 브른 바미 <u>깁ᄃ록</u> 볼갯도다〈杜詩7:6b〉
      마. 그 ᄯ니미 <u>몰 보ᄃ록</u> 가ᄃᆡ 乃終내 도라보디 아니ᄒ야시ᄂᆞᆯ〈釋詳11:29b〉

15세기 국어 문헌에 나타난 '-ᄃ록'은 위 (1)의 예처럼 후행절의 사태의 결과가 선행절의 사태의 시점에 이르게 되는 접속 구성으로 '..할 때까지' 정도의 의미로 쓰인다. 그러나 아래처럼 '-ㄹ수록' 정도로 해석되는 경우에도 쓰이는 것이 확인된다.

   (2) 가. 즙을 머고ᄃᆡ 만히 <u>먹ᄃ록</u> 됴ᄒ니라〈救簡2:106a〉
      나. 中下ᄂᆞᆫ 만히 <u>듣ᄃ록</u> 어둑 信티 아니ᄒᄂᆞ니〈南明상36b〉

위 (2 가)는 '즙을 먹되 많이 먹을수록 좋아진다' 정도로 해석되고, (2 나)는 '中下(中下의 根機)는 많이 들을수록 더욱 믿지 아니하나니' 정도로 해석되는 접속 구성으로 '-ㄹ수록' 정도로 해석되는 접속 구성이다. 이러한 '-ᄃ록'의 쓰임은 그리 많지 않다. 한편, '-ᄃ록 ᄒ-'가 '-게 ᄒ-' 구성처럼 해석되는 경우도 확인된다. 가령, "가히 터리 솜소미 이시면 독ᄒ 긔우니 ᄒ마 나ᄂᆞ니 젼국으로 ᄲᅮ추ᄃᆡ 솜솜ᄒ 터리 업ᄃ록 ᄒ야ᅀᅡ 됻ᄂᆞ니라〈救簡6:41b〉"은 '개의 털이 솜솜히 있으면 독한 기운이 곧 나니 된장으로 바르되 솜솜한 털이 없게 해야 좋아진다' 정도로 해석되는 예문으로 '-ᄃ록'이 '-게 ᄒ-'의 '-게'처럼 쓰이는 용례이다. 이때의 의미는 (1)의 '-ᄃ록'이 발전한 것으로 판단된다. 본고는 (2)가 선행절의 사태가 후행절에 영향을 준다는 점에서 선행절이 결과 내용을 담고 있는 결과 접속문과 구분하기로 하고 '-게 ᄒ-' 구성처럼 보이는 예문도 결과 접속문에서는 제외하기로 하겠다.

한 것으로 이해된다. 결과 접속문의 경우에 다양한 용례가 확인되지 않아 단언하기에 어려움이 있으나 확인되는 용례들과 다른 접속문의 특성을 감안하면 이 경우도 '-(으)시-'가 선행절에 독립적 분포를 보이는 접속 구성으로 볼 수 있다.

지금까지 살펴본 결과, 접속문에서 '-(으)시-'의 통합 양상은 접속어미에 따른 특별한 제약을 보이지 않으며 선행절과 후행절의 주어가 존칭일 경우에 '-(으)시-'는 모두 통합하여 나타나는 독립적 분포의 경향을 가지고 있음을 알 수 있다. 즉 '-(으)시-'가 이 시기에는 선행절과 후행절에 모두 통합하는 것이 자연스러운 접속 구성인 것이다. 그러나 계기 접속문과 의도의 접속문은 이러한 일반적인 경향과 차이를 보인다는 점에서 주목되는데 이는 접속문의 종속성과 관련된 것으로 보인다.

이상으로 살펴본 '-(으)시-'의 통합 양상을 정리하면 다음과 같다.

(18) 접속문에서 '-(으)시-'의 통합관계 및 독립성
　　가. '-(으)시-'는 접속어미와 통합관계상 특별한 제약을 보이지 않는다.
　　나. '-(으)시-'는 동일 주어 접속문에서도 선행절과 후행절에 각각 독립적으로 통합하여 나타난다.
　　다. 그러나 계기 접속문의 경우에 선행절의 존칭 주어가 후행절에 의존하여 해석되기도 한다.
　　라. 한편, 의도의 접속문의 경우에는 후행절에 의존하여 해석되는 것이 일반적이다.

이제부터는 '-슿-'의 통합 양상을 살펴보도록 하겠다. '-슿-'의 경우에도 접속문의 유형에 따라서 그 통합 양상을 살펴보기로 한다. '-슿-'의 통합 양상은 '-(으)시-'와 비교될 수도 있다는 점에서 흥미 있는 관찰이 될 것이다.

(19) 가. 그저긔 諸天은 하늘해 뫼셔다가 七寶塔 셰ᅀᆞᆸ고 龍王ᄋᆞᆫ 龍宮의
　　　　뫼셔다가 七寶塔 셰ᅀᆞᆸ고〈釋詳23:56a〉
　　나. 菩薩이 智慧 깁고 ᄠᅳ디 구더 能히 諸佛ᄭᅴ 묻ᄌᆞ오며 듣ᄌᆞᆸ고〈法
　　　　華1:77b〉
　　다. 부텻 양ᄌᆞ를 ᄀᆞᆮ시긔 그리ᅀᆞᆸ거나 밍ᄀᆞᆸ거나 홀씨라〈月釋
　　　　2:66b〉
　　라. 忍辱仙人이실씨 손바ᄅᆞᆯ 바히ᅀᆞᄫᅡ 歌利ᄅᆞᆯ 救호려 ᄒᆞ시니〈月
　　　　曲34a〉
　　마. 부텨 아ᄅᆞ시논 바ᄅᆞᆯ 다 通達ᄒᆞᅀᆞ오나 그러나 新發意 菩薩ᄃᆞᆯ
　　　　히 부텨 滅後에 ᄒᆞ다가 이 말 듣ᄌᆞ오면 시혹 信受 아니ᄒᆞ야
　　　　〈法華5:118b〉
　　바. 아래 ᄌᆞ조 듣ᄌᆞᄫᅡᆫ마ᄅᆞᆫ 즉자히 도로 니저〈釋詳6:11a〉

(19 가, 나)는 나열의 '-고'와 '-(으)며'가 이끄는 접속문의 경우이고, (19
다)는 선택의 '-거나'가 이끄는 접속문의 경우이며, (19 라, 마, 바)는 대조
의 '-(으)나', '-건마ᄅᆞᆫ'이 이끄는 접속문의 경우이다. 이 예들에서 '-ᅀᆞ-'이
선행절에 통합하여 나타나는데, 이 경우도 대등 접속문의 접속어미와 별
다른 제약 현상을 보이지 않고 선행절에 존칭의 객어 명사구가 나타날 경
우에 접속어미와 관계없이 '-ᅀᆞ-'이 선행절에 통합하는 것으로 보인다.
　'-ᅀᆞ-'도 선행절과 후행절의 객어가 존칭이면서 동일할 때면 아래 (20)
에서처럼 선행절과 후행절에 모두 통합하여 나타난다.

(20) 가. 梵王ᄋᆞᆫ 왼녁 겨틔 셔ᅀᆞᆸ고 帝釋은 올ᄒᆞᆫ녁 겨틔 셔ᅀᆞᆸ고〈釋詳
　　　　3:30a〉
　　나. 栴檀香ᄋᆞ로 밍ᄀᆞᆸ고 ᄯᅩ 金으로 밍ᄀᆞᅀᆞᄫᆞ니라〈釋詳11:13a〉
　　다. 優陁耶ㅣ 듣ᄌᆞᄫᆞ며 아ᄃᆞᆯ님이 ᄯᅩ 듣ᄌᆞᄫᆞ시니〈月曲42b〉
　　라. 像ᄋᆞᆯ 供養ᄒᆞᅀᆞᆸ거나 저ᅀᆞᆸ거나 合掌ᄒᆞᅀᆞᆸ거나 ᄒᆞᆫ 소ᄂᆞᆯ 드ᅀᆞᆸ거나
　　　　〈釋詳13:53b〉

이러한 통합 양상은 '-(으)시-'와 아주 유사하다. 대등 접속어미와 제약 관계를 보이지 않으면서 선행절이든 후행절이든 존칭의 객어가 주어지면 자유롭게 통합하는 양상도 동일하고, 동일 객어일 경우에 '-ᅀᆞᆸ-'이 선·후행절에 모두 통합하는 독립적 분포도 같다. 그런데 '-ᅀᆞᆸ-'의 경우는 통합 조건이 '-(으)시-'보다 복잡해서인지 다양한 용례를 확인할 수 없는 점이 아쉬움으로 남는다.

　다음은 종속 접속문의 경우로, 우선 원인과 조건의 접속문의 예들을 살펴보도록 하겠다.

(21) 가. 부텻 모믈 <u>보ᅀᆞᄫᆯᄊᆡ</u> 부텻 ᄆᆞᅀᆞᄆᆞᆯ ᄯᅩ 보ᅀᆞᆸᄂᆞ니〈月釋8:28a〉

　　 나. 情誠으로 <u>뵈ᅀᆞᄫᆯᄊᆡ</u> 四諦를 닐어시늘〈月曲55b〉

　　 다. 내 나랏 큰 恩惠를 <u>닙ᅀᆞᄫᆯᄊᆡ</u> 義예 주굼 디니〈三綱忠12〉

　　 라. 提婆達多ㅣ 샹녜 모딘 ᄆᆞᅀᆞᆷ 머거 如來를 <u>害ᄒᆞᅀᆞᆸ거늘</u> 世尊이 츠기 아니 너기시고〈月釋22:21b〉

　　 마. 나ᄂᆞᆫ 나랏 恩惠를 <u>受ᄒᆞᅀᆞᆸ오니</u> 義예 주거ᅀᅡ 맛당ᄒᆞ니라〈三綱忠23〉

　　 바. 摩耶ㅣ 목노하 우르시고 니ᄅᆞ샤ᄃᆡ 如來ㅅ 正法을 네 <u>맛ᄌᆞᄫᆞ란ᄃᆡ</u> 브즈러니 護持ᄒᆞ야 닐그며 외오라〈釋詳23:36a〉

　　 사. 어마니미 사라 겨싫 저긔 날ᄃᆞ려 니ᄅᆞ샤ᄃᆡ 날마다 五百僧齋 호라 ᄒᆞ시더니 주거 化樂天宮에 나시리어늘 天宮에 몯 <u>보ᅀᆞᄫᆞ란ᄃᆡ</u> 地獄애 겨싫가 ᄒᆞ니 地獄애도 몯 보ᅀᆞᄫᆞ리로소이다 ᄒᆞ어늘〈月釋23:81b〉

위 (21)은 원인의 '-(으)ㄹᄊᆡ', '-거늘', '-(으)니', '-(으)란ᄃᆡ'가 이끄는 접속문으로 '-ᅀᆞᆸ-'이 선행절에 통합하여 나타난 경우이다. 이 접속문의 경우에도 선행절에 존대되어야 할 객어 명사구가 나타나면 '-ᅀᆞᆸ-'은 접속어미와 특별한 제약 없이 선행절에 통합하여 나타난다. 특히 (21 가)는 선행절과

후행절의 객어 명사구가 '부처'와 관련된 '부텨 몸'과 '부텨 무숨'이라는 점
에서 동일 객어문이라 할 수 있는데 이처럼 동일 객어일 경우에도 '-숳-'이
선행절과 후행절에 모두 통합하여 나타난 사실은 앞서 검토한 대등 접속
문과 동일하다.

다음은 조건 접속문의 경우이다.

   (22) 가. 뎌 如來를 念ᄒ야 <u>恭敬ᄒ슿ᄫ면</u> 다 버서나리라〈月釋9:44a〉

       나. 부텨옷 <u>보ᄉᄫ면</u> 당다이 得道를 샐리 ᄒ리니〈釋詳6:40b〉

       다. 諸根이 놀캅고 智慧 불가 부텻 마를 <u>듣ᄌᄫ면</u> 어루 恭敬ᄒ야
          信ᄒ슿보리이다〈釋詳13:45a〉

       라. 녀느 나라해셔 온 菩薩들콰 이어긧 聲聞衆이 <u>듣ᄌᄫ면</u> 다 歡
          喜ᄒ슿ᄫ리이다〈釋詳20:6a〉

       라'. 다른 國土애셔 오신 菩薩들콰 이엣 聲聞衆들히 <u>듣ᄌᄫ면</u> 다
          歡喜ᄒ리이다〈月釋18:23b〉

       마. 如來ㅅ 說法을 몬 <u>보ᅀᆞᆸ거든</u> ᄯᅩ 尊者 優波毱多씌 가라 ᄒ더라
          〈月釋4:37a〉

       바. 裔戎邪設이 罪福을 <u>저히ᅀᆞᆸ거든</u> 이 ᄠᅳ들 닛디 마르쇼셔〈龍歌
          124〉

(22)는 조건의 '-(으)면', '-거든'이 이끄는 접속문으로 '-슿-'이 선행절에 통
합하여 나타나고 있다. 이때도 '-슿-'은 조건 접속어미와 특별한 통합 제약
을 보이지 않고 선행절에 존대되어야 할 객어 명사구가 나타나면 선행절
에 자유롭게 통합하여 나타난다. 그런데 (22 라)와 (22 라')이 동일한 문
장이지만 '-슿-'의 통합 양상이 다르게 나타나기에 주목을 끈다. 필자의 판
단으로는 (22 라)처럼 나타나는 것이 일반적 경향으로 파악된다. (22 라)
와 같은 구성에서는 '-슿-'이 모두 나타나는 일이 많기 때문이다. 하지만
(22 라')처럼 나타나는 경우가 몇 안 된다고 해서 그냥 넘길 수 있는 일만

은 아니다.[17] 다음으로 살펴볼 계기 접속문에서는 (22 라)와 같은 경우가 많이 나타나기 때문이다.

다음은 계기의 종속 접속문에서 '-ᅀᆞᇦ-'이 쓰인 예이다.

(23) 가. 須達이 <u>보라ᅀᆞᆸ고</u> 몯내 <u>과ᄒᆞᅀᆞᄫᅡ</u>〈釋詳6:20b〉

　　　나. 太子를 <u>請ᄒᆞᅀᆞᄫᅡ</u> <u>이받ᄌᆞᄫᅩ려</u> ᄒᆞ노닛가〈釋詳6:16a〉

　　　다. 여듧 師子座를 <u>밍ᄀᆞᅀᆞᆸ고</u> 各各 七寶로 <u>ᄭᅮ미ᅀᆞᆸ고</u>〈釋詳23:49a〉

　　　라. 文殊 親히 <u>보ᅀᆞ와</u> <u>묻ᄌᆞ오ᄃᆡ</u>〈南明하44b〉

　　　마. 이 寶華로 부텻긔 <u>빗ᅀᆞ와</u> <u>供養ᄒᆞᅀᆞᆸ고</u>〈法華4:129b〉

　　　바. ᄒᆞᄢᅴ 부텨씌 모다 가 머리 조ᅀᅡᄫᅡ <u>禮數ᄒᆞᅀᆞᆸ고</u> 부텻긔 세 번
　　　　　<u>값도ᅀᆞᆸ고</u>〈釋詳21:41b〉

　　　사. 여듧 師子座를 <u>밍ᄀᆞᅀᆞᆸ고</u> 各各 七寶로 <u>ᄭᅮ미ᅀᆞᆸ고</u>〈釋詳23:49a〉

위 (23)은 계기의 '-고'와 '-어'가 이끄는 접속문으로 선행절의 사태에 이어서 후행절의 사태가 일어나는 구성이다. 현재의 '-고서' 정도로 해석되는 접속 구성이다. 이 계기 접속문의 경우에도 '-ᅀᆞᇦ-'의 특별한 제약 없이 자유롭게 통합하는 사실을 확인할 수 있다. 더군다나 위 (23)은 대부분 선·후행절의 객어가 동일인인 경우인데 이때 '-ᅀᆞᇦ-'이 모두 통합하여 나타나는 독립적 분포를 확인할 수 있다.

그러나 다음 예에서처럼 선행절의 '-ᅀᆞᇦ-'이 생략되고 후행절에만 나타난 경우도 확인된다.

---

17) 조건 접속문의 경우는 아니지만 이현희(1994 : 94)에서 "教化 닙ᅀᆞᆸ디 몯ᄒᆞᆫ 사ᄅᆞᆷᄃᆞᆯ"〈月釋 14:58a〉, "願ᄒᆞᆫ든 <u>듣ᄌᆞᆸ고져</u> ᄒᆞ노이다"〈月釋21:159a〉, "法化 돕ᅀᆞ와 펴믈 위홀씨"〈法華 2:175a〉 등처럼 '-ᅀᆞᇦ-'이 한 절에만 나타나는 경우를 주목하여 '-ᅀᆞᇦ-'의 통합의 원리를 제시한 바 있다. 이현희(1994)에서 제시한 '하위문 우선 원리'가 그것인데, '-ᅀᆞᇦ-'이 하위문 우선의 원리에 의해 상위문의 서술어에서 수의적으로 생략될 수 있다고 지적한 바가 있다.

(24) 가. 世尊ㅅ 道 일우샨 이티 양ㅈ룰 <u>그려</u> <u>일우숩고</u>〈月釋1:釋序5b〉

　　　 나. 婇女ㅣ 하늜 기부로 太子룰 <u>끄려</u> <u>안ᅀᄫᅡ</u> 夫人끠 뫼셔오니〈月
　　　　　釋2:43b〉

　　　 다. 알픳 法을 <u>기려</u> <u>謝ᄒᅀᆞ오니라</u>〈楞嚴4:76a〉

　　　 라. 大王하 내 이제 이 부텻긔 도로 <u>가</u> <u>供養ᄒᅀᆞᄫᅡ지이다</u>〈月釋
　　　　　18:34b〉

　　　 마. 如來끠 <u>나ᅀᅡ가</u> <u>어우ᅀᅡ와</u> 微妙ᄒᆞᆫ 覺明을 得ᄒᆞ야〈楞嚴8:19a〉

　　　 바. 河水ㅅ우희 가 부텻긔 <u>드러</u> <u>禮數ᄒᆞ숩고</u>〈月釋10:17b〉

　　　 사. 몬져 뎌 부텻 像을 <u>밍ᄀᆞ라</u> 조ᄒᆞᆫ 座애 <u>노ᅀᅩᆸ고</u>〈月釋9:41a〉

위 (24)는 선행절에서 존대되어야 할 객어 명사구가 후행절의 '-ᅀᅩᆸ-'에 의
존하여 해석되는 경우이다.[18] 그런데 위 (24)와 같이 나타나는 '-ᅀᅩᆸ-'의 의
존적 분포가 (23)과 비교해서 뒤지지 않을 만큼 그 수가 적지 않다. 따라
서 계기 접속문은 '-ᅀᅩᆸ-'의 독립적 분포와 의존적 분포를 모두 보이는 현상
으로 정리해야 할 것이다.

　그런데 여기에서 (23)과 (24)가 선행절과 후행절 서술어의 인접성에 따
라서 차이를 보이는 듯하다. 즉, (24)처럼 계기 접속문에서 '-ᅀᅩᆸ-'이 후행절
에만 통합하여 나타나는 경우에는 선행절 서술어와 후행절 서술어가 직
접 접속되는 경향을 보이는 반면에 (23)처럼 '-ᅀᅩᆸ-'이 선·후행절에 모두
나타나는 경우에는 선행절과 후행절 서술어의 사이에 다른 성분이 개입
하여 나타나는 경향을 보인다. 물론 선·후행절 서술어의 사이에 다른 성

---

18) 접속문에서 '-ᅀᅩᆸ-'이 후행절에만 나타나는 통합 양상은 선행 연구에서 지적된 사실이다.
　　허웅(1975)와 남윤진(1989)는 후행절의 서술어가 선행절의 서술어에 직접 후행하는 경
　　우에 의미에 중점을 두는 서술어에만 '-ᅀᅩᆸ-'이 나타나는 경향을 보인다고 지적하였다.
　　한편, 이현희(1994)는 '-ᅀᅩᆸ-'의 경우에 하위문 우선 원리가 적용되는데 본문처럼 '-ᅀᅩᆸ-'이
　　선행절에 생략된 예들은 하위문 우선 원리에 적용되지 않은 경우라고 지적하면서 그러
　　나 그 예가 많기 때문에 예외적 현상으로 보기에도 어려움이 있다고 기술하였다.

분이 개입하지 않은 경우에도 '-ᅀᆞ-'이 모두 나타나기도 하지만 (24)처럼 '-ᅀᆞ-'이 후행절에만 나타난 경우는 대부분 선·후행절 서술어 사이에 다른 성분이 개입하지 않는다. 이러한 서술어의 인접성 문제는 다른 접속 구성에서도 영향을 주는 듯하다. 앞서 검토한 '-(으)시-'에서도 이와 유사한 현상이 확인되기 때문이다.

한편, 아래 (25)처럼 동일 객어문에서 '-ᅀᆞ-'이 선행절에만 통합하여 나타난 경우가 있어 주목을 끈다.

(25) 가. 東都앳 도ᄌᆞ기 威武를 니기 아ᅀᆞ바 二隊玄甲을 <u>보ᅀᆞ고</u> 저ᄒᆞ니 〈龍歌59〉

나. 그 ᄯᆞ니미 이 比丘를 보고 깃거 <u>저ᅀᆞ고</u> <u>請ᄒᆞ야</u>〈釋詳11:41a〉

다. 즉자히 金臺예 ᄂᆞ려 부텨ᄭᅴ <u>禮數ᄒᆞᅀᆞ고</u> <u>合掌ᄒᆞ야</u> 世尊을 讚嘆ᄒᆞᅀᆞᄫᆞ리니〈月釋8:52a〉

라. 四天王이 듣ᄌᆞᆸ고 눉믈 흘려 슬허 <u>讚歎ᄒᆞᅀᆞ고</u> <u>合掌ᄒᆞ야</u> 믈러 나니라〈月釋21:68b〉

위 (25)는 동일 객어문에서 '-ᅀᆞ-'이 선·후행절에 모두 나타나거나 (24)처럼 후행절에만 나타나는 것과 달리 선행절에만 나타나고 있어 주의를 요한다. 그런데 이러한 통합은 후에 살펴볼 의도 접속문의 경우에도 확인된다는 점에서 단순히 예외적 상황으로 보기에는 어려움이 있다. 사실, 허웅(1975), 남윤진(1989)에서 이러한 현상을 이미 지적한 바 있는데 이들은 이러한 통합 양상을 의미적 경중에 의한 것으로 설명한 바 있다. 즉 선행절의 의미가 후행절에 비해서 문맥적 비중이 높을 때에는 '-ᅀᆞ-'이 선행절에만 통합하여 나타나기도 한다는 것이다. 그러나 의미의 비중이 선행절보다는 후행절에 있어 보이는데 '-ᅀᆞ-'이 선행절에 통합한다거나, "陁羅尼句를 얻ᄌᆞ바 <u>請ᄒᆞᅀᆞ노니</u>"〈月釋10:84a〉, "부텻긔 <u>禮數ᄒᆞᅀᆞ고</u> <u>合掌ᄒᆞᅀᆞ와</u>"〈楞嚴3:108b〉와 같이 (25)와 유사한 구성에서 '-ᅀᆞ-'이 선행절과 후행절에 각각 통합하는 예들이 확인된다는 점에서 의미의 경중으로 모두 설명할 수 있지는 않아 보인다. 한편, 이현희(1994)에서 제시한 '하위문 우선 원리'에 따르면 위 (25)처럼 '-ᅀᆞᇦ-'이 선행절에만 나타나는 것은 '하위문 우선 원리'에 따른 현상으로 볼 수 있겠다. 하지만 계기 접속문의 경우에 '하위문 우선 원리'가 일반적 원칙인지는 장담할 수 없다. (23)과 (24)의 예가 이 원리와 다르게 나타나기 때문이다.

계속해서 동시 접속문을 살펴보자.

(26) 가. 四衆이 놀애 블러 讚嘆ᄒᆞᅀᆞᄫᅡ 조쪼ᄫᅡ 오더니〈釋詳11:12b〉

　　　나. 菩薩 摩訶薩이 다 …. 尊顏을 울워ᅀᆞᄫᅡ 부텨씌 ᄉᆞᆲᄫᅡ 샤ᄃᆡ〈釋詳19:37b〉

　　　다. 諸天이 손 고초ᅀᆞᆸ고 空中에 侍衛ᄒᆞᅀᆞᄫᅡ 셋더니〈月釋7:37a〉

　　　라. 내 드러 부텨씌 절ᄒᆞᅀᆞᆸ다가 金 고지 싸해 디거늘〈釋詳24:19a〉

위 (26)은 동시의 '-어'와 '-다가'가 이끄는 접속문으로, (26 가)는 '찬탄하면서 쫓아 오더니' 정도로 해석되고, (26 나)는 '우러러 보면서 부처께 사뢰니' 정도로 해석된다. (26 다)는 '공중에서 시위하면서 서 있더니' 정도로 해석되고, (26 라)는 '부처께 절하는 도중에 금꽃이 땅에 떨어지거늘' 정도로 해석되는 접속 구성이다. 이때도 '-ᅀᆞᇦ-'은 동시 접속어미와 제약을 보이지 않고 선행절에 존대해야 할 객어가 나타나면 '-ᅀᆞᇦ-'이 통합하여 나타나는 것을 확인할 수 있다. 그런데 동시 접속문도 문헌 자료의 한계로 많은 자료를 제시할 수 없어 아쉬움이 있지만 (26 가)의 동일 객어문과 (26 나, 다, 라)를 통해서 동시 접속문에서 '-ᅀᆞᇦ-'이 독립적 분포를 보이는 것으로 처리할 수 있을 것이다.

다음으로 양보의 종속 접속문의 예들을 살펴보자.

(27) 가. 雜草木 것거다가 (태자의) ᄂᆞᆺ출 거우ᅀᆞᄫᆞᆫ들 ᄆᆞ슴 잇든 뮈우시

리여〈月曲23a〉

나. 부텻 거름 보슨볼둘 本來ㅅ 性이 모디라 나도 그티 術을 호
려 ᄒᆞ니〈月曲46a〉

다. 비록 네 엳ᄌᆞ볼둘 엇뎨 너를 조차 反ᄒᆞ리오〈三綱忠13〉

라. 내 비록 이 供養을 ᄒᆞᅀᆞ바도 ᄆᆞᅀᆞ매 슷지 몯디 몯ᄒᆞ니〈釋詳
20:17b〉

마. 오직 ᄒᆞᆫ 부텻 일후믈 念ᄒᆞᅀᆞ바도 功德이 그지업스리니〈月釋
21:136b〉

바. 비록 如來ㅅ 誠實ᄒᆞᆫ 마를 듣ᄌᆞ바도 당다이 疑惑ᄒᆞ리니〈月釋
21:15a〉

사. 이런 모믈 어드시니 미리 보ᅀᆞ바도 깃ᄉᆞ바 ᄒᆞ리어니〈月釋
4:34b〉

위 (27)은 '-(으)ㄴ둘'과 '-어도'가 이끄는 양보 접속문으로 '-ᅀᆞ-'이 선행절
에 독립적으로 통합하여 나타나고 있다. 이 접속문의 경우도 선행절에 존
대되어야 할 객어 명사구가 나타나면 '-ᅀᆞ-'은 선행절에 통합하여 나타난
다. 특히, 동일 객어문인 (27 사)에서 '-ᅀᆞ-'이 선행절과 후행절에 모두 통
합하여 나타난 사실을 확인할 수 있다.

다음은 배경의 종속 접속문의 경우이다.

(28) 가. ᄯᅩ 보ᅀᆞ오디 諸如來ㅣ 自然히 佛道 일우샤 몺 비치 金山 ᄀᆞᄐᆞ
샤〈法華1:118b〉

나. 無量佛을 맛나ᅀᆞ오디 이ᄀᆞ티 山海自在通王如來ᄭᅴ 니르ᅀᆞ와ᅀᅡ
비르서 몸 업수믈 得ᄒᆞ야〈楞嚴5:72b〉

다. 부텻 마를 듣ᄌᆞ보디 밥 머글 쓰ᅵ만 너겨 ᄒᆞ나토 잇븐 ᄠᅳᆮ 내
리 업더라〈月釋11:87b〉

라. 億萬 ᄒᆞᆫ 부텨를 맛나ᅀᆞ보디 그 緣이 다ᄋᆞ디 몯ᄒᆞ야〈月釋

14:48b〉

> 마. 부텨를 <u>기드리ᅀᆞ오니</u> 毗舍如來 뎡바길 문지샤 날ᄃ려 니ᄅ샤
> 딕 반ᄃ기 ᄆᆞᅀᆞ맷 짜흘 平히 ᄒᆞ면 世界 짜히 一切 다 平ᄒᆞ리
> 라 ᄒᆞ야시ᄂᆞᆯ〈楞嚴5:68b〉
>
> 바. 命終ᄒᆞᆫ 後에 二千億 佛을 시러 <u>맛나ᅀᆞ오니</u> 다 號ㅣ 日月燈明이
> 러시니〈法華6:85b〉

위 (28)은 배경의 '-오ᄃᆡ'와 '-(으)니'가 이끄는 접속문으로 '-ᅀᆞ-'이 선행절에 통합하여 나타나고 있다. 이처럼 배경 접속문의 경우도 선행절에 존대되어야 할 객어 명사구가 나타나면 어김없이 '-ᅀᆞ-'이 선행절에 통합하여 나타난다. 동일 객어문인 배경의 접속문은 확인되지 않지만 지금까지 살펴본 다른 접속문의 양상을 고려할 때 이 접속문도 '-ᅀᆞ-'이 독립적 분포를 보일 것으로 예측된다.

다음은 의도나 목적의 종속 접속문의 경우이다.

> (29) 가. 大王을 <u>보ᅀᆞᄫᆞ라</u> 오이다〈月釋8:90b〉
>
> 나. 皇帝 <u>맏ᄌᆞᄫᆞ라</u> 가ᄃᆡ〈三綱忠16〉
>
> 다. 供養을 <u>ᄒᆞᅀᆞᄫᆞ려</u> 됴흔 ᄆᆞᅀᆞᆷ을 낸대 卽時예 나ᅀᅡ오시니〈月曲
> 39b〉
>
> 라. 妾이 王을 <u>조쫏오려</u> 願ᄒᆞ노이다〈內訓2:28a〉
>
> 마. 두 性을 發明ᄒᆞ샤…… <u>듣ᄌᆞᆸ고져</u> 願ᄒᆞ더니〈楞嚴2:1b〉

위 (29)는 의도나 목적의 '-(으)라', '-오려', '-고져'가 이끄는 접속문으로 선행절에 '-ᅀᆞ-'이 통합하여 나타나고 있다. 이 경우에도 '-ᅀᆞ-'의 조건 환경이 주어지면 접속어미와 상관없이 선행절에 통합하여 나타나는 것을 알 수 있다.

아래는 동일 객어문의 경우로 '-ᅀᆞ-'이 선행절과 후행절에 모두 나타나

는 것을 확인할 수 있다.

(30) 가. 如來ㅅ 秘密章句를 <u>듣ᄌᆞ오려</u> <u>기드리ᅌᆞᆸ더니</u>〈楞嚴7:28a〉

　　　나. 王과 臣下왜 조쪄와 <u>듣ᄌᆞᆸ고져</u> <u>願ᄒᆞᅀᆞ오니라</u>〈楞嚴1:39a〉

　　　다. 唯然 世尊하 <u>듣ᄌᆞᆸ고져</u> <u>願樂ᄒᆞᅀᆞᆸ노이다</u>〈金剛13b〉

　　　라. 如來ㅅ 眞實ᄒᆞᆫ 뜨들 <u>아ᅀᆞᆸ고져</u> <u>願ᄒᆞᅀᆞᆸ노이다</u>〈勸供32b〉

위 (30)에서처럼 동일 객어문일 때 '-ᅀᆞᆸ-'이 독립적 분포를 보이는 일이 많다. 그러나 이 경우에도 "世尊하 우리들히 이 부텻 모믈 <u>보ᅀᆞᆸ고져</u> <u>願ᄒᆞ노이다</u>"〈月釋15:69b〉, "이제 이 大衆 모ᄃᆞᆫ 有漏ᄒᆞ니도 다 <u>듣ᄌᆞᆸ고져</u> <u>願ᄒᆞᄂᆞ이다</u>"〈楞嚴2:3a〉 처럼 '-ᅀᆞᆸ-'이 선행절에만 나타난 몇 예가 확인된다.[19]

　마지막 접속 구성으로 결과 접속문이 남았는데, 결과 접속문에서 '-ᅀᆞᆸ-'의 통합 양상은 확인되지 않는다. '-ᅀᆞᆸ-'이 일반적으로 접속어미와 특별한 제약을 보이지 않기 때문에 결과 접속어미와도 별다른 제약을 보이지 않을 것으로 예측되나 해당 용례를 확인할 수 없어 아쉬움이 있다. 하지만 지금까지의 결과를 통해 볼 때 이 경우에도 '-ᅀᆞᆸ-'의 조건 환경이 주어지면 선행절이나 후행절에 통합하여 나타날 것으로 예상된다.

　지금까지 접속문에서 '-ᅀᆞᆸ-'의 통합 양상을 살펴보았다. '-ᅀᆞᆸ-'이 '-(으)시-'에 비해 복잡한 경어법 조건 환경을 취하기 때문인지 그 용례가 적어 아쉬움이 있지만 살펴본 결과를 정리하면 아래와 같다.

(31) 접속문에서 '-ᅀᆞᆸ-'의 통합관계 및 독립성

　　　가. '-ᅀᆞᆸ-'은 접속어미와 통합관계상 특별한 제약을 보이지 않는다.

---

19) 이러한 '-ᅀᆞᆸ-'의 분포에 대해서 이현희(1994)는 '-ᅀᆞᆸ-'이 상위문과 하위문의 서술에 다 통합됨이 원칙이지만 하위문 우선의 원리에 의해 상위문의 서술어에서 '-ᅀᆞᆸ-'이 수의적으로 생략될 수 있다고 기술하였다.

나. '-싘-'은 동일 객어문이든 비동일 객어문이든 선행절과 후행
절에 각각 독립적으로 나타난다.

다. 그러나 계기 접속문의 경우에 '-싘-'은 후행절에 의존하여 해
석되기도 하고, 경우에 따라서는 선행절에만 나타나기도 한다.

라. 의도 접속문에서도 '-싘-'은 경우에 따라서 선행절에만 나타
나기도 한다.

2.2. 시제법 선어말어미 통합관계 및 독립성

15세기 국어 시제 관련 형태소는 연구자들마다 약간의 차이를 보이나
본고는 최동주(1995)의 논의를 따르기로 한다. 최동주(1995:88)에 따르면
시제 체계는 아래와 같다.

(32)

구분	과거	현재	미래
[-상태성] 상황	∅, 더	ᄂ	리
[+상태성] 상황	더	∅	리

15세기 국어에서 접속어미와 시제 선어말어미의 통합은 상당히 제약적
이다.[20] 허웅(1975), 권재일(1988)과 남윤진(1989), 최동주(1995), 전병용
(1995), 리의도(1990) 등에서 제시된 선어말어미와 접속어미의 통합관계
를 정리하면 아래와 같다.

---

20) 15세기 국어 접속문에서 시제 형태소의 통합이 제약적인 사실은 이미 허웅(1975), 권재
일(1988), 허원욱(1993) 등에서 밝혀진 바 있다.

가. '-'와 통합 가능한 접속어미: '-(으)니'

나. '-더-'와 통합 가능한 접속어미: '-(으)니', '-(으)ㄴ댄', '-든', '-(으)ㄴ딘'

다. '-(으)리-'와 통합 가능한 접속어미21): '-고', '-(으)며', '-(으)ㄹ씨', '-관딕', '-(으)ㄴ대', '-거니와', '-(으)나', '-고도', '-오딕', '-(으)니', '-(으)ㄴ댄', '-건마른', '-거든', '-거늘', '-다가'

선행절에서 시제 선어말어미가 제약적 분포를 보이기 때문에 시제 선어말어미의 검토는 위 접속어미를 중심으로 살펴보되 앞서 검토한 것처럼 각 시제 선어말어미가 선행절과 후행절에 각각 독립적으로 통합하여 나타나는 것이 일반적인지 아니면 후행절에 의존하여 해석되는 것이 일반적인지를 살펴보기로 한다.

먼저 '-'의 통합 양상을 살펴보자. 그런데 '-'는 접속어미 중에서 '-(으)니'와만 통합하여 나타나기 때문에 '-(으)니'가 이끄는 접속문을 중심으로 '-'의 통합 양상을 검토하도록 한다.

(33) 가. 舍衛國에 흔 大臣 須達이라 호리 잇ᄂ니 아ᄅ시ᄂ니잇가〈釋詳 6:15a〉

---

21) 15세기 국어의 '-(으)리-'가 선어말어미로서 지위를 가지고 있다는 데에는 이견이 없으나 이현희(1995ㄴ), 이승희(1996), 이병기(1998) 등처럼 몇몇 구성에 한해서는 '-(으)리-'를 'ㄹ(관형사형 어미) + 이(형식명사) +이(계사)'의 구성을 취하는 것으로 분석해야 한다는 입장이 있다. 특히 이병기(1998 : 56~59)에서 접속어미 앞에 나타나는 '-(으)리-'의 경우에 의미 기능상 선어말어미로 간주해도 큰 문제는 없지만 면밀히 살펴보면 관형사형어미와 형식명사, 그리고 계사로 분석할 수 있음을 지적한 바 있다. 사실, 이병기(1998)의 지적처럼 접속어미 앞에 나타나는 '-(으)리-'의 경우에 이른바 관형 구성의 형식으로 처리할 수도 있으나 15세기 국어 '-(으)리-'가 하나의 어미로서 기능한다는 점과 접속어미 앞에 나타나는 '-(으)리-'를 의미기능상 선어말어미로 간주해도 큰 문제가 없는 점을 감안하여 본고에서는 접속어미 앞에 통합하는 '-(으)리-'도 선어말어미로 간주하여 그 통합 양상을 검토하기로 한다.

나. 플옷 닙고 나못 여름 먹느니 王이 므슴 호려 <u>져주시느니잇고</u>
〈釋詳11:28a〉

다. 내 이제 너두려 <u>묻노니</u> 무슴과 눈괘 이제 어듸 <u>잇느뇨</u>〈楞嚴
1:46b〉

라. 주구믈 <u>기드리노니</u> 목숨 므거버 손소 몯 <u>죽노이다</u>〈月曲52a〉

마. 天下를 다 <u>도르시느니</u> 그 술위 보수볼 나라흔 <u>降服호숩느니</u>
라〈月釋1:26a〉

바. 이제 바른래 드러가 몯 도라왜실씨 주근디 산디 내 一定흔
긔벼를 몰라 <u>호노니</u> 너는 어쎠 太子를 아니 <u>그리는다</u>〈月釋
22:61b〉

위 (33)은 '-(으)니'가 이끄는 접속문으로 모두 배경의 접속문으로 해석된
다.[22] 위의 경우처럼 '-(으)니'가 이끄는 접속문에서 선행절과 후행절이 현
재의 상황을 가리키는 것으로 해석될 때 '-ᄂ-'는 독립적 분포를 보인다.

그런데 선행절이 과거의 상황을 가리키고 후행절이 현재의 상황을 가리
키는 경우일 때는 '-ᄂ-'는 후행절에만 통합하여 나타나는 것이 보통이다.

(34) 가. 大師ㅣ 호마 <u>滅度호시니</u> 나도 또 <u>滅度호노이다</u>〈月釋25:8a〉

나. 世尊이 이 法을 <u>니르시니</u> 우리 다 좃즈와 <u>깃숩노이다</u>〈法華
2:48b〉

다. 우리 다소로 太子ㅣ 먼 듸 가시게 <u>호니</u> 이제 <u>오시느다</u>〈月釋
20:89b〉

라. 이제 世尊이 三昧예 <u>드르시니</u> 이 不可思議옛 希有흔 이를 <u>뵈
시느니</u>〈釋詳13:15a〉

---

22) 이현희(1994)에 따르면 중세국에서 '-(으)니'가 발견의 의미로도 쓰이는데 이 의미 기능
의 경우는 선행절에 '-ᄂ-'가 통합하지 않는다.

마. 내 誓願호딕 衆生이 내게 오리옷 잇거든 모로매 救護호려 호
　　니 네 엇던 바블 求ᄒᆞᄂᆞ다〈月釋11:4a〉

바. 白帝城에 更漏ㅅ소리 다ᄋᆞ니 陽臺옌 새뱃 비치 ᄂᆞᄒᆞ놋다〈杜詩
　　11:51a〉

위 (34 가)는 '대사가 이미 멸도하셨으니….' 정도로 해석되며 (34 나)는
'세존이 이 법을 말씀하셨으니….' 정도로 해석되고, (34 다)는 '우리 탓으
로 태자가 먼 곳에 가시게 됐으니….' 정도로 해석된다. 다른 예들도 선행
절의 사태가 과거의 상황으로 해석되는데, 이처럼 '-(으)니'가 이끄는 접속
문에서 선행절에 '-ᄂᆞ-'가 통합하지 않은 경우에 선행절이 과거의 상황으
로 해석되는 것은 이미 고영근(1981), 최동주(1995)에서 지적한 바 있다.
그러므로 '-(으)니' 접속 구성에서 '-ᄂᆞ-'의 통합 양상은 선행절의 사태가
현재의 상황을 가리킬 때 선행절에 '-ᄂᆞ-'가 독립적으로 통합하는 원리를
취한다 하겠다.

　아래는 선행절이 현재의 상황을 가리키는 반면에 후행절은 미래의 상
황을 가리키는 것으로 해석되는 예들이다.

(35) 가. 衆生을 프성귀만 너기ᄂᆞ니 엇던 德으로 降服히려뇨〈釋詳
　　　　6:28b〉

　　나. 이제 王끠 ᄒᆞᆫ 願을 비ᅀᆞᆸ노니 드르시리잇가〈月釋22:27b〉

　　다. 내 無數 方便과 種種 因緣과 譬喻엣 말ᄊᆞ므로 諸法을 너펴 니
　　　　르노니 이 法은 오직 諸佛이ᅀᅡ 아ᄅᆞ시리라〈釋詳13:48a〉

　　라. 내 너희ᄃᆞᆯ홀 업시우디 아니ᄒᆞ노니 너희ᄃᆞᆯ히 다 당다이 부톄
　　　　ᄃᆞ외리라〈釋詳19:30a〉

　　마. 이런 希有ᄒᆞᆫ 相을 보ᅀᆞᄫᅡ 잇ᄂᆞ니 내 이제 무로리라〈釋詳
　　　　13:15b〉

　　바. 부톄 一切天人衆 中에 法華經을 니ᄅᆞ시ᄂᆞ니 듣ᄌᆞᄫᅡ 受ᄒᆞᅀᆞᄫᅡ

ᄡᅡ ᄒᆞ리이다〈釋詳21:36a〉

　　사. 내 아래브터 부텻긔 이런 마를 몯 듣ᄌᆞᄫᅠ며 四衆들토 다 疑
　　　　心ᄒᆞᄂᆞ니 世尊하 펴아 니르쇼셔〈釋詳13:44a〉

　　아. 내 녀나ᄆᆞᆫ 거슬 ᄡᅳ디 아니ᄒᆞ야 이제 큰 祭ᄅᆞᆯ 호리라 ᄒᆞ노니
　　　　王ᄭᅴ 머리를 비ᅀᅥ 바지이다〈月釋20:34b〉

지금까지 살펴본 결과, '-ᄂᆞ-'의 통합 양상을 아래와 같이 정리할 수 있
겠다.

(36) 접속문에서 '-ᄂᆞ-'의 통합관계 및 독립성
　　가. '-ᄂᆞ-'는 '-(으)니'와만 통합하여 나타나는 제약을 보인다.
　　나. '-ᄂᆞ-'는 '-(으)니'가 이끄는 접속문에서 선행절이 현재 상황을
　　　　가리킬 때 선행절에 독립적으로 통합하여 나타난다.

이상에서 선행절에 '-ᄂᆞ-'가 통합 가능한 '-(으)니' 접속 구성을 중심으로
그 통합 양상을 살펴보았다. 그렇다면 '-ᄂᆞ-'가 통합하지 않는 접속 구성의
경우에 선행절이 현재 시제는 어떻게 나타날까? 이 문제는 선행절의 시제
를 해석할 때 기준시를 후행절의 상황시로 할 것인지 아니면 발화시로 할
것인지와 밀접하게 관련된다. 때문에 우선 그러한 논의가 선행되어야 할
것이다.23) 그러나 본고는 접속문에서의 시제 해석에 관한 연구가 아니기
때문에 적극적인 논의는 피하고 나열의 경우만을 살펴보아 그 특성을 보
기로 하자.

---

23) 접속문에서의 시제 해석 문제는 최동주(1994, 1995), 한동완(1996), 문숙영(2005) 등에
　　서 집중적으로 다루어졌는데 이들의 논의는 선행절 상황시의 기준시를 후행절의 상황
　　시로 설정할 것인지 아니면 후행절의 상황시와는 무관하게 발화시로 설정할 것인지 하
　　는 것이다. 그러나 본고는 선행절의 상황시 해석보다는 선행절 시제 형태소의 독립적
　　분포를 검토하는 데 있기 때문에 이들의 논의와는 차이가 있다.

(37) 가. 妙緊은 十二 因緣을 <u>브르고</u> 大緊은 六度를 <u>브르고</u> 持緊은 一乘
　　　을 <u>브르느니라</u>〈釋詳13:8b〉

나. 나옷 이 相을 <u>알오</u> 十方佛도 <u>아르시느니라</u>〈釋詳13:42b〉

다. 혼 오시 치뵈를 <u>몬 ㄱ리오</u> 세 오순 <u>ㄱ리느다</u> ㅎ니라〈月釋
　　　25:15b〉

라. 動으로 몸 <u>사ᄆ며</u> 動으로 境 <u>삼느니라</u>〈楞嚴2:2a〉

마. 大乘은 큰 술위니 菩薩을 <u>가줄비고</u> 小乘은 聲聞 緣覺을 <u>가줄
　　　비느니라</u>〈月釋1:37b〉

위 (37)의 예는 나열의 '-고'가 이끄는 대등 접속문으로 현재의 '-ᄂ-'가 후
행절에만 통합하여 나타난 경우이다. 이들은 문맥적으로 볼 때, 선행절과
후행절이 모두 현재 상황을 가리키는 것으로 해석된다. 따라서 이 경우는
후행절의 '-ᄂ-'가 선행절의 상황까지 그 영향을 미치는 것으로 해석할 수
있겠다.

그러나 대등 접속문은 선행절과 후행절이 독립적이기 때문에 선행절의
상황이 과거를 가리키고 후행절의 상황이 현재를 가리키는 경우도 얼마
든지 있을 수 있으므로 선행절의 시제 해석이 항상 후행절의 시제에 의존
한다고 볼 수 없다. 가령, "부톄 녜 波羅㮈예 처섬 法輪을 轉ㅎ시고 이제
쏘 우 업슨 뭇 큰 法輪을 轉ㅎ시ᄂ다 ㅎ더니"〈月釋12:17b〉는 '부처가 예전
에는 처음 波羅㮈에 法輪을 굴리셨고 이제는 또 위가 없는 가장 좋은 큰
法輪을 굴리신다' 정도로 해석되는 경우로 선행절이 과거로 해석되고 후
행절이 현재로 해석된다. 이처럼 선행절의 시제 해석은 발화시 혹은 후행
절의 상황시와도 밀접하게 관련되어 있기에 보다 적극적이고 면밀한 연
구를 통해서 그 해석 원리가 밝혀져야 할 것이다.

이제 '-더-'의 통합 양상을 살펴보자. 선행 연구에 따르면 '-더-'는 '-(으)
니', '-(으)ㄴ댄', '-(으)딘', '-(으)ㄴ덴', '-든' 등의 접속어미와만 통합하여 나
타난다. 그러므로 '-더-'도 접속어미와 상당한 제약을 보이는 형태라 하겠

다. 아래는 먼저 '-(으)ㄴ댄', '-(으)ㄴ딘', '-(으)ㄴ덴'이24)25) 이끄는 절에 '-더
-'가 통합한 경우를 보인 예들이다.

(38) 가. ᄒᆞ다가 아비옷 겨시던댄 우릴 어엿비 너겨 能히 救護ᄒᆞ시리
　　　　러니〈法華5:158a〉

　　　나. ᄒᆞ다가 我等相이 잇던댄 嗔恨을 내리러니라 ᄒᆞ시니라〈永嘉하
　　　　51a〉

　　　다. ᄒᆞ다가 우리 큰 法 즐길 ᄆᆞᅀᆞᆷ 두던댄 부톄 날 爲ᄒᆞ샤 大乘
　　　　法을 니ᄅᆞ시리라ᄉᆞ이다〈法華2:231b〉

(39) 가. 내 아ᄃᆞ리 지븨 잇던딘 輪王이 ᄃᆞ외리러니〈月釋25:11b〉

　　　나. ᄒᆞ다가 能히 ᄆᆞᅀᆞ매 서르 體信ᄒᆞᅀᆞᆸ던딘 이에 어루 맛나 得ᄒᆞ
　　　　야 ᄌᆞᆳ간도 어려우미 업스리어늘〈法華2:226a〉

　　　다. ᄒᆞ다가 眞慈로 한 方便으로 이대 달애디 아니ᄒᆞ시던딘 내죵
　　　　애 .... 四生五道애 窮困ᄒᆞ리러니〈法華2:226a〉

(40) 가. 軍容이 녜와 다ᄅᆞ샤 아ᅀᆞᆸ고 믈러가니 나ᅀᅡ오던덴 목숨 기트
　　　　리잇가〈龍歌51〉

---

24) '-던댄', '-던딘', '-던덴'의 경우에 '-더-'를 분석하지 않고 하나의 어미로 볼 수도 있고 분
　　석하여 '-ㄴ댄', '-ㄴ딘', '-ㄴ덴'을 접속어미로 볼 수도 있다. 본고는 이들이 다른 선어말어
　　미와 통합하는 예가 확인되고 '-던댄', '-던딘', '-던덴'이 과거의 해석을 가진다는 점에서
　　잠정적으로 분석하기로 하겠다. 하지만 이른바 통합형 어미로 볼 가능성도 있기 때문
　　에 단정하지는 않는다. 한편, '-(으)ㄴ댄', '-(으)ㄴ딘', '-(으)ㄴ덴'의 음성 형식의 차이를
　　표기나 음운론적 문제로 봐야 할 것인지 아니면 각각 별개의 어미로 설정해야 할 것인
　　지도 문제로 남아 있다. 이에 대해서 장윤희(1991)에서는 '-(으)ㄴ댄', '-(으)덴'을 모음조
　　화에 의한 것으로 판단한 바 있다.
25) 정재영(1996 : 109~48)에서는 '-(으)ㄴ딘'이 이끄는 접속 구성을 '-오/우-'가 통합한 '-온딘'
　　구성과, '-더-'가 통합한 '-던딘' 구성, 마지막으로 '-ᄉᆞᆯ-'이 통합한 '-ᄉᆞ온딘' 구성으로 나누
　　었다. 이는 각각의 접속 구성이 보이는 의미 관계가 다르기 때문이다. 그의 논의에 따
　　르면 본고에서 다루는 '-던댄', '-던딘', '-던덴' 구성은 조건의 의미 관계를 보인다.

나. 置陣이 눔과 다르샤 아슥보디 나삭오니 <u>믈러가던덴</u> 목숨 모
   <u>츠리잇가</u>〈龍歌51〉

위 (38), (39), (40)은 모두 조건의 접속문으로 해석되는 경우이다. 이들 접속문은 대체로 선행절에 'ᄒ다가'가 나타나거나 후행절에 '-(으)리-', '-(으)리러-'가 통합하여 나타나는 구성으로 '…었다면 … 었(었)을 것이다 (었겠습니까)' 정도로 해석되는 반사실적 조건 접속문이다. 즉 선행절의 내용이 사실과 반대되는 것으로 해석되는 접속 구성이다.

   다음은 '-든'이 이끄는 접속문에 '-더-'가 통합하여 나타난 경우이다.

(41) 가. 이 經을 바다 디녀 닐그며 외오며 눔ᄃ려 니르디 <u>아니ᄒ더든</u>
        阿耨多羅三藐三菩提를 샐리 得디 <u>몯ᄒ리러니라</u>〈釋詳19:34b〉

   나. ᄒ다가…그 어려우믈 니르디 <u>아니ᄒ더든</u> 말스미 시러 圓티
        <u>몯ᄒ리러니</u>〈金三3:20a〉

   다. 내 뎌쯰 ᄒ다가 我相이 <u>잇더든</u> 당다이 瞋恨을 <u>내리러니라</u> ᄒ
        시니〈金三3:29a〉

   라. 그듸옷 나그내를 스랑티 <u>아니ᄒ더든</u> 그몸 나래 쏘 시르믈 <u>더</u>
        <u>으리랏다</u>〈杜詩15:31b〉

   마. ᄒ다가 두 사르미 我를 <u>뒷더든</u> ᄒ나흔 靑山애 잇고 ᄒ나흔
        길헤 <u>이시리라</u>〈金三4:17b〉

위의 접속도 '… 었다면 … 었(었)을 것이다(었겠습니까)' 정도로 해석되는 이른바 반사실적 조건 접속문으로 선행절에 부사 'ᄒ다가'가 나타나거나 후행절에 '-(으)리러-' 혹은 '-(으)리-'가 나타나는 특성을 가진다.[26]

---

26) 15세기 국어에서 '-더든'의 경우에도 형태 분석의 어려움이 있다. 단독 형태 '-든'이 이끄
   는 접속문이 확인되지 않고 '-거든' 외에 다른 선어말 어미가 '-든' 앞에 통합하는 경우가

그런데 위 (38), (39), (40), (41)은 본문 각주에서도 밝혔듯이 '-더-'를 분석하여야 할지 아니면 통합형 어미로 봐야 할지의 문제가 있다. 사실, 이 문제가 우선 논의되어야 할 것이다. 그러나 '-더-'가 통합하는 예가 그리 많지 않아서 본고는 해당 예를 제시하고 아울러 그 쓰임을 보이고자 잠정적으로 '-더-'를 분석하는 입장에서 기술하였다. 본고의 논의에서 위 예들은 적극적인 논증 자료로 이용되지 않기 때문에 논의의 전개에는 큰 문제가 되지 않을 것이다.

다음으로 '-(으)니'가 이끄는 접속문을 살펴보자.

(42) 가. 그ᄢᅴ 冊앳 두 字ㅣ ᄒᆞ야디여 아모도 모ᄅᆞ더니 蜜多羅도 모ᄅᆞ거늘 太子ㅣᅀᅡ ᄀᆞᄅᆞ치시더라〈釋詳3:10a〉

나. 閻浮提옛 님금 波斯匿王 等 一切 大衆이 寶階 미틔 모다 가 부텨를 마ᄌᆞᆸ더니 優塡王이 ᄆᆡᇰᄀᆞ론 金像ᄋᆞᆯ 象에 싣ᄌᆞᄫᅡ 가더니〈釋詳11:13a〉

다. 種種 花香과 幢幡 瓔珞ᄋᆞ로 슬허 供養ᄒᆞᅀᆞᆸ더니 無色界天에 니르리 供養이 ᄉᆞᆫ지 더으더라〈釋詳23:22a〉

라. 王이 손ᅀᅩ 幡을 ᄃᆞ더니 次第로 다 도로 제 고대 가더라〈釋詳24:32b〉

마. 겨집과 ᄒᆞ야 親히 ᄆᆡᇰᄀᆞ라 祭ᄒᆞ더니 ᄆᆞᅀᆞᆯ히 다 感化터라〈續三孝27a〉

바. 도ᄐᆡᄋᆞ랏과 ᄑᆞᆺ닙과ᄲᅮᆫ ᄒᆞ야 밥 먹더니 어버ᅀᅵ 爲ᄒᆞ야 百 里 밧긔 가아 ᄡᆞᆯ 지여 오더라〈三綱孝2〉

사. 張樂ᄋᆡ 져믄 아ᄃᆞ리 잇더니 다ᄉᆞᆷ어미 明秀ㅣ 제 아ᄃᆞᆯ ᄀᆞ티 치

존재하지 않기 때문에 '-더든'을 '-거든'처럼 하나의 어미로 처리하여야 하는지 아니면 '-더-'와 '-든'을 분석해야 하는지 분명한 판단이 서지 않는다. 하지만 본고에서는 이 '-더든'의 경우에도 '-던댄', '-더단', '-더덴'처럼 문맥적으로 과거의 의미가 분명하게 드러나기 때문에 잠정적으로 분석 가능한 형식으로 보고자 한다.

더라〈三綱烈23〉

아. 믈근 새배 셴 머리를 <u>빗다니</u> 玄都壇ㅅ 道士ㅣ 와 서르 <u>보더라</u>
〈杜詩16:32a〉

위 (42)는 '-(으)니'가 이끄는 접속 구성에서 '-더-'가 선행절과 후행절에 모
두 나타난 경우이다. 이때 선행절과 후행절이 모두 과거의 상황을 가리키
는 것으로 해석된다.

그러나 아래 (43)의 예에서처럼 선행절이 과거의 상황을 가리킬 때 선
행절의 '-더-'가 생략되기도 한다.

(43) 가. 菩薩이 바다다가 <u>시르시니</u> 짜히 구장 <u>드러치더라</u>〈釋詳3:43a〉

나. 구믄흔 부르미 <u>부니</u> 微妙흔 소리 <u>나더라</u>〈釋詳11:16b〉

다. 第一 夫人을 사무시고 일후믈 鹿母夫人이라 <u>호시니</u> 녀느 혀근
나랏 王이 다 와 <u>賀禮호숩더라</u>〈釋詳11:30b〉

라. 큰 珊瑚 나모 아래 흔 蓮花ㅣ 소사나아 므레 <u>떠디니</u> 그 고지
누올 붉고 貴흔 光明이 <u>잇더라</u>〈釋詳11:31b〉

마. 虛空애 <u>거르시니</u> 발 아래셔 곳비 오며 쏘 <u>放光호시더라</u>〈月釋
21:204a〉

바. 즉재 靑衣를 第二夫人 <u>사무니</u> 婇女 七千이 다 <u>깃거호더라</u>〈月
釋25:82a〉

사. 바미 <u>자니</u> 구룸 낀 樓ㅣ <u>횐호더라</u>〈杜詩3:39a〉

위 (43)은 선행절의 '-더-'가 생략된 경우이지만 선행절과 후행절이 모두
과거의 사태로 해석된다. 최동주(1995)에 따르면 선행절의 '-더-'가 생략된
'-(으)니' 접속 구성과 '-더-'가 통합한 '-더니' 접속 구성은 동일한 시제로
해석된다. 즉, '-(으)니' 접속 구성의 선행절이 과거의 상황을 가리킬 때
(42)처럼 선행절에 '-더-'가 통합하거나 (43)처럼 통합하지 않는 구성을 모

두 취하기 때문에, '-더-'가 '-(으)니' 접속 구성에서 독립적 분포와 의존적 분포를 취하는 것으로 정리하기로 한다.

지금까지 살펴본 결과, 접속문에서 '-더-'의 통합 양상을 정리하면 아래와 같다.

(44) 접속문에서 '-더-'의 통합관계 및 독립성

　가. '-더-'는 '-(으)ㄴ댄', '-(으)ㄴ딘', '-든', '-(으)니'의 접속어미와만 통합하여 나타나는 제약을 보인다.

　나. '-(으)니'가 이끄는 접속문에서 선행절이 과거의 상황을 가리킬 때 '-더-'가 선행절에 통합하여 나타나기도 하고 생략되어 나타나기도 한다.

여기에서도 '-(으)니', '-(으)ㄴ댄', '-(으)ㄴ딘' 등이 이끄는 접속문 외에 다른 접속문에서 선행절이 과거의 상황을 가리킬 때 선행절의 시제가 어떻게 표현되는가 하는 문제가 있다. 그런데 이 문제도 15세기 국어 시제의 문제와 접속문에서의 시제 해석의 문제가 관련되어 있기 때문에 본고에서는 간단하게 몇 예문을 통해서 '-더-'의 해석 문제를 확장해 보도록 하겠다.

(45) 가. 녀느 하ᄂᆞ랫 지븐 업고 네찻 하ᄂᆞ랫 지비 <u>잇더라</u>〈釋詳6:36b〉

　나. 두 山 ᄊᆞᅀᅵ예 흔 시미 <u>잇고</u> 그 믌 ᄀᆞ새 프흔 돌히 <u>잇더라</u>〈釋詳11:25a〉

　다. 부텨씌 <u>禮數ᄒᆞᅀᆞᆸ며</u> 다ᄉᆞᆺ 羅剎女도 <u>禮數ᄒᆞᅀᆸ더라</u>〈月釋7:36b〉

　라. 掃를 得ᄒᆞ면 箒를 <u>닛고</u> 箒를 得ᄒᆞ면 쏘 掃를 <u>닛더라</u>〈楞嚴5:45b〉

위 (45)는 나열의 '-고'와 '-(으)며'가 이끄는 대등 접속문으로 선행절과 후행절이 모두 과거의 상황을 가리키는 것으로 해석된다. 선행절과 후행절이 모두 과거의 상황을 가리키기 때문에 '-더-'가 선행절과 후행절에 모두 나타나야 할 것으로 생각되지만 이 접속문의 경우에 '-더-'는 후행절에만 나타난다. 즉, 후행절의 '-더-'가 선행절까지 그 영향을 미치는 구성으로 파악된다. 그러나 위 경우에 부정법의 시제 해석으로 파악할 수도 있을 것이다. 15세기 국어 과거 시제는 '-더-'와 '-∅-'가 그 기능을 취하기 때문에 선행절의 시제가 '-더-' 없이 과거로 해석된다면 '-∅-'가 그 기능을 감당하는 것으로 볼 수 있다. 아래 계기의 '-고', 동시의 '-다가'가 이끄는 종속 접속문도 마찬가지이다.

(46) 가. 世間天人 阿修羅들히 부텻 말 <u>듣줍고</u> 다 ㄱ장 <u>깃거ᄒ더라</u>〈釋詳20:5a〉

　　 나. 須達이도 그 말 <u>듣고</u> <u>슬허ᄒ더라</u>〈釋詳6:38a〉

　　 다. 殯所ㅅ 겨틔 <u>盧 짓고</u> 밤낫 <u>우더라</u>〈三綱孝25〉

　　 라. 아비 樣子ᄅ를 어미ᄃ려 무러 그려 廟애 <u>두고</u> 아ᄎ마죄 뵈며 朔望애 <u>祭ᄒ더라</u>〈三綱孝26〉

　　 마. 죵이 樣子로 <u>牽馬ᄒ고</u> 채 자바 <u>ᄃ니더라</u>〈三綱孝27〉

　　 바. 翰林學士ㅣ <u>디나가다가</u> 듣고 <u>우더라</u>〈三綱孝28〉

　　 사. 거믄고 <u>ᄠ고</u> 하늘콰 ᄯ홀 <u>보더라</u>〈杜詩24:38a〉

위는 계기의 '-고'가 이끄는 접속문과 동시의 '-다가', '-고'가 이끄는 접속문으로 선행절과 후행절이 과거의 상황을 가리키는 것으로 해석된다. 이 접속 구성도 선행절에 '-더-'가 통합하여 나타난 경우가 없기 때문에 선행절의 과거의 상황은 후행절의 '-더-'에 의존하여 해석되는 구성으로 볼 수도 있겠지만 과거의 '-∅-'가 그 기능을 담당하는 것으로 볼 수 있어 선행절 시제 해석에 이견이 있을 수 있다.

　이제 마지막으로 '-(으)리-'의 통합 양상을 살펴보자.

(47) 가. 반드기 눌두려 <u>무르며</u> 뉘 能히 <u>對答ᄒ려뇨</u>〈法華1:66a〉

　　　나. 一切世間앳 天 人 阿脩羅ㅣ 다 놀라 <u>疑心ᄒ며</u> 增上慢比丘ㅣ 쟝

　　　　　츠 큰 구데 <u>뻐러디리라</u>〈月釋11:106b〉

　　　다. 이 偈를 외오시면 골폰 비도 <u>브르며</u> 헌 옷도 <u>암글리이다</u>〈月

　　　　　釋8:95b〉

　　　라. 疑心을 다 덜며 一千 二百 羅漢도 다 부톄 <u>드외리라</u>〈釋詳

　　　　　13:60b〉

　　　마. 이 行을 行ᄒ실씨 즐거워 벋 <u>어드시며</u> 어위여 衆 <u>어드시리라</u>

　　　　　〈法華5:47b〉

　　　바. 나옷 외면 아기와 나와 ᄒ쁴 <u>죽고</u> 올ᄒ면 하늘히 본즈을 <u>ᄒ</u>

　　　　　<u>시리라</u>〈釋詳3:37a〉

위 (47 가, 나, 다, 라, 마)는 '-(으)며'가 이끄는 대등 접속문이고, (47 바)
는 '-고'가 이끄는 대등 접속문이다. 이처럼 나열의 대등 접속문의 경우에
'-(으)리-'는 후행절에 통합하여 나타나는 것이 보통이다. '-(으)리-'가 후행
절에만 나타났지만 선행절도 후행절과 함께 미래의 상황을 가리키는 것
으로 해석된다. 그러므로 나열의 접속문의 경우에 '-(으)리-'는 후행절에만
통합하며 선행절의 미래의 상황은 후행절의 '-(으)리-'에 의존하여 해석된
다고 정리할 수 있겠다.

　그런데 '-(으)며'가 이끄는 접속문의 경우에 선행절에 '-(으)리-'가 나타
난 것처럼 보이는 예가 확인된다. 아래 예를 살펴보자.

(48) 가. 一切 世間 天人 阿修羅ㅣ 다 반드기 놀라 <u>疑心ᄒ리며</u> 增上慢比

　　　　　丘ㅣ 쟝츠 큰 구데 <u>뻐러디리라</u>〈法華1:168a〉

　　　나. ᄒ다가 이 城에 들면 훤히 便安호ᄆᆯ <u>得ᄒ리며</u> ᄒ다가 能히

　　　　　보빗 고대 나ᅀᅡ가도 ᄯᅩ 어루 <u>가리라</u>〈法華3:175b〉

　　　다. 모든 뒤 드러 安居ᄒ면 盟哲ㅅ 期約애 <u>어긔리며</u> 念을 지서 結

夏ᄒ면 ᄯᅩ 觀心에 <u>섯그리라</u>〈圓覺하3-2:30b〉

라. 일로써 어루 佛祖ㅅ 나ᄆᆫ 비츨 <u>펴리며</u> 일로써 어루 님금과
나랏 큰 福을 길에 <u>ᄒᆞ리로다</u>〈金三序11b〉

위 (48)은 나열의 '-(으)며'가 이끄는 접속문으로 '-(으)리-'가 선행절에 통
합한 것처럼 보이는 경우이다. 그런데 위 경우는 '-(으)리-'를 선어말어미
로 보지 않고 '관형사형어미 + 형식명사 + 계사' 구성으로 파악할 수도 있
어 선어말어미 '-(으)리-'가 '-(으)며'에 통합한 구성으로 단정하기에 어려움
이 있다. 직관으로도 '~할 것이며'가 더 자연스럽게 느껴지기 때문이다.[27]
하지만 본고에서는 15세기 국어 '-(으)리-'가 선어말어미로서 지위를 가지
고 있기에 (48)의 경우도 해석상 문제가 있을 수 있지만 선어말어미로 간
주하고 그 분포 양상을 정리하기로 하겠다.

한편, '-(으)리-'와 관련해서 선택의 '-거나'와 대조의 '-(으)나'는 그 예가
확인되지 않는데, 이는 선택과 대조의 의미관계와 관련된 것으로 생각된
다. 선택은 가정 혹은 가상의 의미를 가지고 있어 '-(으)리-'의 미래 의미
와 충돌하기 때문에 선택의 접속 구성에는 나타나지 않는 것으로 보인다.
대조 접속문의 경우는 선행절과 후행절이 대립 관계에 있지만 선행절에
는 이미 확인된 내용이 나타나는 것이 자연스럽기 때문에 미래의 '-(으)리
-'가 나타나지 않는 듯하다.

---

27) 중세국어 '-(으)리-'의 쓰임에 대해 몇 연구가 주목되는데, 우선 이현희(1995ㄴ)에서는
'내....어사 ᄒᆞ리로다'의 경우에 당위 표현에 초점을 맞추어 이 때의 'ᄒᆞ리로다'는 '홀 띠로
다'와 거의 같은 표현 효과를 가지므로 '-(으)리-'를 '관형사형 어미 + 형식명사 + 계사'로
볼 수 있다고 지적하였다. 그의 논의를 따르면 접속어미 앞에 나타나는 '-(으)리-'의 경우
도 당위 표현으로 해석되는 접속 구성에 한해서는 '-(으)리-'가 분석될 가능성이 있다. 또
한 이병기(1998 : 57)에서는 '-Vt+디 # 몯ᄒᆞ리(니, 며, 고, ㄹ씨)'의 문형에서 'Vt'에 해당하
는 타동사의 심층적 목적어가 주격조사 '-이'에 통합되어 나타나는 경우에 분석 가능한
'-(으)리-'로 볼 수 있다고 지적하였다. 한편, 이승희(1996), 이병기(1998)에서는 종결어미
앞에 통합하는 '-(으)리-'의 경우에 분석 가능한 경우가 존재한다고 지적하였다.

　　다음으로 종속 접속문의 경우를 살펴보자. 아래는 원인의 '-(으)ㄹ씨'와 '-관ᄃᆡ'가 이끄는 종속 접속문이다.

　　(49) 가. ᄒᆞ마 妙法을 아라 반ᄃᆞ기 佛道ᄅᆞᆯ 일우릴씨 記ᄅᆞᆯ 得ᄒᆞ야 부톄
　　　　　　 ᄃᆞ외리로다〈法華2:33a〉

　　　　 나. 내 두 ᄇᆞᆯ홀 ᄇᆞ릴씨 반ᄃᆞ기 부텻 金色身을 得ᄒᆞ리니〈法華
　　　　　　 6:158a〉

　　　　 다. 고지 누늘 브터 나면 누늬 性을 得ᄒᆞ릴씨 이런ᄃᆞ로 반ᄃᆞ기
　　　　　　 보미 이시리니〈楞嚴2:111b〉

　　　　 라. 이 世界ㅅ 사ᄅᆞ미 바ᄅᆞᆺ 고기 ᄀᆞᆮᄒᆞ야 ᄒᆞ마 샹녜 ᄠᅩ믈 受ᄒᆞ릴
　　　　　　 씨 잢간도 淡호믈 아디 몯ᄒᆞ리라〈楞嚴3:28b〉

　　　　 마. 엇뎨어로 着ᄒᆞ리완ᄃᆡ 着디 아니타 니ᄅᆞ료〈楞嚴1:75a〉

위 (49)는 원인의 접속문에서 '-(으)리-'가 선행절과 후행절에 모두 통합하여 나타난 경우로 선행절과 후행절이 모두 미래의 상황을 가리키는 것으로 해석된다. 이처럼 '-(으)ㄹ씨'와 '-관ᄃᆡ'가 이끄는 원인 접속문에서 선행절과 후행절이 미래의 상황을 가리키는 경우에 '-(으)리-'는 선행절과 후행절에 모두 나타나는 일이 많다.

　　그러한 특성을 취하는 것은 아래 (50)처럼 '-(으)리-'가 후행절에만 나타난 경우에 '-(으)리-'가 후행절에만 영향을 미치는 것과도 관련된다.

　　(50) 가. 됴ᄒᆞᆫ 藥을 몯 어들씨 命이 아니 오라시리이다〈釋詳11:18b〉

　　　　 나. 王이 자실씨 몯 엳ᄌᆞᄫᆞ리로소이다〈月釋25:58a〉

　　　　 다. 世尊하 이 사ᄅᆞ미 반ᄃᆞ기 琉璃로 누네 ᄢᅵᆯ씨 實로 琉璃ᄅᆞᆯ 보리
　　　　　　 이다〈楞嚴1:57b〉

위 (50 가)는 '좋은 약을 얻지 못했기에 목숨이 오래 가지 않을 것입니다.'

정도의 의미를 가지고 (50 나)는 '왕이 자시기에 여쭙지 못하겠습니다.' 정도의 의미를 가진다. 그러므로 '-(으)ㄹ씨'와 '-관ᄃᆡ' 접속 구성에서 '-(으)리-'는 독립적 분포를 취하는 것이 자연스러운 것으로 볼 수 있다.

한편, 아래 (51)은 '-(으)리-'가 선행절에만 나타난 경우로 선행절은 미래의 상황을 가리키고 후행절은 과거 내지 현재의 상황을 가리키는 예이다.

(51) 가. 쟝ᄎᆞ 八萬 菩薩와 ᄒᆞᄢᅴ 오시릴씨 몬져 이 祥瑞를 나토시니라
〈月釋18:73b〉

나. 法化를 몯 미처 보ᅀᆞᄫᅵ릴씨 우노이다〈釋詳3:2a〉

다. 大通이 쟝ᄎᆞ 道場애 안ᄌᆞ시릴씨 諸天이 座 노코 부텨 請ᄒᆞᅀᆞᄫᅩ물 니ᄅᆞ시니라〈月釋14:12a〉

다음으로 '-(으)니'가 이끄는 접속문을 살펴보자.

(52) 가. 天人을 다 請ᄒᆞ리니 너희도 그 法食을 머그리라〈月釋2:16b〉

나. 聖子ㅣ 나샤 輪王이 ᄃᆞ외시리니 出家ᄒᆞ시면 正覺을 일우시리로소이다〈月釋2:23b〉

다. 이 衆生이 다 늘거 ᄒᆞ마 주그리니 내 佛法으로 ᄀᆞᄅᆞ쳐 引導호리라〈釋詳19:3b〉

라. 眞實로 能히 普賢行을 닷ᄀᆞ리니 正憶念力이 實로 妙行 眞要ㄴ들 반ᄃᆞ기 알리로다〈法華7:182a〉

마. 쟝ᄎᆞ 오ᄂᆞᆫ 뉘예 반ᄃᆞ기 六萬八千億 諸佛法 中에 큰 法師ㅣ ᄃᆞ외리니 六千 學 無學 比丘尼와 다 法師ㅣ ᄃᆞ외리라〈法華4:187b〉

바. 셴 머리예 놀애 블러 모로매 수를 ᄀᆞ장 머구리니 靑春을 벗 사마 됴히 本鄕애 도라 가리라〈杜詩3:24a〉

위 (52)는 '-(으)리-'가 선행절과 후행절에 각각 독립적으로 통합하여 나타
난 경우로 모두 미래 상황을 가리키는 것으로 해석된다.[28]

그런데 아래 (53)처럼 '-(으)리-'가 후행절에만 나타난 경우는 선행절은
과거의 상황을 가리키는 것으로 해석되고 후행절만 미래의 상황을 가리
키는 것으로 해석된다.

    (53) 가. 太子ㅣ 三十二相 八十種好ㅣ ㄱ즈시니 당다이 出家ㅎ샤 부톄
             드외시리로소이다〈釋詳3:2a〉

        나. 내 老宿象을 토니 내 王 드외리로다〈月釋25:70a〉

        다. 이제 涅槃ㅎ시니 싁싁혼 法이 ㅎ마 업스리로다〈釋詳23:42a〉

        라. 實智中에 便安히 住호니 내 一定히 반드기 부톄 드외리로소이
           다〈法華1:249a〉

        마. 父王이 오늘 ㅎ마 信解ㅎ시니 阿耨多羅三藐三菩提心을 어루 發
           ㅎ시리로소이다〈法華7:135b〉

또한 아래처럼 선행절이 현재의 상황을 가리키고 후행절이 미래의 상
황을 가리키는 경우는 선행절에 '-ᄂ-'가 통합하고 후행절에 '-(으)리-'가 통
합하여 나타난다.

    (54) 가. 내 너희들흘 업시우디 아니ㅎ노니 너희들히 다 당다이 부톄
           드외리라〈釋詳19:30a〉

        나. 이 사르미 나를 잡느니 반드기 주기리로소니〈法華2:240a〉

        다. 罪 업시 잡가티노니 一定ㅎ야 주그리로다〈月釋13:16b〉

---

28) 이현희(1994 : 63), 전병용(1995 : 20, 118)를 따르면 접속어미 '-(으)니'의 경우 크게 보
    아 전제와 발견의 의미로 구분할 수 있는데, 전제의 의미에 해당되는 '-(으)니'에 '-(으)
    리-'가 통합될 수 있다고 지적하였다.

즉, '-(으)니'가 이끄는 접속문의 경우에 후행절에 통합한 '-(으)리-'는 후행절만 미래의 상황을 가리키고, 선행절이 미래의 상황을 가리킬 때는 '-(으)리-'가 선행절에 독립적으로 분포하는 것이 일반적이라 하겠다.

마지막으로 '-거늘', '-거니와' 등[29]이 이끄는 접속문을 살펴보기로 한다.

(55) 가. 부텻긔 가문 싸혼 것곳 이시면 能히 大通티 몯ᄒ리어늘 能히 欲著ᄋᆞᆯ ᄇ려ᅀᅡ 通智ᄅᆞᆯ <u>證ᄒ리라</u>〈月釋14:15a〉

　　　나. 香도 반ᄃ기 샹녜 <u>이시리어늘</u> 엇뎨 香鑪 中에 이 이운 나모ᄉ로믈 <u>브트리오</u>〈楞嚴3:25a〉

　　　다. 네 당다이 轉輪聖王이 ᄃ외야 七寶千子 가져 四天下ᄅᆞᆯ <u>다ᄉ리</u>

---

29) 15세기 국어 '-거늘'은 이현희(1994)에 따르면 '전제', '근거', '대조', '양보'의 의미 기능을 가지고 있다. 그 논의에서는 전제를 기본적인 의미로 두고 문맥 상황에서 다른 의미들이 분화되어 나온 것으로 기술하였다. 한편, '-거니와'의 경우는 '대조', '양보' 등의 의미를 가진 것으로 보인다. 아래 (1)은 대조의 기능으로 보이고 (2)는 양보의 의미 기능으로 보인다.

(1) 가. 내 如來ㅅ 法身ᄋᆞᆫ <u>보ᅀᆞ뱃가니와</u> 如來ㅅ 妙色身ᄋᆞᆫ 몯 보ᅀᅡ뱃노니〈月釋4:31b〉
　　나. 이제 ᄯᅩ 내 모ᄆᆞᆯ ᄃ려다가 維那ᄅᆞᆯ 사모려 ᄒ실ᄊᆡ 듣줍고 <u>깃거ᄒ가니와</u> 그러나 ᄒ디 ᄒ녀고로 혜여 혼ᄃᆡᆫ 내 四百 夫人이 前世옛 因緣으로 나ᄅᆞᆯ 조차 살어든 오ᄂᆞᆫ ᄇ리고 가릴ᄊᆡ ᄆᆞᅀᆞᄆᆞᆯ <u>슬허 우노이다</u>〈月釋8:93a〉
　　다. 劫은 ᄲᆞᆯ리 <u>다ᄋ려니와</u> 뎌 부텻 行과 願과 工巧ᄒ신 方便은 <u>다오미 업스리라</u>〈釋詳9:29a〉
　　라. ᄒ나히 ᄆᆞᅀᆞᆷ 수비 <u>고티려니와</u> 모든 ᄆᆞᅀᆞᆷ ᄲᆞᆯ리 몯 <u>고티리로다</u>〈月釋1:51b〉
　　마. 슳지ᄂᆞ닌 變이 <u>ᄃ외어니와</u> 슳지디 아니ᄒᆞᄂᆞ닌 變이 <u>아니라</u>〈楞嚴2:10a〉

(2) 가. 須彌山ᄋᆞᆫ 오히려 斤兩ᄋᆞᆯ <u>알려니와</u> 내 눈 布施ᄂᆞᆫ 몯 니ᄅᆞ 헤리라〈月釋11:10b〉
　　나. 아ᄎᆞᆷ부터 나조히 니르닌 비록 차도 어루 <u>救ᄒ려니와</u> 밤브터 아ᄎᆞ미 니르닌 救호미 어려우니 ᄒ다가 가ᄉᆞ미 듯ᄒ면 ᄒ롯 內ᄂᆞᆫ 어루 <u>救ᄒ리니</u>〈救方상77a〉
　　다. 져기 ᄆᆞᅀᆞ미 보ᄆᆞᆯ 블긴 젼ᄎᆞ로 이븐 하마 <u>좁좁ᄒ야니와</u> 순직 나ᄆᆞᆫ 疑心이 잇ᄂᆞᆫ 젼ᄎᆞ로 ᄆᆞᅀᆞ미 여러 아디 <u>몯ᄒ도다</u>〈楞嚴1:103a〉

(1 가, 나, 다, 라, 마)는 선행절과 후행절이 반대의 내용을 가지는 경우로 전형적인 대조 접속문의 의미 관계를 보이고 있다. (2 가, 나, 다)는 선행절의 내용이 전제가 되고 후행절의 내용이 그 전제의 예상에서 기대되는 결과와 어긋나는 내용을 가지는 경우로 양보 접속문의 의미 관계를 보이고 있다. 이 양보 접속문으로 해석되는 경우는 대개 부사 '비록', '순직', '오히려' 등이 통합하여 나타난다.

리어늘 엇뎨 마리 갓고물 즐기는다〈釋詳3:23a〉

라. 우리 如來ㅅ 智慧를 <u>得ᄒ리어늘</u> 곧 내 小智로 足 삼다이다〈法
華4:36a〉

마. 그듸를 거스디 <u>아니ᄒ리어늘</u> 이제 엇뎨 怨讐를 니ᄌ시ᄂ니
〈釋詳11:34a〉

바. 부톄 쟝ᄎ <u>니ᄅ시리어늘</u> 내 기드리ᅀᆸ디 아니ᄒ고 다ᄆᆫ 四諦
를 처ᅀᅥᆷ 듣ᄌᆞᆸ고〈月釋12:4a〉

(56) 가. 須彌山은 오히려 斤兩을 <u>알려니와</u> 내 눈 布施는 몯 니ᄅ <u>혜리</u>
<u>라</u>〈月釋11:10b〉

나. 經文은 肉眼이 어루 <u>보려니와</u> 法은 慧眼이ᅀᅡ 能히 <u>보리니</u>〈金
剛48b〉

다. 色은 오히려 어루 <u>빼혀리어니와</u> 空을 엇뎨 <u>어울오리오</u>〈楞嚴
3:70a〉

라. 足히 힌 머리 드롓ᄂ 나ᄒᆯ <u>ᄆᆞ츠리어니와</u> 구틔여 노픈 士이
무레 <u>居ᄒ야리아</u>〈杜詩6:48b〉

위 (55)와 (56)은 각각 '-거늘'과 '-거니와'가 이끄는 접속문으로 (55 가,
나), (56 가, 나, 다, 라)는 '-(으)리-'가 선행절과 후행절에 모두 통합하여
나타나고 있다. 이들 모두 선행절과 후행절이 미래의 상황을 가리키는 것
으로 해석된다. 그런데 '-거늘', '-거니와'의 경우에 '-(으)리-'가 후행절에만
나타난 구성은 확인하기가 어렵다. "世尊하 나는 부텻 히ᄆ로 無量壽佛와
두 菩薩을 <u>보ᅀᆞᆸ바니와</u> 未來옛 衆生이 엇뎨 ᄒ야ᅀᅡ 無量壽佛와 두 菩薩을
<u>보ᅀᆞᆸ려뇨</u>"〈月釋8:17a〉 처럼 '-거니와'의 경우에만 그 한 예가 확인되는데
이때 선행절은 과거의 상황을 가리키는 것으로 해석된다. 앞서 검토한 내
용을 고려하면 '-거늘'이나 '-거니와'의 경우에도 선행절이 미래의 상황을
가리킬 때 후행절에 의존하여 해석되지 않고 선행절에 '-(으)리-'가 독립적

분포를 취하는 특성을 가진다 하겠다.

지금까지 '-(으)리-'의 통합 양상을 살펴보았다. 선행 연구에 따르면 '-(으)리-'가 '-은댄', '-다가', '-오딕' 등과도 통합하여 나타나는 것을 확인할 수 있으나 그 예가 극히 드물어 통합 양상과 관련하여 큰 도움을 주지 않기 때문에 본고에서 제외하였다.

이상에서 살펴본 접속문의 '-(으)리-'의 통합 양상을 정리하면 아래와 같다.

(57) 접속문에서 '-(으)리-'의 통합관계 및 독립성

    가. '-(으)리-'는 '-(으)며', '-(으)ㄹ씨', '-관대', '-(으)니', '-거늘', '-거니와' 등 다양한 접속어미와 통합관계를 보인다.

    나. 나열의 '-(으)며'가 이끄는 대등 접속문의 경우에 선행절이 미래의 상황을 가리킬 때 '-(으)리-'가 후행절에 의존하여 해석되는 경향을 보이나 선행절에 독립적으로 통합하여 나타나기도 한다.

    다. '-(으)ㄹ씨', '-관대', '-(으)니', '-거늘', '-거니와' 등이 이끄는 종속 접속문의 경우에 선행절이 미래의 상황을 가리킬 때 '-(으)리-'가 선행절에 독립적으로 나타난다. '-(으)리-'가 후행절에 나타난 경우는 선행절까지 그 영향을 미치지 못한다.

이 경우에도 '-(으)리-'가 선행절에 통합하지 않는 접속문에서 선행절이 미래의 상황을 가리킬 때 선행절의 시제가 어떻게 표현되는가 하는 문제가 남아 있다. 여기에서는 '-(으)리-'가 주로 나타나는 계기의 접속문의 경우만 간략하게 살펴보기로 하겠다.

(58) 가. 舍衛國에 <u>도라가</u> 精舍 이르ᅀᅡᄫᅳ리니〈釋詳6:22a〉

    나. 大王하 내 이제 도로 <u>가</u> 이 부텨를 <u>供養ᄒᅀᅡᄫᅳ리이다</u>〈釋詳 20:14a〉

다. 나도 大王 뫼슨방 比丘 좃즈방 <u>가리이다</u>〈月釋8:93b〉

라. 내 이제 <u>느려가</u> 아니 오라 <u>涅槃호리이다</u>〈月釋21:202a〉

마. 聖子ㅣ <u>나샤</u> 輪王이 <u>드외시리니</u>〈月釋2:23b〉

바. 그쁴 世尊이 忉利天에 <u>겨샤</u> 한 사름 爲ᄒ야 너비 <u>說法ᄒ샤</u> ᄀ
 장 利益게 ᄒ시고 석ᄃ리 다ᄋ거늘 쟝ᄎ 도로 <u>ᄂ려오리라</u>〈月
 釋21:200b〉

사. 이 衆生들히 부텻긔 法 <u>듣즈방</u> 乃終에 다 一切 種智를 <u>得ᄒ리</u>
 <u>어며</u>〈釋詳13:54b〉

위 (58)은 계기의 '-고', '-어'가 이끄는 접속문으로 '-(으)리-'가 선행절에 통합하지 않는 대표적인 경우이다. 그런데 계기 접속문의 경우는 앞서 검토한 '-(으)ㄹ씨', '-(으)니', '-거늘', '-거니와'와 달리 선행절도 후행절과 함께 미래의 상황을 가리키는 것으로 해석된다. 즉 후행절의 '-(으)리-'가 선행절까지 그 영향을 미치는 것으로 해석할 수 있겠다. 이는 선행절에 '-(으)리-'가 통합하는 경우와는 다른 양상을 보이는 것으로 접속 구성 간의 차이로 지적될 수 있어 중요하게 생각된다.

2.3. 인칭법 선어말어미 통합관계 및 독립성

이 절에서는 앞서 살펴본 바와 같이 인칭법 '-오-'와 접속어미의 통합관계를 확인하면서 선행절과 후행절의 주어가 1인칭일 때 '-오-'가 어떻게 실현되는지 살펴보도록 하겠다. 15세기 국어 '-오-'의 의미 기능에 대해서는 의도법과 인칭법의 두 논의로 구분되나 본고는 '-오-'를 인칭법의 기능으로 보고 그 통합 양상을 살펴보도록 하겠다.

허웅(1975), 권재일(1988), 전병용(1995) 등의 선행 연구를 따르면 인칭법 '-오-'와 접속어미의 통합관계는 아래와 같다.

(59) 인칭법 '-오-'와 통합을 보이는 접속어미

　　가. '-(으)니', '-어니와', '-(으)나', '-건마ᄅᆞᆫ'

　　나. '-(으)ㄴ댄', '-(으)ㄴ딘'

위 (59 가)는 선행절의 1인칭 주어에 대해서 인칭법 활용이 나타나는 경우이지만 (59 나)는 '-오-'가 통합한 구성인 '-온댄', '-온딘'을 분석해야 할 것인지 아니면 분석하지 않고 통합체로 다루어야 할 것인지가 문제되는 경우이다. 정재영(1996)에 따르면 '-(으)ㄴ댄'과 '-(으)ㄴ딘'은 '-ㅅᆞ-'이 통합한 유형과 '-오-'가 통합한 유형, '-더-'가 통합한 유형으로 구분된다.[30) 이때는 접속 의미가 달리 나타나기 때문에 각각을 하나의 언어 단위로 설정해야 할 것이다. 따라서 (59 가)와 (59 나)는 구분하여서 다루기로 하겠다.

　그럼 대등 접속문의 경우부터 살펴보자. 인칭법 '-오-'와 결합하는 대등 접속어미로 대조의 '-(으)나'와 '-거니와'가 확인된다. 그 예를 제시하면 아래와 같다.

(60) 가. 내 처섬 出家ᄒᆞ야 부터 조쯘와 道애 드러 비록 戒律을 ᄀᆞ초호
　　　　나 三摩ㅣ地예 ᄆᆞᅀᆞ미 샹녜 흐터 뮈여 無漏를 얻디 몯거늘〈楞嚴5:56a〉

　　나. 내 비록 度티 몯호나 願ᄒᆞᅀᆞ오ᄃᆡ 末劫엣 一切 衆生을 度ᄒᆞ야지이다〈楞嚴6:82b〉

　　다. 내 ᄒᆞ마 衆生의게 즐길 꺼슬 施호ᄃᆡ ᄠᅳ디 欲을 조초나 그러나 이 衆生이 다 ᄒᆞ마 衰老ᄒᆞ야〈法華6:8a〉

---

30) 정재영(1996)에 따르면 '-온딘'은 자기가 본 사실을 담화 전제하고 후행문에는 보고서 깨달은 내용을 나열하는 기능으로 지각 동사와 사유 동사와 통합하며 주어는 화자 자신이라는 제약을 가진다.

(61) 가. 내 如來ㅅ 法身은 <u>보슨뱃가니와</u> 如來ㅅ 妙色身은 몯 <u>보슨뱃노</u>
　　　　니〈月釋4:31b〉

　　나. 내 妙勝흔 일둘흘 몯 다 <u>솗가니와</u> 어둘 <u>솗노니</u>〈月釋25:100a〉

위 (60) 대조의 '-(으)나'에, (61)은 '-거니와'에 '-오-'가 통합하여 나타난 경
우이다. 위의 예는 '-오-'가 선행절에 독립적 분포를 보인 경우이다.[31]

　그런데 선택의 '-거나' 구성에서 '-오-'가 통합한 경우는 확인되지 않고,
나열의 '-(으)며'의 경우는 아래 (62)처럼 후행절에만 '-오-'가 통합하는 예
가 일반적 통합 양상으로 관찰된다.

(62) 가. 내.... 如來씌 <u>묻즈뵹며</u> 唯然頂受호숩노니〈月釋21:101a〉

　　나. 내 오늘브터 ᄂ외야 힁뎌글 ᄆᆞᅀᆞᆷ 조초 <u>아니ᄒᆞ며</u> 邪曲히 보며
　　　　뜬 되며 嗔心ᄒᆞ며 믈읫 모딘 ᄆᆞᅀᆞᆷ 아니 <u>내요리이다</u>〈釋詳
　　　　21:47b〉

　　다. 내 ᄯᅩ 三十萬兩ㅅ 金으로 모ᄃᆞᆫ 즁님내를 <u>供養ᄒᆞ며</u> ᄯᅩ 一千 독
　　　　香湯을 더 내야 菩提樹를 <u>싯교리라</u>〈釋詳24:47a〉

　　라. 내 이제 너 爲ᄒᆞ야 큰 法幢을 <u>셰며</u> ᄯᅩ 十方 一切 衆生ᄋᆞ로 妙
　　　　微密흔 性이 조흔 ᄇᆞᆰᄀᆞᆫ ᄆᆞᅀᆞᆯ 어더 淸淨眼을 얻긔 <u>호리라</u>〈楞
　　　　嚴1:97a〉

다음은 종속 접속문으로 '-(으)니' 접속 구성을 살펴보도록 하자.

(63) 가. 주구믈 <u>기드리노니</u> 목숨 므거버 손소 몯 <u>죽노이다</u>〈月曲52a〉

---

31) 대조의 '-(으)나'가 이끄는 접속문에서 '-오-'가 후행절에만 나타난 예는 거의 발견되지
　　않으나 "내 ᄒᆞ마 漏 다오몰 得ᄒᆞ나 듣즈오니 ᄯᅩ 憂惱를 덜와이다"〈法華2:9a〉처럼 한 예
　　가 확인된다.

나. 내 이 이를 <u>疑心</u>ᄒ노니 願혼ᄃᆞ 듣ᄌᆞᆸ고져 <u>ᄒ노이다</u>〈月釋21:139a〉

다. ᄀᆞᆺ 덧소리 드로몰 <u>正</u>히 <u>시름</u>ᄒ노니 ᄒᆞᄫᅡᅀᅡ 셔셔 ᄀᆞᄅᆞᆷᅢᆺ 빈
를 <u>보노라</u>〈杜詩7:4b〉

라. <u>내</u> 네 <u>어미로니</u> 오래 어드븐 ᄃᆡ <u>잇다니</u> 너 여희여 간 後로
큰 <u>地獄</u>애 여러 번 ᄣᅥ러디여 <u>잇다니</u>〈月釋21:55b〉

마. <u>南塘</u>ㅅ 길흘 아디 <u>몯ᄒ다니</u> 이제 <u>第五橋</u>를 <u>알와라</u>〈杜詩15:7a〉

바. <u>내</u> 어저ᄢᅴ 다ᄉᆞᆺ가짓 ᄭᅮ믈 <u>ᄭᅮ우니</u> ᄒᆞ나ᄒᆞᆫ 바ᄅᆞᆯ 누브며 세ᄒᆞᆫ
<u>衆生</u>들히 내 몸 안해 들며 네 ᄒᆞᆫ 소내 ᄒᆡ를 <u>자ᄇᆞ며</u> 다ᄉᆞᆫ
소내 ᄃᆞᆯ를 자보니 <u>世尊</u>하 날 <u>爲</u>ᄒᆞ야 니ᄅᆞ쇼셔〈月釋1:17a〉

사. 우리 <u>天女</u>ㅣ로니 오ᄂᆞᆯ 우리 모믈 <u>太子</u>ᄭᅴ <u>받ᄌᆞᆸ노이다</u>〈月釋
4:6b〉

위 (63)은 '-(으)니'가 이끄는 접속 구성에서 인칭법 '-오-'가 선행절과 후행
절에 모두 통합하여 나타난 경우이다. (63 가, 다, 마)는 1인칭 대명사가
문면에 나타나지 않았지만 문맥상 화자 자신으로 해석되기 때문에 주어
가 1인칭인 구성으로 볼 수 있다. (63)에서처럼 '-(으)니' 접속 구성의 경
우에 '-오-'는 선행절과 후행절에 각각 나타나는 독립적 분포를 보이는 것
이 일반적이다. 아직까지 선행절의 주어가 1인칭일 때 '-오-'가 후행절에만
통합하는 경우는 확인되지 않는다.

　아래는 '-오-'가 후행절에만 나타난 경우인데 이때는 선행절의 주어와
상관없이 후행절의 주어에 대해서 나타나게 된 것이다.

(64) 가. 한 사ᄅᆞ미 듣고 깃거 모ᄃᆞ니 <u>五百</u>이러니 우리 <u>太子</u>를 <u>좃ᄌᆞᄫᆞ</u>
<u>리이다</u> ᄒᆞ더라〈月釋22:35a〉

나. <u>大師</u>ㅣ ᄒᆞ마 <u>滅度</u>ᄒᆞ시니 나도 ᄯᅩ <u>滅度</u>ᄒ노이다〈月釋25:8a〉

다. <u>世尊</u>이 이 <u>法</u>을 <u>니ᄅᆞ시니</u> 우리 다 좃ᄌᆞ와 <u>깃ᄉᆞᆸ노이다</u>〈法華
2:48b〉

라. 당다이 쁘디 <u>겨시니</u> 듣줍고져 <u>ㅎ노이다</u>〈月釋20:61b〉

　　다음으로 '-건마ᄅᆞᆫ', '-(으)ㄴ댄', '-(으)ㄴ딘' 등이 이끄는 접속문을 살펴보기로 한다. 그런데 이 경우도 그 용례가 많지 않기 때문에 여기에서는 지나친 해석은 피하고 제시된 몇 예문만 확인하기로 한다.

(65) 가. 道뚱人ᅀᅵᆫ이 닐오ᄃᆡ......<u>듣간마ᄅᆞᆫ</u> 보디 몯ㅎ야 <u>잇노라</u>〈月釋20:74b〉

　　　나. 靑眼ᄋᆞ로 <u>보간마ᄅᆞᆫ</u> 오직 길히 窮迫ㅎ얘라〈杜詩8:61a〉

　　　다. 百年 內예 萬事를 므던히 <u>너기간마ᄅᆞᆫ</u> 녜 사던 ᄃᆡ를 ᄆᆞᅀᆞ매 耿耿ㅎ야 니조미 어렵도다〈杜詩3:13a〉

　　　라. 얼우늬 술윗 자최를 도로 <u>ᄉᆞ랑ㅎ간마ᄅᆞᆫ</u> 돗ㄱ로 밍ᄀᆞ론 門을 避홀가 전노라〈杜詩21:6b〉

　　위 (65 가, 나)는 '-건마ᄅᆞᆫ'이 이끄는 접속문으로 선행절의 1인칭 주어에 대해서 인칭법 '-오-'가 선행절에 독립적으로 나타나고 있다. '-건마ᄅᆞᆫ'이 인칭에 따라서 '-간마ᄅᆞᆫ'으로 활용된다는 사실은 이미 지적되었다. (65)의 경우 1인칭 주어가 문면에 나타나지 않았지만 문맥상 주어는 화자 자신이므로 이에 따라 '-간마ᄅᆞᆫ'으로 실현된 것이다.
　　다음은 '-(으)ㄴ댄', '-(으)ㄴ딘'이 이끄는 접속문으로 '-오-'가 통합한 경우이다.

(66) 가. 내 이제 이를 <u>본댄</u> 覺性이 自然ㅎ야 生 아니며 滅 아니라〈楞嚴2:64b〉

　　　나. 내 부텻 누느로 六道 衆生ᄋᆞᆯ <u>본딘</u> 艱難코〈釋詳13:56b〉

　　　다. 오ᄂᆞᆯ날 이 祥瑞를 <u>보ᅀᆞ본딘</u> 아래와 다ᄅᆞ디 아니ㅎ시니〈月釋11:92b〉

위 (66)은 '-(으)ㄴ댄', '-(으)ㄴ딘'이 이끄는 접속문으로 선행절에 '-오-'가 통합한 경우이다. 그러나 이 접속어미는 앞서 지적한 것처럼 '-온딘'이 '던딘', '슨온딘' 등과 함께 논의되는 구성이기 때문에(정재영(1996)) 다른 접속어미와 층위의 문제가 있을 수 있으나 굳이 분석하여 본다면 이 경우도 선행절의 1인칭 주어에 대해서 '-오-'가 선행절의 서술어에 통합한 구성으로 볼 수 있을 것이다.

마지막으로 '-오-'가 통합하지 않는 몇 접속어미를 중심으로 선행절이 1인칭일 때 그 문법 범주가 어떻게 표현되는지 살펴보기로 한다.

(67) 가. 우리 오늘 부텨 좃즈와 授記 莊嚴ㅅ 일와 올마 次第로 受決을 들줍고 身心에 다 歡喜ᄒᆞᅀᆞ노이다〈法華4:45b〉

　　 나. 우리 들줍고 다 닷가 비호ᅀᆞᄫᅩ리이다〈月釋14:42a〉

　　 다. 내 王 말쏨 들줍고ᅀᅡ 내 ᄆᆞᅀᆞ미 씩돈과이다〈釋詳24:29b〉

　　 라. 내 香水로 브를 ᄢᅵ고 부텻 숨利를 뫼셔다가 供養ᄒᆞᅀᆞᄫᅩ리라 〈釋詳23:46a〉

　　 마. 내 아래 供養ᄒᆞᅀᆞ다가 이제 쏘 親近ᄒᆞᅀᆞ과이다〈釋詳20:15a〉

(68) 가. 내 겨지비론 젼ᄎᆞ로 出家 몯ᄒᆞ야 슬허ᄒᆞ노라〈月釋10:18a〉

　　 나. 내…이런 衆生을 위ᄒᆞ야 大慈悲心을 니르와도라〈釋詳13:57a〉

　　 다. 우리 某甲 等이 이 病人 爲ᄒᆞ야 … 이것들흘 ᄇᆞ리노이다〈月釋21:92b〉

　　 라. 羅雲이 술보딘 … ᄌᆞ라면 어루 法을 비호ᅀᆞᄫᅩ리이다〈釋詳6:11a〉

　　 마. 世尊하 우리 이 부텻 모믈 보ᅀᆞᆸ고져 願ᄒᆞᅀᆞ노이다〈圓覺하3-1:100b〉

　　 바. 우리 出家ᄒᆞ라 오니〈月釋7:3b〉

위 (67)은 계기의 '-고', '-어'가 이끄는 접속문과, 동시의 '-다가'가 이끄는 접속문으로 시간 관련 접속문이다. 이들의 선행절과 후행절은 동일 주어 문으로 1인칭인 경우이다. 이때 '-오-'는 예상대로 후행절에만 통합하여 나타나고 있다. 즉 인칭 활용을 보이지 않는 접속어미의 경우는 선행절의 1 인칭 주어가 후행절에 나타난 '-오/우-'에 의존하여 해석된다고 말할 수 있겠다.

(68)은 원인의 '-어', 조건의 '-(으)면', 의도의 '-고져', '-(으)라'가 이끄는 접속문으로 선행절과 후행절의 주어가 1인칭인 경우이다. 이 경우에도 '-오/우-'는 후행절에만 통합하여 나타난다. 선행절에 '-오/우-'가 통합하는 예는 확인되지 않는다. 따라서 이 경우에도 후행절에 의존하여 해석되는 특성을 가진 것으로 볼 수 있다.

지금까지 살펴본 내용을 정리하면 아래와 같다.

(69) 접속문에서 '-오-'의 통합 관계 및 독립성

    가. 인칭법 '-오-'는 '-(으)나', '-거니와', '-(으)니', '-건마른', '-(으)ㄴ댄', '-(으)ㄴ딘' 등의 접속어미와만 통합하여 나타나는 제약을 보인다. 그런데 '-(으)ㄴ댄', '-(으)ㄴ딘'은 인칭 활용을 보이지 않는다.

    나. 위 '-거니와', '-(으)나', '-(으)니'의 접속 구성은 선행절과 후행절의 주어가 1인칭일 때 '-오-'가 선행절과 후행절에 독립적으로 통합하여 나타난다.

    다. 그러나 나열의 '-(으)며', 계기 '-고', '-어', 동시 '-다가', 원인의 '-어', 조건의 '-(으)면', 의도의 '-(으)라', '-고져' 등의 경우는 선행절과 후행절의 주어가 1인칭일 때 '-오-'가 후행절에만 통합하여 나타나는 경향을 보인다.

3. 보조사와의 통합관계

15세기 국어 보조사는 '-ᄂᆞᆫ', '-도', '-만', '-조차', '-ᄋᆞ란', '-브터', '-두고', '-ᄲᅮᆫ', '-ᅀᅡ' 등 그 수가 상당히 많다. 그러나 접속어미와 통합하는 보조사는 '-ᅀᅡ', '-ㄱ', '-ㅇ', '-ㅁ', '-ᄂᆞᆫ', '-도', '-셔', '-브터', '-곳', '-다가' 등으로 그리 많지 않다.[32] 그런데 현대국어 연구에서 이 보조사들이 접속문의 유형에 따라서 분포의 차이를 보인다는 사실이 지적되면서 접속문의 성격, 즉 대등성과 종속성을 보여주는 현상의 근거로 사용되어 왔다. 그래서 이 절에서는 15세기 국어에서 접속어미와 통합하는 보조사를 중심으로 그 통합관계를 면밀하게 살펴보고, 나아가 그 결과가 접속문의 성격에 따라 어떻게 해석될 수 있는지 살펴보기로 하겠다.

그럼, 먼저 보조사 '-ㄱ'의 통합 양상을 살펴보기로 하자.[33]

(70) 가. 그 사ᄅᆞ미 ᄒᆞ다가 病ᄒᆞ면 ᄡᅳᆫ 마시 잇곡 病 업슨 사ᄅᆞᄆᆞᆫ 져기ᄃᆞᆫ 觸이 이시리니〈楞嚴3:9a〉

나. 有志ᄒᆞᆫ 士ㅣ 白日을 앗기곡 오란 나그내ᄂᆞᆫ 黃金을 藉賴ᄒᆞᄂᆞ니라〈杜詩25:5a〉

다. 그 風俗이 남지ᄂᆞᆫ 안잣곡 겨지브로셔 ᄃᆞᆫ녀 門戶애ᄉᆞᆫᄃᆡ 답ᄒᆞ야〈杜詩25:46a〉

---

32) 15세기 국어 보조사의 연구는 서종학(1983), 김진형(1995), 하귀녀(2005)가 대표적이고 보조사 목록에 대해서는 허웅(1975)를 비롯하여 이숭녕(1981), 이기문(1972), 안병희·이광호(1990) 등 다양한 결과물이 있으나 보조사의 목록은 여전히 합의점에 이르지 못하고 있다. 그만큼 보조사의 목록 설정 기준에 상당한 어려움이 있음을 짐작할 수 있다. 본고는 잠정적으로 하귀녀(2005)의 목록을 기준으로 하여 검토하기로 하겠다. 한편, 15세기 국어에 접속어미와 보조사의 통합을 면밀하게 검토한 논의로는 박용찬(2006)을 들 수 있다.

33) 15세기 국어 '-ㄱ'의 의미 기능에 대해서는 논자마다 차이가 있는데, '-ㄱ'을 강세 보조사로 본 논의는 안병희·이광호(1990/2001), 김진형(1995) 등이 대표적이고, 박용찬(2006)에서는 시작의 의미로 기술하였다.

　　　라. 사름 져근 듸란 삼가 가디 <u>말옵</u> 범 한 듸눈 眞實로 디나갈

　　　　　배니라〈杜詩22:47b〉

　　　마. ㅎ다가 쏘 안해셔 날딘댄 도로 몸 쏘볼 <u>보리옥</u> ㅎ다가 밧글

　　　　　브터 올딘댄 몬져 당다이 ㄴ츨 보려니쭌〈楞嚴1:64b〉

(71) 가. 어마니미 니ㄹ샤듸 너희 出家ㅎ거든 날 <u>브리곡</u> 머리 가디 말

　　　　라〈釋詳11:37a〉

　　　나. 蜀ㅅ 사ㄹ미 <u>듣곡</u> 다 니러셔ㄴ니〈杜詩17:6b〉

　　　다. 이 ㄱ튼 比丘ㄴ 世예 眞實로 解脫ㅎ야 아릿 비들 <u>갑곡</u> 三界예

　　　　든니디 아니ㅎ리니〈楞嚴6:96b〉

　　　라. 圖로뻐 님금ㄱ | <u>받ㅈ옵곡</u> 鳳ㅇ로뻐 큰 道理를 <u>드리워</u> 中興ㅎ신

　　　　王業을 다시 빗내야〈杜詩17:2a〉

　　　마. 네 <u>드르라</u> 흙과 나모와로 天像佛像을 <u>밍ㄱ습곡</u> 天佛을 恭敬ㅎ

　　　　ㅎ바 저를 ㅎㄴ니〈月釋4:36a〉

　　　바. 제 子細히 <u>ㅅ랑ㅎ약</u> 哀慕를 添히 말라〈楞嚴2:54b〉

　　　사. 막다히를 가져 미리 마고듸 <u>막다각</u> 免티 몯ㅎㄴ닌 쏘에셔 더

　　　　은 거시 업스니〈救方하66a〉

(72) 가. <u>죽곡</u> 주그며 <u>나곡</u> 나〈楞嚴4:30a〉

　　　나. 흔 몸애 五趣 내샤 <u>내시곡</u> 내시니〈月釋20:7a〉

　　　다. 녀눈 구루메 벼리 <u>들락</u> <u>나락</u> ㅎ고〈杜詩3:12a〉

　　　라. 나리 뭇드록 주류믈 초마 西로 <u>가락</u> 쏘 東으로 오놋다〈杜詩

　　　　17:19a〉

위 (70)은 대등 접속어미 '-고'에 보조사 '-ㄱ'이 통합한 경우이고, (71)은
종속 접속어미 '-고', '-어', '-다가'에 '-ㄱ'이 통합한 경우이다. (72 가, 나)는
동일 어휘가 반복되는 접속 구성인 점에서 (70), (71)과 구별되는 경우인

듯하나 박용찬(2006)에서 (72)의 경우도 '죽고 나서 또 죽으며', '내시고 나서 또 내시니' 정도로 해석되는 계기 접속문으로 분류한 바 있다. (72 다, 라)에서 '-락'은 접속어미 '-라'에 '-ㄱ'이 통합하여 형성된 것으로 동작이 번갈아 바뀌는 것으로 해석된다.

선행 연구에 따르면 '-ㄱ'은 강조 정도의 의미를 가진 보조사라 하겠는데, 이 보조사의 경우에 대등 접속문과 종속 접속문의 선행절에 모두 통합하여 나타난다는 점이 주목되는 부분이다. 뒤에서 언급하겠지만 현대국어 연구에 따르면 대등 접속문보다는 종속적 구조를 가지는 종속 접속문의 선행절에 보조사가 통합하는 것이 일반적이기 때문이다.

다음은 '-ㄱ'과 유사한 통합 양상을 보이는 보조사 '-ㅇ'과 '-ㅁ'이다.

(73) 더으몃 더러 머그라〈救方상70b〉

(74) 가. 葉波國에 가 太子ㅅ 宮門애 다ᄃ라 막다히 딥곰 흔 발 들옴 셋더니〈月釋20:64a〉

　　 나. 가ᄀ기 놀라비 니러셔다가 쏘 도로 앉곰 ᄒ실씨〈月釋 20:106a〉

　　 다. 쇠리 자밤 서로 니스니〈南明상27〉

　　 라. 諸公은 니섬 臺省애 오ᄅ거늘〈杜詩15:36b〉

위 (73)은 나열의 '-(으)며'에 '-ㅇ'이 통합한 경우이고, (74)는 계기의 '-고'와 '-어'에 '-ㅁ'이 각각 통합한 경우이다. 여기에서도 '-ㅇ'이 나열의 '-(으)며'에 통합하여 나타난 경우는 '-ㄱ'과 함께 주목할 부분이다. 한편, '-ㅁ'은 종속 접속문의 선행절에만 통합하여 나타나는데, 이는 앞으로 살펴볼 보조사와 유사한 통합 양상이다.

다음으로 '-ᄊ'의 통합 양상을 살펴보도록 하겠다.[34]

(75) 가. 그 ᄯᆞ리 그 말 듣고ᅀᅡ 金 바리예 다마 尼連水ㅅ ᄀᆞ새 가니라
〈釋詳3:40b〉

나. 지조 겻구고ᅀᅡ 須達이와 舍利弗왜 精舍ᄅᆞᆯ 짓더니〈釋詳6:35a〉

다. 모든 湯水와 雜直와 香과로 그르슬 싯고ᅀᅡ 後에 甘露ᄅᆞᆯ 담듯
ᄒᆞ니라〈楞嚴8:2b〉

라. 내 王 말ᄊᆞᆷ 듣ᄌᆞᆸ고ᅀᅡ 내 ᄆᆞᅀᆞ미 싀ᄃᆞᆫ과이다〈釋詳24:29b〉

마. 菩薩이 魔王 降服히시고ᅀᅡ 正覺을 일우시니라〈月釋4:14b〉

바. 글월 보고 ᄌᆞ셰히 묻져주고ᅀᅡ ᄀᆞᆺ 노하 보내ᄂᆞ니〈飜老상52a〉

사. 녜 부못 거상애는 빙소ᄒᆞ고ᅀᅡ 쥭 머그며 녀ᄂᆞ 齊衰홀 거상애
ᄂᆞᆫ 사오나온 밥과 믈만 먹고〈飜小7:10b〉

(76) 가. 羅睺羅ㅣ 道理ᄅᆞᆯ 得ᄒᆞ야ᅀᅡ 도라와 어마니ᄆᆞᆯ 濟渡ᄒᆞ야〈釋詳
6:4a〉

나. 사ᄅᆞ미 히므로 三千大千 나라ᄒᆞᆯ ᄀᆞ라 이 모든 地種을 다ᄒᆞ야
다 먹 밍ᄀᆞ라 千國土 디나ᅀᅡ 흔 드를 點을 ᄂᆞ리와 이 ᄀᆞ티
올ᄆᆞ며〈法華3:89a〉

다. 너ᄅᆞᆯ 기들워ᅀᅡ 우리 도라갈 황호 사기ᄅᆞᆯ 의론ᄒᆞ오리니 네 모로
매 일즈시 오나라〈飜老하56b〉

라. 理ㅣ 實로 다 닷가ᅀᅡ 비르서 圓覺애 마ᄌᆞ리니〈圓覺하3-2:60b〉

마. 名實을 다시 모로매 니저ᅀᅡ 비르서 올ᄒᆞ리라〈金三2:56b〉

(77) 가. 고마ᅵ 나혼 子息을 네 이대 길어 ᄌᆞ라거든ᅀᅡ 네 다른 남진
어르라〈三綱烈26〉

나. 너 婆羅門아 ᄯᅡ히 해 더우며 축축거늘ᅀᅡ ᄯᅩ 몰애와 돌콰로

---

34) 15세기 국어 '-ᅀᅡ'는 이현희(1995)를 참고.

플와 菜蔬ㅣ 아니 날씨〈楞嚴6:93a〉

다. 아래 네 어미 나를 여희여 시름으로 <u>사니거늘삭</u> 오늘 네 어

미 너를 여희여 눗믈로 사니ᄂ니라〈月釋8:86a〉

강조 보조사 '-삭'는 종속 접속어미와만 통합하여 나타나는 제약을 가진
다. (75)는 '-삭'가 계기의 접속어미 '-고'에 통합한 경우이고, (76)은 계기
의 '-어'에 통합한 경우이고35), (77 가)는 조건의 '-거든'에, (77 나, 다)는 '-
거늘'에 통합하여 나타난 경우이다. (77 나, 다)에서 '-거늘'은 배경의 '-은
데'로 교체할 수 있는 배경 접속어미로 쓰인 구성이다. 즉, '-삭'는 종속 접
속문 중에서도 계기, 조건, 배경 접속문에 나타나는 통합 양상을 보인다.

다음은 주제(대조) '-ᄂ'이 접속어미에 통합한 경우이다.36)

(78) 가. 王이 車匿이 <u>보시곤</u> 太子 가신 되 가려 ᄒ더시니〈釋詳3:34b〉

　　　나. 王이 ᄉ랑ᄒ샤미 <u>도외야ᄂ</u> 도ᄅ혀 나를 ᄇ리ᄂ다 ᄒ고〈釋詳
　　　　　11:29b〉

　　　다. 나히 ᄌ라매 <u>니르런</u> 血氣 ᄀ독ᄒ더니〈楞嚴2:5a〉

　　　라. 輪王太子ㅣ 職受호매 가즐비시니 <u>發心ᄒ얀</u> 반ᄃ기 싸홀 다ᄉ
　　　　　리며〈楞嚴8:28b〉

　　　마. ᄂ출 <u>도라ᄂ</u> 웃ᄂ다〈杜詩25:52b〉

---

35) 15세기 국어에서 '-어삭'가 조건의 의미 기능으로 쓰이는 예도 확인된다. 아래는 조건의
　　'-어삭'로 보이는 예를 제시한 것이다.

　　가. 諸佛도 <u>出家ᄒ샤삭</u> 道理를 닷ᄀ시ᄂ니 나도 그리 호리라〈釋詳6:12a〉
　　나. 三世 諸佛이 다 이 經을 브트샤 <u>修行ᄒ샤삭</u> 비르서 成佛을 得ᄒ시ᄂ니라〈金剛46b〉
　　다. 내 이제 <u>엇뎨ᄒ야삭</u> 地獄 잇ᄂ 싸해 가리잇고〈月釋21:25a〉
　　라. 너희들히 大衆과 諸天ㅅ히믈 <u>請ᄒ야삭</u> 城의 드리ᄉᄫ리라〈釋詳23:24a〉
　　마. 뎌 階差ㅣ 업고 行을 닐올뗀 功을 <u>싸하삭</u> ᄉ뭇ᄎ리니〈永嘉상22b〉

36) 국어에서 '-ᄂ'이 '주제'와 '대조'의 기능을 가지고 있다는 점은 그간의 논의에서 밝혀진
　　사실이다. 채완(1976) 참고.

위 (78 가)는 '-ᄂᆞᆫ'이 계기의 '-고'에 통합하여 나타난 경우이고, (78 나, 다, 라, 마)는 계기의 '-어'에 통합하여 나타난 경우이다. 여기에서도 '-ᄂᆞᆫ'이 종속 접속어미와만 통합하는 사실을 확인할 수 있다. 한편, '-ᄂᆞᆫ'이 배경의 '-어'에 통합하는 경우가 발견된다. "비록 妄心 中에 東西南北이 잇다 니ᄅᆞ나 理예 이션 엇뎨 이시리오"〈金剛28a〉인데 이 예는 '비록 망심 중에 동서남북이 있다 말하지만 이치에 있어서는 어찌 있겠느냐' 정도로 해석되는 구문으로 배경의 '-어' 뒤에 '-ᄂᆞᆫ'이 통합한 것으로 파악된다.

다음은 '-셔'가 접속어미에 통합한 경우이다.[37]

(79) 가. 이 邪ᄒᆞᆫ 사ᄅᆞ미 제 한 過ᄅᆞᆯ <u>짓고셔</u> ᄯᅩ 梵行 아닌 일 닐어〈圓覺하3-1:85b〉

　　나. 그듸는 劉毅의 從來로 뵈옷 <u>닙고셔</u> 願ᄒᆞ던 이ᄅᆞᆯ 웃디 말라〈杜詩11:40b〉

　　다. 우리 무른 ᄇᆞ슥차 밥 비브르 <u>먹고셔</u> ᄃᆞ니노니〈杜詩25:11b〉

　　라. 춤기르메 ᄎᆞ쇠ᄅᆞᆯ ᄃᆞᆷ가 <u>두고셔</u> ᄇᆞᄅᆞ라〈救簡6:58b〉

　　마. 歡樂ᄋᆞᆯ <u>ᄆᆞᆺ고셔</u> 도라오ᄆᆞᆯ 思念ᄒᆞ노라〈杜詩22:55a〉

(80) 가. 一切 四象이 <u>니러셔</u> 合掌ᄒᆞ야〈月釋15:82b〉

　　나. 벼개예 <u>굽스러셔</u> 구슬 ᄀᆞᄐᆞᆫ 남글 ᄉᆞ랑ᄒᆞ고〈杜詩20:21a〉

　　다. 오래 <u>누어셔</u> 病든 허튀ᄅᆞᆯ 몯 ᄡᅳᆯ가 시름ᄒᆞ야〈杜詩6:49b〉

　　라. 定果色ᄋᆞᆫ 定力이 至極ᄒᆞᆯᄊᆡ 一切 色애 다 <u>自在ᄒᆞ야셔</u> 定으로 色을 니ᄅᆞ왇ᄂᆞ니〈月釋1:36b〉

　　마. 孤ᄂᆞᆫ <u>져머셔</u> 어버ᅀᅵ 업슨 사ᄅᆞ미오〈釋詳6:13a〉

---

37) '-셔'와 관련해서 크게 두 가지의 문제가 있다. 하나는 '-셔'의 문법화의 문제이고, 다른 하나는 '-셔'의 범주 문제이다. 본고는 이태영(1988), 하귀녀(2005)의 논의를 받아들여 15세기 국어에서 '-셔'를 문법화된 형태로서 조사의 기능을 가진 것으로 간주하겠다.

위 (79)는 계기의 '-고'에 보조사 '-셔'가 통합한 경우이고, (80)은 '-어'에 보조사 '-셔'가 통합한 경우이다. (80 가, 나)는 계기의 '-어'이고, (80 다, 라)는 '오래 누어 있었기 때문에', '모든 빛(형체)에 다 자재하여서 정으로 빛을 일으키나니' 정도로 해석되는 원인의 '-어'이고, (80 마)는 '어려서는' 정도로 해석되는 배경의 '-어'이다. 즉, 보조사 '-셔'는 종속 접속문 중에서 계기와 원인, 배경에 통합하여 나타나는 특성을 가지고 있다.

그런데 보조사 '-셔'가 분석되지 않는 구성도 확인된다.

(81) 가. 비 틀길 아디 몯ᄒ며셔 그 믈 구부믈 怨望ᄒ려 호미로다〈永嘉하126b〉

나. 말ᄒ며 우숨 우스며셔 주규믈 行ᄒ니 쑴긴 피 긴 깊 거리예 ᄀ득ᄒ얏도다〈杜詩6:39a〉

다. 옷 밧디 아니ᄒ고 자며셔 안부를 묻더라〈飜小9:75a〉

라. 나모 미틔 이셔셔 서늘ᄒ 딕 쉬며셔 자더니〈飜老상27b-28b〉

위 (81)의 '-며셔'는 '-면서' 정도로 해석되는 구성이다. 즉 (81)은 선행절과 후행절의 사태 사이에 동시의 시간 관계가 두드러지게 나타나기 때문에 동시의 '-며셔'로 파악하는 것이 옳을 듯하다. 만약 그렇지 않고 나열의 '-(으)며'에 '-셔'가 통합한 것으로 본다면 문맥적 의미도 맞지 않을뿐더러 보조사 '-셔'가 나열의 접속어미에 통합하여 나타난다는 기술을 해야 하는 어려움이 따른다.

다음으로 보조사 '-도'의 통합 양상을 살펴보자. 그런데 15세기 국어에서 보조사 '-도'가 '-고도'와 '-어도', '-다가도' 등에서 확인되는데, '-고도'와 '-어도'의 경우는 선행절과 후행절이 양보의 의미 관계로 해석되는 경우도 있다. 이때는 '-고도', '-어도'를 분석하지 않고 양보의 통합형 접속어미로 보기로 한다. 이 경우에 '-도'를 분석하게 되면 양보의 의미가 사라지기 때문이다.

(82) 가. 四衆을 머리셔 <u>보고도</u> 쏘 부러 가 절ᄒ고〈釋詳19:30a〉

　　　나. 네 衆生이 부텨씌 닐굽 도놀 <u>布施ᄒᅀᆞᆸ고도</u> 몸 ᄇ려〈楞嚴
　　　　　10:90b〉

　　　다. 이 比丘ㅣ 經典을 專히 讀誦티 아니ᄒ고 오직 절ᄒ야 머리셔
　　　　　四衆 보매 <u>니르러도</u> 쏘 부러 가 절ᄒ야〈月釋17:84a〉

　　　라. 번득히 달옴 업스며 이제 나히 여쉰 둘헤 <u>니르러도</u> 쏘 달옴
　　　　　업스이다〈楞嚴2:9a〉

(83) 가. 믈읫 有情이 비록 如來씌 道理 <u>빅호다가도</u> 尸羅ᄅᆞᆯ 헐며〈釋詳
　　　　　9:13a〉

　　　나. 큰 므레 <u>ᄠᅥ가다가도</u> 일후믈 일ᄏᆞᄅᆞ면〈釋詳21:2b〉

위 (82 가, 나)는 계기의 '-고'에 보조사 '-도'가 통합하여 나타난 경우이다. 그런데 허웅(1975 : 586)에서 (82 가, 나)의 경우를 나열의 '-고'로 파악한 바 있다. 그러나 선행절과 후행절의 사태가 이어지는 관계로 해석될 수 있고 사태와 사태 사이에 시간의 간격이 나타나므로 시간의 경과, 즉 계기적 사건으로 해석할 수도 있다.

　(82 다, 라)는 '-어'에 '-도'가 통합하여 나타난 경우이다. 이 경우도 양보의 의미가 아주 없는 것은 아니지만 역동의 의미가 보다 두드러지게 나타나기 때문에 이를 분석하고자 한다. 이와 같은 '-어도' 구성을 분석해야 한다는 것은 박용찬(2006)에서 이미 지적한 바 있는데 '-어도' 뒤에 '쏘'가 나타난 구성은 후행절의 부사 '쏘'에 의하여서 거듭 일어나는 역동의 의미가 두드러지게 나타나기 때문에 분석해야 한다는 것이다. 이를 받아들여 (82 다, 라)의 '-어도'는 양보의 접속어미로 보지 않고 '-어'에 '-도'가 붙은 것으로 처리하기로 한다. 한편, (83)은 동시의 '-다가'에 '-도'가 통합한 경우이다.

　다음 (84)는 '-브터', '-곳', '-다가'가 접속어미에 통합한 경우이다.

(84) 가. 如來 브리고브터 能히 그 言論辯을 다ᄒ리 업스니라〈法華
　　　　4:8a〉

　　나. 너희 ᄒᆞ혀 사라옷 도라니거든 내 싀어미를 이대 셤기라〈三綱
　　　　런던烈19〉

(85) 가. 太子를 請ᄒᆞᅀᆞᄫᅡ다가 안치ᅀᆞᄫ니〈釋詳3:33a〉
　　나. 이제 너를 올ᄒᆞᆫ 녁 웃니를 주노니 天上애 가져다가 塔 일어
　　　　供養ᄒ라〈釋詳23:7b〉
　　다. 爲頭 도ᄌᆞ기 나를 자바다가 겨집 사마 사더니〈月釋10:25a〉
　　라. 四天王이 金 바리란 ᄇ리고 銀 바리를 가져다가 몬졋 양ᄋ로
　　　　ᄉ발바 받ᄌᆞᄫ늘〈月釋4:56b〉

위 (84 가)는 보조사 '-브터'가 접속어미 '-고'에 통합한 경우로 하귀녀
(2005), 박용찬(2006)에서 출발점의 보조사 '-브터'를 제시한 용례이다. 15
세기 국어에서 '브터'는 대부분 동사 '븥-'의 활용형으로 쓰이지만 위 (84
가)는 계기의 '-고'에 보조사 '-브터'가 통합한 유일한 예라 할 수 있겠다.

　다음 (84 나)는 강조의 '-곳'이 계기의 '-어'에 통합한 구성으로 '너희가
행혀 살아(서) 돌아오거든 내 시어미를 잘 섬거라' 정도로 해석된다. 여기
에서 '-곳'은 선행절의 행위를 강조한다고 볼 수 있다. 한편 '-곳'을 "부러
머리셔 오ᅀᆞ보니 이제 어즙고옷 ᄒᆞᆫ 거시 이셔이다"〈月釋20:34b〉, "그 사ᄅᆞ
미 먹고 ᄠᅡᄒᆞ면 어딋던 다시 먹고옷 ᄒᆞ료"〈月釋20:90a〉처럼 보조 동사 구
성에서도 확인할 수 있다.

　(85)는 보조사 '-다가'가 계기의 '-어'에 통합한 경우로 선행절의 사태에
이어서 후행절의 사태가 일어나는 것으로 해석된다. 이때 '-다가'는 방법
정도의 의미로 해석된다.

　지금까지 살펴본 접속어미와 보조사의 통합관계를 정리하면 아래의 표
와 같다.38)

(84) 접속어미와 보조사의 통합

의미	목록	대등 접속문	종속 접속문	어형(접속어미+보조사)
강세	ㄱ	●	●	'-곡', '-억/악', '-다각'
	ᄼᅡ	×	●	'-고ᄼᅡ', '-어ᄼᅡ', '-거늘ᄼᅡ', '-거든ᄼᅡ'
	ㅁ	×	●	'-곰', '-엄/엄'
	ㅇ	●	×	'-명'
	곳	×	●	'-어곳'
주제(대조)	는	×	●	'-곤', '-언', '-어는'
출발점	셔	×	●	'-고셔', '-어셔'
	브터	×	●	'-고브터'
역동	도	×	●	'-고도', '-어도', '-다가도'
방법	다가	×	●	'-어다가'

'●'은 해당 접속문에 통합하여 나타난다는 표시이고, '×'은 해당 접속문에 통합하여 나타나지 않는다는 표시이다.

위의 표에서 주목되는 사실은 보조사 '-ㄱ', '-ㅇ'이 유일하게 대등 접속어미 '-고'와 '-(으)며' 뒤에 통합하여 나타나는 점과, 보조사 '-ᄼᅡ', '-는', '-곳', '-셔', '-브터', '-도', '-다가' 등이 종속 접속어미 뒤에만 통합하여 나타나되 종속 접속문 중에서도 주로 계기와 원인, 배경 접속문에 통합하여 나타난다는 점이다.

먼저 '-ㄱ'와 '-ㅇ'이 대등 접속어미에 나타난 사실을 고려해 보자. 그런데 '-ㄱ'과 '-ㅇ'이 대등 접속어미에 통합하여 나타나기는 하지만 그 수가 예외적이라 할 수 있을 정도로 그 수가 많지 않다. 사실, 15세기 국어 당시 '-ㄱ'과 '-ㅇ'의 의미는 그리 선명하지 않다. 김진형(1995)에서는 '-ㄱ'과

---

38) 박용찬(2006)에 따르면 본고에서 다룬 보조사 외에도 접속어미에 통합하여 나타나는 '-만뎡', '-만' 등의 보조사가 더 있으나 그 예가 너무 적기도 하고 논란의 여지가 있는 경우도 있어서 본고에서는 함께 다루지 않았다.

'-ㅇ'을 음성적 효과를 노린 무의미 요소로 파악한 바 있을 정도로 그 의미는 분명하지 않으며 의미적 측면보다는 음성적 측면에서 작용한 요소로도 볼 수 있을 것이다. 이에 본고는 대등 접속어미에 '-ㄱ'과 '-ㅇ'이 나타난 현상을 '-ㄱ'과 '-ㅇ'의 기능 약화 내지 음성적 효과에 기인한 것으로 보고자 한다. 물론 이를 증명할 근거는 부족하지만 그 특수적 분포를 고려하면 그리 추정해 볼 수 있을 것이다. 그러므로 대등 접속문의 선행절에 '-ㄱ'과 '-ㅇ'이 나타난 것에는 큰 의미를 두지 않는 것이 바람직해 보인다.

다음으로 주요 보조사가 종속 접속문에 통합한 사실을 생각해 보자. 기존 논의에서 보조사의 통합이 주요 관심 대상이 된 것은 선행절과 후행절의 대등성 혹은 종속성과 관련된 현상으로 보기 때문이다. 즉, 선행절과 후행절이 대등한 구성을 보이는 대등 접속문은 선행절에 보조사가 통합하는 것이 구조의 균형을 깨기 때문에 통합하지 않지만 종속 접속문은 선행절이 후행절에 종속적 관계를 가지기 때문에 보조사가 선행절에 통합하는 것이 용인된다는 것이다. 이는 내포문 어미 뒤에 보조사가 자유로이 통합하는 사실과도 관련되어 종속 접속문의 특성으로 지적되어 온 현상이다. 이러한 현상이 15세기 국어에서도 동일하게 보이는 것은 종속 접속문의 의존성이 15세기 국어나 현대국어나 동일한 것으로 이해할 수 있겠다.

그런데 15세기 국어의 경우에 이 보조사가 종속 접속문 중에서도 조건, 계기, 원인, 배경 등에서만 확인되는 것이 특징적이다. 문헌 자료의 제약 현상에서 비롯된 결과로 볼 수도 있겠지만 이 통합 양상을 다르게 해석해 볼 수도 있을 것이다. 현대국어 접속문을 중심으로 연구한 김영희(1988)에 따르면 현대국어에서 분열문 형성이 가능한 '원인', '계기' 접속문에는 한정 조사 '는, 도, 만, 야'가 붙을 수 있는데, 이는 선행절이 후행절의 구성 성분으로서 통사적 독립성을 가지지 못하는 증거가 된다고 주장하였다. 또한 분열문 형성이 불가능한 접속문에는 이 한정 조사가 붙을 수 없는데 이는 선행절과 후행절이 각기 독립적임을 뒷받침한다고 하였다. 이를 받아들이면 조건, 계기, 원인, 배경 등이 통사적 독립성을 가지지 못하는 증거로 볼 수 있다. 특히 조건, 계기, 원인 등이 주목되는 것은 이은경(2000)에서 지적한 바 있는 정도성의 양상이 이 보조사의 통합에서도 확인된다는 점이다. 종속 접속문 중에서도 더 종속적인 것과 덜 종속적인 것을 구분하여 다룬 바 있는데, 이러한 사실을 보여주는 15세기 국어 현상으로 다룰 수 있기 때문이다.

결론적으로 말하자면 보조사의 통합 양상은 대등 접속문과 종속 접속문을 가르는 기준이 되면서도 종속성을 보여주는 현상으로 지적될 수 있다는 점에서 중요한 접속문의 현상이라 하겠다. 여기에서의 종속성 문제는 다음 장에서 살펴볼 통사적, 의미적 특성에서도 이와 같은 현상으로 여겨지는 부분이 있어 흥미로운 관심 대상이 된다.

4. 요약

이제까지 접속어미와 선어말어미의 통합관계, 그리고 접속문에서의 선어말어미의 통합 양상을 살펴보았다. 또한 접속어미에 통합하는 보조사를 중심으로 그 통합관계를 검토하였다.

3.2에서는 접속어미에 통합하는 선어말어미를 확인하고 선어말어미가 접속문의 유형에 따라서 어떠한 통합 양상을 보이는지 살펴보았다. 여기에서 통합 양상은 각 선어말어미가 선행절과 후행절에 독립적 분포를 보이는 것이 일반적인지 아니면 후행절에 의존하여 해석되는 것이 일반적인지를 말한다. 검토한 내용을 아래와 같이 다시 제시하기로 한다.

① 접속문에서 '-(으)시-'의 통합관계 및 독립성
　　가. '-(으)시-'는 접속어미와 통합관계상 특별한 제약을 보이지 않는다.
　　나. '-(으)시-'는 동일 주어 접속문에서도 선행절과 후행절에 각각

독립적으로 통합하여 나타난다.

다. 그러나 계기 접속문의 경우에 선행절의 존칭 주어가 후행절
에 의존하여 해석되기도 한다.

라. 한편, 의도의 접속문의 경우에는 후행절에 의존하여 해석되
는 것이 일반적이다.

② 접속문에서 '-슬-'의 통합관계 및 독립성

가. '-슬-'은 접속어미와 통합관계상 특별한 제약을 보이지 않는
다.

나. '-슬-'은 동일 객어문이든 비동일 객어문이든 선행절과 후행
절에 각각 독립적으로 나타난다.

다. 그러나 계기 접속문의 경우에 '-슬-'은 후행절에 의존하여 해
석되기도 하고, 경우에 따라서는 선행절에만 나타나기도 한다.

라. 의도 접속문에서도 '-슬-'은 경우에 따라서 선행절에만 나타
나기도 한다.

③ 접속문에서 '-느-'의 통합관계 및 독립성

가. '-느-'는 '-(으)니'와만 통합하여 나타나는 제약을 보인다.

나. '-느-'는 '-(으)니'가 이끄는 접속문에서 선행절이 현재 상황을
가리킬 때 선행절에 독립적으로 통합하여 나타난다.

④ 접속문에서 '-더-'의 통합관계 및 독립성

가. '-더-'는 '-(으)ㄴ댄', '-(으)ㄴ딘', '-든', '-(으)니'의 접속어미와만
통합하여 나타나는 제약을 보인다.

나. '-(으)니'가 이끄는 접속문에서 선행절이 과거의 상황을 가리
킬 때 '-더-'가 선행절에 통합하여 나타나기도 하고 생략되어
나타나기도 한다.

⑤ 접속문에서 '-(으)리-'의 통합관계 및 독립성

    가. '-(으)리-'는 '-(으)며', '-(으)ㄹ쎈', '-관대', '-(으)니', '-거늘', '-거니와' 등 다양한 접속어미와 통합관계를 보인다.

    나. 나열의 '-(으)며'가 이끄는 대등 접속문의 경우에 선행절이 미래의 상황을 가리킬 때 '-(으)리-'가 후행절에 의존하여 해석되는 경향을 보이나 선행절에 독립적으로 통합하여 나타나기도 한다.

    다. '-(으)ㄹ쎈', '-관대', '-(으)니', '-거늘', '-거니와' 등이 이끄는 종속 접속문의 경우에 선행절이 미래의 상황을 가리킬 때 '-(으)리-'가 선행절에 독립적으로 나타난다. '-(으)리-'가 후행절에 나타난 경우는 선행절까지 그 영향을 미치지 못한다.

⑥ 접속문에서 '-오-'의 통합 관계 및 독립성

    가. 인칭법 '-오-'는 '-(으)나', '-거니와', '-(으)니', '-건마른', '-(으)ㄴ댄', '-(으)ㄴ딘' 등의 접속어미와만 통합하여 나타나는 제약을 보인다. 그런데 '-(으)ㄴ댄', '-(으)ㄴ딘'은 인칭 활용을 보이지 않는다.

    나. 위 '-거니와', '-(으)나', '-(으)니'의 접속 구성은 선행절과 후행절의 주어가 1인칭 주어일 때 '-오-'가 선행절과 후행절에 독립적으로 통합하여 나타난다.

    다. 그러나 나열의 '-(으)며', 계기 '-고', '-어', 동시 '-다가', 원인의 '-어', 조건의 '-(으)면', 의도의 '-(으)라', '-고져' 등의 경우는 선행절과 후행절의 주어가 1인칭일 때 '-오-'가 후행절에만 통합하여 나타나는 경향을 보인다.

검토한 결과, 경어법 선어말어미는 접속어미에 자유롭게 통합하여 나타나지만 시제법, 인칭법 선어말어미는 상당한 제약을 보이는 사실을 확인할 수 있었다. 그런데 사실 '선어말어미 - 접속어미'의 통합 관계는 기존의 논의에서도 어느 정도 지적되어 왔다. 그럼에도 불구하고 본고에서 살펴보게 된 것은 앞서 언급했듯이 접속문 전반에 대한 검토가 필요하다는 판단과 선어말어미들의 독립적 분포를 알아보기 위함에서이다. 선어말어미의 독립적 분포는 선행절과 후행절에 선어말어미의 분포 환경이 주어졌을 때 선행절과 후행절에 모두 통합하여 나타나는 것이 일반적인지 후행절에만 나타나는 것이 일반적인지를 살펴본 것이다. 이에 몇몇의 경우에 아주 흥미로운 사실이 발견되었다.

먼저는 경어법 선어말어미의 독립적 분포인데, 경어법 선어말어미가 대체로 선행절과 후행절에 모두 통합하는 독립적 분포를 보이는 경향에 비해 계기와 동시는 후행절에 의존적이어 해석되는 의존적 분포로 나타나는 일이 많았다. 나아가 의도 접속문은 후행절에 의존하여 해석되는 의존적 분포가 일반적 경향으로 파악되었다. 이러한 분포적 차이, 특히 종속 접속문의 경우에 각각의 접속문에 따라 분포 차이를 보이는데 이는 무엇을 말해주는 것일까? 지금으로서는 그에 대한 분명한 해석을 본 논문에 담아낼 수 없지만 각각의 종속 접속문이 지니는 의미적 의존성의 차이에서 비롯된 것이 아닌가 한다. 즉, 동일한 종속 접속문이라 할지라도 선행절과 후행절이 지니는 의미적 의존성은 다를 것이다. 이러한 의미적 의존성이 선어말어미의 통합 양상의 차이를 일으킨 것이 아닌가 한다. 그러나 이에 대한 적극적인 논의를 이끌기에는 어려움이 있다. 보다 다양하고 많은 현상을 통해서 접근할 필요가 있기 때문이다.

한편, '-(으)리-'의 독립적 분포와 인칭법 '-오-'의 독립적 분포도 흥미롭다. 특히 '-오-'의 경우는 대등 접속문의 경우에 선행절과 후행절에 독립적 분포를 보이나 종속 접속문은 후행절에 의존적 분포를 보이는 일이 많다. 이것만 보면 대등 접속문과 종속 접속문으로 구분되는 이분법적 분류의 모습을 보이는 결과라 할 수 있겠지만 나열이나 배경의 경우는 반대의 분포를 보이기도 하기 때문에 대등 접속문과 종속 접속문을 가르는 완전한 기준은 될 수 없다. 다만 대등 접속문과 종속 접속문에 따라 어느 정도 차이를 보이는 것은 대등 접속문과 종속 접속문의 특성을 이해하는 데에 도움을 줄 수 있을 것이다.

3.3에서 접속어미와 보조사 통합 양상을 살펴보았다. 검토 결과, 접속어미에 통합하는 보조사는 '-이', '-ㅁ', '-ㄱ', '-새', '-곳', '-는', '-셔', '-브터', '-도', '-다가' 등인데 이들은 접속어미에 따라 제약 분포를 보이는 사실을 확인하였다. 특히, '-이', '-ㄱ' 등은 대등 접속어미에 통합하여 나타나고, '-ㄱ', '-ㅁ'을 포함한 나머지 보조사들은 종속 접속어미와 통합하는 사실을 확인하였다. 여기에서 흥미로운 사실은 '-이', '-ㄱ'이 대등 접속어미에 통합하는 점과 '-새', '-곳', '-는', '-셔', '-브터' '-도' , '-다가' 등이 종속 접속어미에 통합하되 몇 접속어미와만 통합하여 나타나는 점이다. 본고는 전자의 경우가 일반적인 보조사의 분포와 달리 대등 접속어미와 통합하는 사실에 초점을 두고 이는 '-ㄱ', '-이'이 지니는 의미 혹은 기능에서 비롯된 것으로 보았다. 15세기 국어에서 '-ㄱ', '-이'의 의미가 불분명할뿐더러 그 기능이 음성적 효과에 있다는 논의를 참고하여 '-ㄱ'과 '-이'이 대등 접속어미에 통합하는 현상에 큰 의미를 두지 않았다.

그런데 '-새', '-곳', '-는', '-셔', '-브터', '-도' 등이 종속 접속어미와만 통합하는 것은 종속 접속문의 선행절이 후행절에 의존적인 관계에서 비롯된 것으로 종속 접속문의 특성을 보여주는 현상으로 파악된다. 나아가 이 보조사가 모든 종속 접속문에 통합하는 것이 아니라 조건이나 원인, 계기 등의 종속 접속문에만 통합하는 사실에 초점을 두어 그 현상을 해석하였는데, 이는 종속 접속문이라 할지라도 각각 선행절과 후행절의 의미적 의존성 정도가 다를 것으로 보고 이 의미적 관계가 보조사의 통합에 반영된 것이 아닌가 한다. 하지만 의미적 의존성에 대해서는 보다 체계적이고 다양한 논의가 요구된다.

본장에서 검토한 내용을 종합하자면, 접속어미의 앞과 뒤에 통합하여 나타나는 선어말어미와 보조사의 통합 양상이 크게는 대등 접속문과 종속 접속문에 따라 차이를 보인다고 말할 수 있다. 물론 몇 접속문에 한해서는 전체적인 경향성과는 다른 방향의 현상으로 나타나기도 하지만 대등 접속문과 종속 접속문에 따라서 나뉘는 경향성은 부인할 수 없다. 이는 대등 접속문과 종속 접속문의 구조적, 의미적 차이를 보여주는 현상으로 파악된다. 이러한 특징은 다음으로 살펴볼 4장과 5장에서도 나타날 것으로 예측된다.

제4장

접속문의 통사적 특성

1. 도입

접속문의 통사적 연구는 접속문의 고유한 특성뿐 아니라 대등 접속문
과 종속 접속문의 차이를 보여줄 수 있는 현상으로 지적되면서 국어학 연
구에서 관심을 받아온 분야이다. 그러나 15세기 국어 접속문 연구에서 통
사적 검토는 그리 오래되지 않았을뿐더러 주로 인칭 제약과 서법 제약,
시제법 제약 등 몇 현상을 중심으로 검토되었는데[1] 현대국어에 비해 보
다 다양하고 밀도 있는 연구가 이루어지지 않은 점은 사실이다. 무엇보다
도 접속문이 선행절과 후행절의 의미뿐 아니라 통사적으로도 매우 긴밀
한 관계를 가지고 있기 때문에 두 절 사이의 통사적 특성이 면밀하게 밝
혀질 때에야 접속문의 면모가 완전하게 드러날 것은 주지의 사실이다. 따
라서 공시적 연구에서 접속문의 통사적 연구는 매우 중요한 영역임은 분
명하다. 이에 본 장에서는 그동안 통사적 측면에서 연구된 접속문의 논의
를 15세기 국어 접속문 연구에 적극 받아들여 15세기 국어 통사적 특성을
밝히고, 아울러 15세기 국어 차원에서 대등 접속문과 종속 접속문의 차이
를 확인하고자 한다. 나아가 각 접속문이 지니는 고유한 특성도 확인될
것으로 기대한다.

국어 접속문 연구에서 통사적 논의는 남기심(1985), 유현경(1986), 김영
희(1988), 최재희(1991), 이관규(1999) 등이 초기의 연구이다. 이들 연구
에서 선·후행절의 자리 바꾸기, 선행절의 위치 이동, 후행절의 주제어 실
현, 재귀화의 실현, 생략 현상 등이 주로 논의되었다. 이 현상은 대등 접

---

1) 현대국어에서는 선행절의 위치 이동, 주제어 실현, 재귀화의 실현, 생략 현상 등 다양한
   통사적 논의가 심도 있게 진행되어 왔다. 특히 최근에 접속문의 통사 구조가 새롭게 조
   명되기 시작하면서 선행절과 후행절 사이의 통사적 특성이 면밀하게 검토되어 왔다.
   남기심(1985), 유현경(1986), 김영희(1988), 최재희(1991), 이관규(1999), 이필영(1994),
   임홍빈·장소원(1995), 고광주(1999), 이은경(2000), 김정대(2004), 허철구(2005), 이정훈
   (2008) 등이 대표적 연구이다. 이러한 현대국어의 연구에 비하면 15세기 국어에서 접속
   문의 통사적 논의는 매우 미약하다 할 수 있다.

속 구성과 종속 접속 구성을 가르는 기준으로 사용되었고, 이후에 이 통사적 논의가 바탕이 되어 종속 접속문을 절의 연결로 볼 것인가 아니면 내포 구성으로 볼 것인가의 논의로 확대되었다. 특히 종속 접속문을 내포절의 하나로 보고자 하는 논의는 기존의 분류 방식과는 달리 통사적 연구를 기반으로 해서 나타난 결과라는 점에서 주목을 받아왔다. 하지만 이 주장은 접속문의 의미적 측면에서 제기되는 문제를 해결해야 할 것이다.

한편, 이은경(2000)은 임홍빈·장소원(1995)의 논의를 발전시킨 것으로 접속문을 '절-연결어미 구성'과 '동사구-연결어미 구성'으로 구분하여 앞서 검토한 통사적 논의와 함께 선어말어미의 독립성, 부정의 영역, 언표내적 효력 등을 통해서 절의 정도성을 논의하였다. 접속문에 대한 논의는 아니지만 서정목(1985), 이영민(1991)이 접속문에서의 의문문 해석 및 의문사와 의문어미의 호응을 통해서 통사적 방벽을 논의하였는데 이 논의도 접속문의 연구에서 참고할 만하다. 이 논의의 핵심 내용은 같은 종속 접속문이라 할지라도 동일한 방벽 현상을 보이지 않는다는 것인데, 이는 종속 접속문을 통사적 측면에서 다시 세분화할 수 있다는 점에서 흥미로운 결과라 할 수 있다.

본 장에서는 이러한 선행 논의를 토대로 15세기 국어 접속문의 통사적 특성을 살펴보고자 한다. 그러나 이동 현상이나 삽입 현상, 대용 현상 등은 검토 대상에서 제외하기로 한다. 이들은 상대적으로 다양한 예문과 부정적 자료를 필요로 하거나 주로 직관에 의존해야 하는 경향이 있기 때문에 본고에서 논의하기에 어려움이 있다. 이에 본 장에서는 아래의 특성을 통해서 15세기 국어 접속문의 선행절과 후행절 사이에서 보이는 통사적 특성이 어떠한지를 살펴보도록 하겠다.

(1) 검토할 통사적 현상

    가. 주제어 표지 '-는'의 통합 양상

    나. 부정사 '아니', '못', '아니ᄒ-', '못ᄒ-'의 실현 양상 및 부정 범위

다. 의문사의 실현 양상 및 의문어미와의 호응 관계
라. 주어 명사구 생략 현상
마. 문체법 통합 현상
바. 분열문 형성

위의 특성들을 통해서 15세기 국어 접속문이 어떤 통사적 양상을 보이는
지를 접속문의 유형에 따라서 검토하기로 한다. 여기서 밝혀진 통사적 특
성들의 차이는 특히 대등 접속문과 종속 접속문의 차이를 확인하는 데에
도움이 되리라 생각한다.

2. 주제어 표지 '-는'의 통합 양상

국어에서 조사 '-는'은 대조 혹은 주제의 의미 기능을 가지고 있다.[2] 이
조사 '-는'의 연구가 진행되면서 '-는'의 통합 양상이 접속문의 논의에서 언
급되기 시작하였는데, '-는'이 접속문의 논의에 적용된 것은 유현경(1986),
김영희(1988), 최재희(1991), 임홍빈·장소원(1995), 이은경(2000) 등에서
이다. 이들의 논의에서 '-는'이 통합한 명사구를 주제어로 보고 이 주제어
가 대등 접속문의 경우에는 선행절과 후행절에 모두 나타나지만 종속 접
속문의 경우에는 후행절에만 통합하여 나타나는 사실을 확인하였다. 나아
가 이러한 '-는'의 통합 양상이 대등 접속과 종속 접속의 통사 구조의 차

---

2) 국어 연구에서 주제어에 대한 연구가 임홍빈(1972)와 채완(1976)에서 본격적으로 논의
되었다 할 수 있는데 이들의 논의에 의하면 topic-comment 구조에서 주제(topic)는 화
자와 청자가 이미 알고 있는 정보이며, 이 주제(topic)가 되는 명사나 명사구는 국어에
서 '-는'에 의하여서 표시된다는 것이다. 즉 조사 '-는'이 주제의 의미 기능을 가지고 있
음을 지적한 것이다. 이어서 '-는'이 주제뿐 아니라 "철수는 대학생이지만 동생은 초등
학생이다."처럼 대조의 의미 기능을 가지고 있음도 지적되었다.

이뿐 아니라 종속 접속문과 내포문 구조의 유사성을 말해준다고 보았다. 한편, 이은경(2000)에서는 선행절에서의 '-는'의 출현 여부에 초점을 두고 '-는'의 실현을 검토하였는데, 대등 접속 구성은 물론이고 몇몇의 종속 접속 구성의 경우에도 '-는'이 선행절에 통합 가능한 사실을 지적하였다. 그 결과 '-는'의 통합 양상이 대등 접속 구성과 종속 접속 구성을 가르는 절대적 기준이 될 수 없음을 기술하였다.

지금까지의 논의를 고려해 볼 때 접속문에서 '-는'의 통합을 다음과 같이 정리할 수 있겠다.

가) 대등 접속문에서 '-는'은 선행절과 후행절에 모두 나타난다.
나) 종속 접속문에서 '-는'은 후행절에만 나타나는 것이 일반적이나 선행절과 후행절 모두 나타나는 경우도 있다.

접속문에서 '-는'의 통합은 어느 정도 경향성을 띠는데 대등 접속문은 선·후행절에 모두 나타나는 경향을 보이지만 종속 접속문은 후행절에만 나타나는 경향을 보인다. 물론 몇몇 접속문은 위와 같은 성격과 다르게 나타나는 경우도 존재하지만 대등과 종속 접속문이 일정한 경향을 보이는 것은 분명하다. 위와 같이 나타나는 '-는'의 통합이 선행절과 후행절의 구조적·의미적 특성과 밀접한 관계를 가지는 것은 이미 알려진 사실이다.

그런데 15세기 국어 '-는'이 각 접속문마다 어떠한 통합 양상이 보이는지 이 통합 양상이 대등 접속문과 종속 접속문에 따라 어떻게 실현되는지는 통사적 측면에서 연구된 바가 없다. 물론 15세기 국어가 현대국어와 동일한 통합 양상을 보일 수도 있으나, 다른 모습으로 나타날 수도 있기 때문에 15세기 국어 '-는'의 통합 양상을 면밀하게 관찰할 필요가 있다. 만약 현대국어와 다른 모습을 보인다면 15세기 국어의 접속문의 특징으로 파악할 수 있을 뿐 아니라 현대국어와 비교할 수 있는 역사적 검토 작업이 될 것이다.

그럼, 아래 예문부터 검토하기로 하자.

(2) 가. <u>善은</u> 됴홀 씨오 <u>逝는</u> 갈 씨오 <u>解는</u> 알 씨니〈釋詳9:3b〉

나. <u>調御는</u> 이대 다스릴 씨오 <u>丈夫는</u> 게여븐 남지니니〈釋詳9:3b〉

다. <u>一萬玉女는</u> 金瓶에 甘露 담고 <u>一萬玉女는</u> 香水 담고〈月釋 2:32a〉

라. 그 뫼해 흔 <u>仙人은</u> 南녁 堀애 잇고 흔 <u>仙人은</u> 北녁 堀애 잇거든〈釋詳11:25a〉

마. <u>法 フ릇치느닌</u> 스승이오 <u>비호느닌</u> 弟子ㅣ라〈月釋1:9a〉

바. <u>아랫 세 하느른</u> 煩惱ㅣ 만흐고 <u>믓 우흿 두 하느른</u> 너무 게을이 便安흐고〈釋詳6:36a〉

사. 싸흔 그딋 모기 두고 <u>남フ란</u> 내 모기 두어〈釋詳6:26a〉

아. <u>둟 門원</u> 서리와 이슬왜 히오 <u>玉殿엔</u> 이시 퍼러흐도다〈杜詩 6:17b〉

자. <u>수플 아래는</u> 늘개 드리운 새 잇고 <u>믌 가온된</u> 녈 비 업도다〈杜詩10:21a〉

위 (2)는 나열의 '-고'가 이끄는 대등 접속문으로 '-는'이 선행절과 후행절의 성분에 모두 통합하여 나타난 예문이다. (2 가, 나, 다, 라, 마, 바)는 '-는'이 주어 명사구에 통합한 경우이고, (2 사)는 목적어 명사구에 통합한 경우이다. (2 아)는 '-는'이 부사어 명사구에 통합한 경우이고, (2 자)는 '-는'이 부사어 '아래'와 '가온된'에 각각 통합하여 나타난 경우이다. 이처럼 나열의 접속문은 '-는'이 선행절과 후행절에 모두 나타나는 것이 자연스럽게 느껴진다. 이 경우에 '-는'이 한 절에만 나타나는 일은 거의 없기 때문이다.

그런데 아래는 나열의 '-고'가 이끄는 접속 구성에서 '-는'이 선행절에만 나타나고 후행절에는 조사 '-이'가 나타난 경우라는 점에서 주의가 요구된다.

(3) 가. <u>녀느 하ᄂᆞ랫 지븐</u> 업고 <u>네찻 하ᄂᆞ랫 지비</u> 잇더라〈釋詳6:36b〉

　　 나. 그 ᄢᅴ <u>六師이 무른</u> 다 모댓고 <u>舍利弗이</u> ᄒᆞ오ᅀᅡ 아니 왯더니
　　　　　　〈釋詳6:29b〉

위 (3)과 같이 나타난 예는 극히 드문 경우로 예외라 할 만큼 그 예가 매우 적다. 하지만 나열의 '-고'에 의해 접속된 구성임을 틀림없기에 주의가 요구되는데 일반적인 나열 구성과는 그 의미 관계가 다르게 느껴진다. (3 가)는 '다른 하늘의 집은 없고(없지만) 네 번째 하늘의 집만 있더라' 정도로 해석되고, (3 나)는 '그 때 육사의 무리는 다 모여 있고(있지만) 사리불만 혼자 오지 않았다' 정도로 해석된다. 즉 위 (3)의 예는 대조의 의미 관계를 가진 구성으로 해석되면서 후행절의 성분이 강조되는 것으로 해석하는 것이 보다 자연스럽게 느껴진다.3) 특히 문맥상 후행절의 주어에 '-만'을 통합하여 해석하는 것이 보다 자연스러운 것도 이를 말해주는 듯하다. 따라서 위 (3)은 나열의 '-고'를 취하였지만 일반적인 나열 구성이 아닌 대조 관계의 보이는 구성으로 처리하여 (2)의 경우와는 구분할 필요가 있다.4) 정리하자면 (2)처럼 전형적인 나열 구성에서는 '-ᄂᆞᆫ'이 선 · 후행절

---

3) 본고의 해석에 따르면 본문 (3)의 예에서 후행절의 '-이'가 강조 정도로 해석된다고 볼 수 있는데, 국어에서 '-이'가 강조 · 초점의 기능을 가지고 있다는 논의는 여러 연구자들의 의하여서 제기된 바 있다. 15세기 국어에서도 강조 · 초점의 '-이'로 보이는 예들이 존재한다. 아래 예를 살펴보자.

　　 <u>理ㄹ</u> 求호ᄆᆞᆫ 二乘의 기운 眞이오〈永嘉13a〉

위 예에서 '-ㅣ'는 목적어인 명사 '理'에 통합한 것으로 주격조사로서 해석될 수 없는 경우이다. 이때 '-ㅣ'는 주격조사가 아닌 강조 혹은 초점의 조사로서 기능하는 것으로 판단된다. 이에 대한 정밀한 논의는 후고를 기약하기로 하겠다.

4) 한편, 아래처럼 '-ᄂᆞᆫ'이 나열의 '-(으)며' 접속문에서 후행절에만 실현된 것처럼 보이는 경우도 확인된다. 그러나 구조를 면밀히 살펴보면 '-ᄂᆞᆫ'이 후행절에만 통합한 것이 아님을 알 수 있다. 다음 예를 살펴보자.

　　 가. 王이 보시고 ᄯᅡ해 업더디여 우르시며 俱夷ᄂᆞᆫ 몯 고개ᄅᆞᆯ 안고 우르시더라〈釋詳 3:34b〉

에 모두 통합하는 것이 자연스럽지만, 나열보다는 대조의 의미 관계를 보이는 '-고' 접속의 경우에는 후행절의 성분이 강조될 때 '-ᄂᆞᆫ'이 선행절에만 통합하는 경우가 존재한다.

이제 선택의 접속문을 살펴보자. 그런데 선택의 접속문은 대부분 동일 주어문으로 나타나기 때문에 '-ᄂᆞᆫ'이 선행절과 후행절에 모두 실현된 경우는 확인하기가 어렵다. 다만 동일 주어문에서 '-ᄂᆞᆫ'이 주어 명사구에 통합하여 나타난 경우와 주격 조사 '-이'가 통합하여 나타난 경우로 구분 지을 수 있겠다.

(4) 가. <u>세차힌</u> 山行ᄋᆞᆯ ᄒᆞ거나 노ᄅᆞᄉᆞᆯ ᄒᆞ거나 婬亂ᄋᆞᆯ 맛들어나 수으를 즐기거나 듧써버 조심 아니ᄒᆞ다가〈釋詳9:37a〉

나. <u>이 사ᄅᆞᄆᆡ 行李ᄂᆞᆫ</u> 逆거나 順커나 올커나 외어나 호매〈南明하

가'. 車匿이 寶冠 가져 도라오나ᄂᆞᆯ 王이 보시고 짜해 업더디여 우르시며 俱夷ᄂᆞᆫ ᄆᆞᆯ 고개ᄅᆞᆯ 안고 우르시더라〈釋詳3:34b〉

가''. [[車匿이 寶冠 가져 도라오나ᄂᆞᆯ]
[[[[王이 보시고] [(王ᄋᆞᆫ) 짜해 업더디여 우르시]]며] [[(俱夷ㅣ 보시고)] [俱夷ᄂᆞᆫ ᄆᆞᆯ 고개ᄅᆞᆯ 안고 우르시]더]]라]

위 (가)는 '왕이 보시고 땅에 엎드려 우시며, 구이는 말 고개를 안고 우시었다' 정도로 해석되는 대등 접속문으로 언뜻 보기에는 후행절 주어 명사구에만 '-ᄂᆞᆫ'이 실현된 것처럼 보이는 경우다. 그런데 위 (가)는 주의 깊게 살펴보면 위 (가'')의 구조에서 비롯된 것으로 이해할 수 있다. 즉, 이 예는 차익이 태자를 데리러 갔으나 태자와 함께 오지 않고 태자의 보관과 태자가 타고 간 말 건특이를 데리고 돌아오는데, 이를 본 태자의 아버지인 정반왕과 태자비인 구이(야수다라)가 서러워 통곡하는 장면이다. 따라서 이 예문은 '[車匿이 寶冠 가져 도라오나ᄂᆞᆯ]'과 '[[王이 보시고 짜해 업더디여 우르시며] [俱夷ᄂᆞᆫ ᄆᆞᆯ 고개ᄅᆞᆯ 안고 우르시더라]]'로 분석된다. 이러한 구조를 '[ ]'로 표시한 것이 위 (가'')인데, 후행절을 분석해 보면 위 (가'')처럼 '王이 보시고 (王ᄋᆞᆫ) 짜해 업더디여 우리시며'와 '(俱夷ㅣ 보시고) 俱夷ᄂᆞᆫ ᄆᆞᆯ 고개ᄅᆞᆯ 안고 우르시더라'로 재구성할 수 있다. 즉 위 예는 동일 성분이 생략된 구성이다. 선행절의 주어가 '王'으로 나타난 것은 '王이 보시고 (王ᄋᆞᆫ) 짜해 업더디여 우르시며'의 계기의 접속 구성에서 후행절의 주어가 생략되어 나타난 구성이기 때문이고, 후행절의 주어가 '俱夷ᄂᆞᆫ'으로 나타난 것은 '(俱夷ㅣ 보시고) 俱夷ᄂᆞᆫ ᄆᆞᆯ 고개ᄅᆞᆯ 안고 우르시더라'의 계기 접속 구성에서 선행절이 생략되어 나타났기 때문이다. 따라서 위 (가)는 종속 접속 구성에서 후행절의 주어 명사구에 '-ᄂᆞᆫ'이 실현된 것으로 해석해야 한다.

20b〉

다. <u>의 사르미</u> 듣니거나 셔거나 ᄒ야셔〈釋詳21:52b〉

라. <u>의 衆生돌히</u> 菩薩ㅅ 일훔 듣거나 菩薩ㅅ 像을 보거나 이 經 三字 五字 시혹 一偈 一 句 드루메 니르러도〈月釋21:99b〉

마. <u>아돌이</u> 나거나 똘이 나거나 엇뎨 ᄒ리잇가〈月釋8:83a〉

바. <u>阿闍世王이</u> 오시거나 <u>彌勒이</u> 下生커시나 ᄒ면〈釋詳24:6b〉

위 (4 가, 나)는 선행절의 주어에 '-ᄂᆞᆫ'이 통합한 경우이고, (4 다, 라, 마, 바)는 선행절의 주어에 주격 조사 '-이'가 통합한 경우이다. 그런데 이 두 경우 중에서 후자로 나타나는 일이 많다. 후자처럼 '-이'가 통합하는 것이 대부분이다. 이러한 통합은 선택의 의미 관계와 관련된 것으로 보인다. 선택의 의미 관계는 미정 혹은 가상의 의미를 가지기 때문에 구정보의 성격을 지닌 '-ᄂᆞᆫ'보다는 신정보와 잘 어울리는 '-이'가 통합하는 것이 자연스러운 것이다.

다음, 대조 접속문의 경우는 '-(으)나' 접속 구성과 '-거니와' 접속 구성이 대표적 접속 구성인데 '-ᄂᆞᆫ'이 통합이 두 접속 구성에서 차이를 보이는 점이 흥미롭다. 먼저 '-(으)나' 접속 구성을 살펴보자.

(5) 가. <u>人이</u> 雖有南北이나 <u>佛性은</u> 本無南北ᄒ며〈六朝상23a〉

나. <u>일후미</u> 비록 잢간 ᄀᆞᆮᄒ나 <u>ᄠᅳ든</u> 미리 다ᄅᆞ니라〈楞嚴8:53b〉

다. <u>三災ㅣ</u> ᄀᆞ득ᄒ나 <u>行業은</u> 믈 ᄀᆞ니라〈永嘉上42a〉

위 (5)에서와 같이 대조의 '-(으)나'가 이끄는 접속문은 '-ᄂᆞᆫ'이 후행절에만 통합하는 경우만 확인된다. 사실, '-(으)나' 접속문은 "威音이 비록 滅ᄒ시나 法音이 滅티 아니ᄒᆞᆯᄊᆡ"〈月釋17:87a〉처럼 선·후행절 주어 명사구에 '-이'가 통합하여 나타나는 경우가 많다. 그런데 '-ᄂᆞᆫ'이 통합할 경우는 위 (5)처럼 실현되는데 현대국어 직관으로는 '-ᄂᆞᆫ'이 모두 통합하는 것이 자연스럽다. 위 (5 가)는 '사람이(/은) 비록 남북이 있으나 佛性은 본래 남북이 없다', (5 나)는 '이름이(/은) 비록 잠깐 같으나 뜻은 다르다', (5 다)는 '三災가(/는) 가득하나 行業은 맑다(깨끗하다)' 정도로 해석된다.

그렇다면 왜 (5)와 같은 '-는'의 통합 양상이 나타날까? (5)와 같은 대조 접속문도 나열의 접속문처럼 각 절이 독립적 성격을 가지기 때문에 (5)처럼 나타나는 일이 가볍게 느껴지지 않는다. 그런데 지금으로서 이에 대한 명쾌한 해석을 내릴 수는 없다. 하지만 '-(으)나'가 이끄는 대조 접속문의 경우에 선행절과 후행절이 가지는 대등적 관계가 나열이나 선택 접속문에 비해 약하기 때문에 나타난 현상이 아닌가 한다. 즉, '-(으)나'가 이끄는 대조 접속문의 경우는 다른 대등 접속문에 비해 선행절과 후행절의 의미적 관계가 덜 대등적인 관계를 가지기 때문에 '-는'의 통합이 일반적 대등 접속문과 다른 양상을 보이는 것으로 해석된다.[5] 그러나 이에 대해서는 보다 정밀하고 지속적인 관찰이 요구된다.

한편, 대조의 '-거니와'가 이끄는 경우에는 '-는'이 선행절과 후행절에 모두 나타나는 일이 많다.

(6) 가. 내 <u>如來ㅅ 法身</u>은 보ᅀᆞ뱃가니와 <u>如來ㅅ 妙色身</u>은 몯 보ᅀᆞ뱃노니〈月釋4:31b〉

나. <u>病호 새는</u> 오직 굢닙 아래 깃기ᅌᅥᆺ거니와 <u>늘난 매는</u> ᄀ 드로매 하ᄂᆞᆯ홀 ᄀ리텨 ᄂᆞᄂᆞ니라〈南明하16a〉

다. <u>君子는</u> 고들파 透迤히 ᄃᆞ니거니와 <u>小人은</u> 馳驟호ᄆᆞᆯ ᄀᆞ가ᄒ놋다〈杜詩11:26a〉

라. <u>삶지ᄂᆞᆫ닌</u> 變이 ᄃᆞ외어니와 <u>삶지디 아니ᄒᄂᆞᆫ닌</u> 變이 아니라〈楞嚴2:10a〉

---

5) 이은경(2000 : 267)에서도 대조 접속문의 경우에 두 절의 사태가 중립적으로 연결된 것처럼 보이지만 실제로는 화자의 관심은 후행절에 있다고 지적한 바 있다. 그리하여 이은경(2000)은 대조 접속문은 그 대등성이 대등 접속문 중에서 가장 낮은 것으로 제시하였다.

위 (6)은 '-거니와'가 이끄는 대조 접속문으로 '-눈'이 선행절과 후행절에 모두 나타나고 있다.6) 선행절과 후행절이 대조 관계를 이루는 접속문의 특성상 위 (6)처럼 나타나는 것은 매우 자연스러운 표현이다.

그런데 아래처럼 대조의 '-거니와' 접속 구성에서 '-눈'이 선행절에만 통합하여 나타나는 몇 예가 확인된다.

> (7) 가. 十地菩薩이 俗애 섯거 衆生 利호ᄆ 如來와 곧거니와 오직 가
> 믹 逆順이 如來와 다ᄅ니〈楞嚴8:51b〉
>
> 나. 悟ᄂ 能히 迷를 알어니와 迷ㅣ 엇뎨 悟를 알리오〈永嘉하92a〉
>
> 다. 世尊하 나ᄂ 부텻 히ᄆ로 無量壽佛와 두 菩薩을 보ᅀᄫ나니와
> 未來옛 衆生이 엇뎨 ᄒ야ᅀ 無量壽佛와 두 菩薩을 보ᅀᄫ려뇨
> 〈月釋8:17b〉

위 (7)은 '-눈'이 선행절의 명사구에만 통합하여 나타나고 후행절의 명사구에는 '-이'가 통합하여 나타난 경우로 일반적인 대조의 '-거니와' 구성뿐 아니라 앞서 검토한 '-(으)나' 접속 구성과도 차이를 보인다는 점에서 시선을 끈다. 뿐만 아니라 종속 접속문처럼 '-눈'이 후행절에만 나타나는 것과도 차이를 보이고 있어 주의가 요구된다.

(7 가, 나)는 '-눈'이 통합한 성분이 선행절에만 나타난 경우로 앞서 검토한 (3)의 예들과 유사하다. (7 가)는 '十地菩薩이 속세에 섞여 중생을 이

---

6) 아래는 대조의 기능으로 보이는 '-거늘'이 이끄는 접속문으로 이때도 '-눈'이 선행절과 후행절에 각각 통합하여 나타나는 것을 확인할 수 있다.

> 가. 尊者ᄂ 양지 端正ᄒ고 슬히 보드랍거시늘 나ᄂ 양지 덧굿고 슬히 세요이다〈釋詳24:35a〉
>
> 나. 王은 ᄒ오ᅀ 尊貴ᄒ샤 便安코 즐겁거시늘 나ᄂ ᄒ오ᅀ 艱難코 쏘 누니 머로이다〈月釋11:10a〉
>
> 다. 부텨는 三界 밧긔 버서나샤 長常 便安ᄒ거시늘 衆生은 버서날 이를 아니ᄒ야 六趣에 ᄃ뇨되〈釋詳3:20b〉

롭게 함은 여래와 같지만 오직 가는 것에 逆順만은 여래와 다르니' 정도로 해석되고 (7 나)는 '悟는 능히 迷을 알겠지만 迷가 어찌 悟를 알겠느냐' 정도로 해석된다. (7 가)는 후행절에 쓰인 부사 '오직'을 통해서도 후행절의 내용이 선행절에 비해 강조되고 있음을 알 수 있고, (7 나)는 후행절에 쓰인 수사의문문을 통해서 후행절이 강한 부정의 내용을 담고 있음을 알 수 있다. 따라서 (7 가, 나)도 (3)과 같이 '-거니와' 대조 접속문의 경우에 후행절의 성분이 강조될 때 '-는'이 선행절에만 통합하는 경우가 나타나는 현상으로 해석된다.

그러나 (7 다)는 (7 가, 나)와는 다른 현상으로 보인다. (7 다)는 '세존이시여! 나는 부처의 힘으로 無量壽佛과 두 菩薩을 뵈었지만 미래의 중생은 어찌하여야 無量壽佛과 菩薩을 뵐 수 있습니까' 정도로 해석된다. 즉 후행절에도 '-는' 정도가 통합한 문장으로 해석하는 것이 보다 자연스럽게 느껴진다. 그렇다면 어떠한 이유로 후행절 주어 성분에 '-는'이 나타나지 않고 주격 조사가 통합하였을까? 분명하지는 않지만 특히 후행절에 '엇뎨 ᄒ야ᅀᅡ'가 나타나면서 후행절의 구조가 선행절의 구조와 달리 '[[未來옛 衆生이 엇뎨 ᄒ야ᅀᅡ [(未來옛 衆生이) 無量壽佛와 두 菩薩을 보ᅀᆞᄫᅵ려뇨]]'처럼 복합 구성이 다시 앞의 절과 통합하는 복잡한 구성을 갖게 되어 집필자가 잘못 판단한 것이 아닌가 한다. 물론 이러한 구성에서 모두 (7 다)와 같은 양상이 나타나는 것은 아니지만 복잡한 구조가 집필자의 판단에 영향을 줄 것은 충분하다.

지금까지 대등 접속문에서 '-는'이 통합한 명사구의 실현 양상을 살펴본 결과, 나열의 접속문의 경우에는 '-는'이 통합한 명사구가 선행절과 후행절에 각각 실현되는 것이 일반적인 경향임을 확인하였고, 선택의 접속문의 경우에는 주격 조사 '-이'가 실현되는 것이 일반적이며 대조의 경우는 '-(으)나'와 '-거니와'가 다른 양상을 보이는 것을 확인하였다. 이제까지 살펴본 내용을 정리하면 아래와 같다.

(8) 대등 접속문에서 주제어 표지 '-는'의 통합 양상

　　가. 나열 접속문의 경우에는 '-는'이 선행절과 후행절에 모두 통
　　　　합하여 나타나는 것이 일반적이다.

　　나. 선택 접속문의 경우에는 주격 조사 '-이'가 통합하여 나타나
　　　　는 것이 일반적이다.

　　다. 대조 접속문의 경우에는 '-거니와'와 '-(으)나' 접속 구성이 다
　　　　른 양상을 보인다. '-거니와'의 경우에는 '-는'이 선행절과 후
　　　　행절에 모두 통합하여 나타나는 것이 일반적이나, '-(으)나'의
　　　　경우에는 '-는'이 통합하지 않거나 후행절에만 통합하여 나타
　　　　나는 것이 일반적이다.

그럼, 이제 종속 접속문의 경우를 살펴보자. 종속 접속문은 '-는'이 통합
하는 경우가 그리 많지 않기 때문에 우선 확인되는 예들을 통해서 그 특
성을 확인하기로 하겠다.

(9) 가. 내 네게 드로믈 묻거든 <u>너는</u> 드로믈 니르고〈楞嚴4:127b〉

　　나. 첫 燈明브터 못 後ㅅ 燈明에 니르리 <u>二萬佛이</u> 겨시거든 <u>然燈은</u>
　　　　곧 못 後ㅅ 燈明ㅅ 王子ㅣ시니라〈法華1:100b〉

　　다. 갈기예 <u>구스리</u> 뻬옛거든 솔로 빗기면 <u>늘근 구스른</u> 뻐러디고
　　　　〈月釋1:27b〉

　　라. <u>善女人이</u> 八百萬億 那由他 恒河沙 等 諸佛을 供養ᄒᆞᅀᆞᄫᆞ면 <u>네</u>
　　　　<u>뜨덴</u> 엇뎨 너기는다〈釋詳21:21b〉

　　마. 鞍馬로 秦塞로 ᄂᆞ려가면 <u>王城은</u> 北辰에 通ᄒᆞ니라〈杜詩22:28a〉

(10) 가. <u>내</u> 비록 能히 블 븥는 門애 便安히 나고도 <u>아ᄃᆞᆯᄃᆞᆯᄒᆞᆫ</u> 火宅 안
　　　　해 노ᄅᆞᆺ술 즐겨 아디 몯ᄒᆞ며 두리디 아니ᄒᆞ야〈月釋12:23a〉

　　나. <u>부톄</u> 비록 滅度ᄒᆞ고도 <u>法身은</u> 샹녜 잇는 젼ᄎᆞ라〈釋詳23:4a〉

다. <u>未來世</u>옛 <u>諸佛</u>이 비록 百千億 無數諸法門을 닐어도 <u>그 實</u>은 一乘을 爲호미라〈法華1:225a〉

라. <u>아바님</u> 슬ᄒ신둘 <u>淨居天</u>은 ᄠᅳᆮ 달아 太子ㅅ 몸애 袈裟 니피ᅀᆞᄫ니〈月曲21a〉

마. <u>耶輸</u>ㅣ 울어신마ᄅᆞᆫ <u>帝釋</u>은 ᄠᅳᆮ 달아 太子ㅅ 마리를 塔애 ᄀᆞ초ᅀᆞᄫ니〈月曲20b〉

위 (9)는 조건의 접속문에서, (10)은 양보의 접속문에서 '-ᄂᆞᆫ'이 후행절에만 통합하여 나타난 경우이다. 이처럼 '-ᄂᆞᆫ'이 후행절에만 통합하는 양상은 종속 접속문의 전형적인 특성으로 파악된다. 조건이나 양보 접속문의 경우에 '-ᄂᆞᆫ'이 선행절에 통합한 경우는 확인되지 않는다. 이처럼 '-ᄂᆞᆫ'이 한 절에만 나타나는 현상이 내포문에서도 확인되는데 이른바 내포절 주제어 제약 현상이다. 종속절에 해당되는 내포절에는 주제어가 실현되지 않는다는 것인데 위 (9), (10)처럼 종속 접속문에서 '-ᄂᆞᆫ'이 후행절에만 통합하고 선행절에 통합하지 않는 것과 유사하다. 이에 종속 접속문에서 '-ᄂᆞᆫ'이 선행절에 통합하는 현상을 접속절 주제어 제약 현상으로 다룰 수 있을 듯하다.[7)]

---

7) 한편, 아래처럼 원인의 '-(으)ㄹ씨'와 '-완ᄃᆡ'가 이끄는 종속 접속문에서 '-ᄂᆞᆫ'이 오히려 선행절에만 나타난 것으로 보이는 경우가 확인되어 주의가 요구된다.

(1) 가. <u>불휘 기픈 남ᄀᆞᆫ</u> ᄇᆞᄅᆞ매 아니 뮐씨 (불휘 기픈 남ᄀᆞᆫ) 곶 됴코 여름 하ᄂᆞ니〈龍歌2〉
나. <u>나ᄂᆞᆫ</u> 一切衆生 아니완ᄃᆡ (나ᄂᆞᆫ) 어엿비 아니 너기샤 내 바블 아ᅀᆞ시ᄂᆞ니잇가
〈月釋11:4a〉

본문에서 검토하였듯이 종속 접속문의 경우에는 '-ᄂᆞᆫ'이 후행절에만 통합하는 것이 자연스럽다. 그러나 위의 경우는 원인 접속문에서 '-ᄂᆞᆫ'이 선행절에 나타난 것처럼 보이는 경우이기 때문에 흥미롭다 하겠다. 그런데 위처럼 종속 접속문에서 '-ᄂᆞᆫ'이 선행절에 실현될 수 있는 경우는 우선 선·후행절의 동일 명사가 존재해야 한다. 그렇지 않으면 '-ᄂᆞᆫ'이 실현되는 일이 없다. 따라서 위 경우는 먼저 동일 명사 삭제에 의해서 후행절의 주어가 생략되고 이어서 선행절의 주어가 맥락 해석에 의해 전제 혹은 대조의 '-ᄂᆞᆫ'이 통합하게 된 것으로 파악된다. 현대국어에서 조건 접속문의 경우도 '나는 시험에 합격

그런데 배경의 '-(으)니', '-오딕'가 이끄는 접속문의 경우는 '-'이 선행절에 나타나는 용례가 확인된다.

(11) 가. 太子는 하눐 스스이어시니 내 어드리 구르치ᄉ링리잇고〈釋詳
　　　　3:10a〉

　　나. 모딘 곶 머근 머리는 優婆嘍茶ㅣ러니 調達이 몸이 뎌 넉시러
　　　　니〈月曲50b〉

　　다. 劉時는 齊關의 겨지비러니 齊關이 軍士ㅣ 도외여 싸호매 죽거
　　　　늘〈續三烈5a〉

　　라. 福과 힘과는 하늘콰 구토딕 하눐 힝뎌기 업스니〈月釋1:14b〉

위 (11)은 '-(으)니'와 '-오딕'가 이끄는 접속문으로 '-'이 선행절에 통합하여 나타난 경우이다. 앞서 검토한 것처럼 종속 접속문의 경우에 '-'이 선행절에 통합하지 않고 후행절에 통합하는 것이 일반적인데 위 (11)은 '-'이 선행절에 통합하고 있어 설명이 요구되는 경우이다. 그렇다면 (11)처럼 '-'이 선행절에 통합하여 나타난 이유는 무엇일까? 배경 접속문의 경우는 위 (11)과 같은 예가 많이 나타나기 때문에 예외로 처리하기에는 부담이 있다. 무엇보다도 직관적으로도 '-'이 선행절에 통합하여 나타난 예가 자연스럽게 느껴지기 때문에 이를 예외로 처리하기에 어려움이 있어 보인다.

　배경 접속문은 선행절이 후행절의 내용을 기술하기 위한 배경 혹은 설명의 기능을 한다. 이러한 의미 관계는 원인이나 조건, 양보나 결과 등의 접속문처럼 선·후행절이 긴밀한 의미적 관계를 가진 접속문에 비해 상대적으로 덜 긴밀한 관계를 가진다 하겠다. 배경 접속문의 경우에 선행절과

하면 잔치를 벌이겠다.'처럼 동일 명사 구성이고 주제 혹은 대조의 의미가 나타날 때 선행절에도 '-는'은 통합할 수 있기 때문이다.

후행절 사이에 휴지를 집어넣으려 하는 언어적 의식도 이 의미 관계에서
비롯된 것이 아닌가 한다. 즉, 배경 접속문은 다른 접속문에 비해서 선행
절이 후행절에 대해서 상대적으로 독립적 관계를(혹은 덜 종속적 관계를)
가진 구성이기에 '-는'이 다른 종속 접속문과 다르게 선행절에 나타난 것
으로 판단된다.[8]

　　한편, '-거든'이 이끄는 종속 접속문에서도 '-는'이 선행절에 통합하여 나
타난 경우가 확인된다.

(12) 가. <u>그듸는</u> 버듨 두듥에 녀거든 <u>나는</u> 渡頭ㅅ 몰애예 자다라〈金三
　　　　 4:5a〉

　　 나. 그 뫼해 <u>흔 仙人은</u> 南녁 堀애 잇고 <u>흔 仙人은</u> 北녁 堀애 잇거
　　　　 든 두 山 쓰이예 흔 식미 잇고 그 믌 ᄀ색 <u>平흔 돌히</u> 잇더라
　　　　 〈釋詳11:25a〉

　　 다. <u>本覺眞如는</u> 조흔 누니 근거든 <u>熱翳ㅅ 氣韻은</u> 根本無明이 근ᄒ
　　　　 니〈月釋11:75b〉

　　 라. <u>欲愛는</u> 惑을 저지거든 <u>根과 境과는</u> 業을 짓ᄂ니〈楞嚴8:13a〉

위 (12)는 '-거든'이 이끄는 접속 구성으로 '-는'이 후행절에만 나타날 것으
로 기대되는 경우이다. 하지만 (12)에서 '-는'은 선·후행절에 모두 나타나
기 때문에 문제가 된다. 그런데 위 (12)는 언뜻 보기에 '-거든'이 이끄는
조건 접속문으로 보이지만 (12 가, 나)는 배경 접속문 정도로 해석되고,
(12 다, 라)는 대조 접속문 정도로 해석된다. (12 가)는 '그대는 버들 언덕
을 거니는데 나는 나루터의 모래에서 잤다' 정도로 해석되고, (12 나)는

'그 산에 한 선인은 남쪽 굴에 있고, 한 선인은 북쪽 굴에 있었는데, 두 산 사이에 한 샘이 있고, 그 물가에 평평한 돌이 있었다' 정도의 의미로 해석된다. (12 다)는 '本覺眞如는 깨끗한 눈과 같지만 熱翳ㅅ 氣韻은 根本無明과 같으니' 정도로 해석된다. (12 라)는 '欲愛는 惑을 적시지만 根과 境은 業을 지으니' 정도로 해석된다. 따라서 (12)는 일반적인 조건 접속문과 함께 고려해서는 안 되는 경우이다.[9] 그러므로 위 (12)에서 보이는 '-는'의 통합은 앞서 검토한 대조 접속문과 배경 접속문의 경우에서 보이는 현상과 동궤의 통합 양상으로 보아야 할 것이다. 즉 위 (12 가, 나)는 배경 접속문이 가지는 의미 관계에서 비롯된 '-는'의 통합 양상인 것이고 (12 다, 라)는 대조 접속문이 가지는 의미 관계에서 비롯된 '-는'의 통합 양상인 것이다.

지금까지 살펴본 내용을 간단히 정리하면 다음과 같다.

(13) 종속 접속문에서 주제어 표지 '-는'의 통합 양상

    가. 종속 접속문에서 '-는'은 선행절에 나타나지 않고 후행절에만 나타나는 것이 일반적이나[10],

    나. 배경의 '-(으)니', '-오딕' 접속문의 경우에 '-는'이 선행절에 실현되는 경우도 확인된다.

---

9) 장윤희(1991 : 42)에서도 '-거든'이 조건의 의미 외에 '설명의 계속'으로 해석되는 경우가 있음을 지적한 바 있다. 이현희(1994)에서도 15세기 국어에서 '-거든'이 조건, 전제, 양보, 대조 등의 접속문에 쓰임을 기술한 바 있다.

10) 본고에서 원인이나 계기, 동시, 의도, 결과 접속문의 경우에 '-는'이 통합한 예를 살펴보지 못했는데, 이는 순전히 문헌 자료의 제약에서 비롯된 것이다. 해당 예를 찾을 수가 없어 제시하지 못했다. 그러나 원인이나 계기, 동시, 의도, 결과 접속문 등도 선행절과 후행절이 종속적 관계를 가지기 때문에 조건이나 양보에서 확인된 '-는'의 통합과 동일한 양상을 보일 것으로 추정된다. '-는'의 통합 양상이 단순히 의미적 관계에 의해서 나타난 현상으로 보이기보다는 통사적 측면(즉, 구조적 특성)에서 비롯된 현상으로 보이기 때문이다.

15세기 국어 접속문에서 '-는'의 실현 양상이 대등 접속문과 종속 접속문에서 다르게 나타나는 것과 대조의 '-(으)나', 배경 접속문의 경우에는 일반적인 경향과는 다른 통합 양상을 보이는 것을 확인하였다. 특히 종속 접속문의 경우에 선행절 주제어 제약 현상을 둘 정도로 강한 통합 양상을 보이는데 배경 접속문은 선행절에 '-는'이 통합하는 경우가 있어 주의가 요구된다.

3. 부정사 '아니', '몯', '아니ᄒ-', '몯ᄒ-'의 실현 양상 및 부정 범위

이 절에서는 15세기 국어 접속문에서 보이는 부정의 '아니', '몯', '아니ᄒ-', '몯ᄒ-'의 실현 양상을 살펴보고, 이를 바탕으로 후행절에 나타난 부정 요소가 어디까지 그 부정의 영향을 미치는지를 검토하고자 한다. 선행절이 후행절에 독립적인 대등 접속문과 달리 선행절이 후행절에 의존적인 종속 접속문은 이들의 실현과 그 부정의 범위가 후행절에 의존할 가능성이 클 것으로 기대된다.

국어 접속문 연구에서 부정법은 주로 부정 요소의 출현 및 부정의 범위가 검토되었는데 유현경(1986), 김영희(1988), 김종록(1992), 이은경(2000) 등이 대표적 연구이다. 이들의 논의에서 후행절에 나타난 부정 요소의 부정 범위가 접속문의 유형에 따라서 차이를 보인다는 사실이 지적되었다.[11]

---

11) 현대국어 접속문에서 보이는 부정 양상을 검토한 연구는 홍재성(1982), 이익섭·임홍빈(1983), 유현경(1986), 이현우(1986), 김영희(1988), 이상태(1988), 김종록(1992), 이은경(2000) 등이 대표적이다. 특히 김영희(1988)에서는 후행절의 부정 요소가 후행절만 부정의 범위로 삼는 것이 대등 접속문의 특성이지만 몇 종속 접속문에서도 이와 같은 특성이 보인다고 지적하였다. 김종록(1992)는 접속문에서 부정 부사 '아니', '못'의 통합 양상 및 의미 해석을 중심으로 검토하였고, 이은경(2000)에서는 부정의 해석 범위가 절-연결 어미 구성과 동사구-연결 어미 구성을 구별하는 적절한 기준으로 보기 어렵다고

이에 본 절에서는 15세기 국어 접속문에서 부정 요소들이 어떠한 실현 양상을 보이며 그 부정의 범위, 즉 후행절에 나타난 부정 요소가 선행절까지 그 부정의 의미를 미치는지 미치지 않는지를 접속의 유형에 따라서 살펴보고자 한다. 한편, 15세기 국어 부정사에 대한 논의로는 안병희(1959), 남풍현(1976), 이지영(2005) 등이 있지만 이들의 논의가 부정사에 중점을 두고 있기 때문에 접속문에서의 부정 요소들에 대한 부분은 아직까지 보고된 바가 없을 정도로 매우 미비한 상태이다.

3.1. 부정 표현과 '아니'의 통합 순서

먼저, 15세기 국어 부정 표현을 간략히 살펴보고 '아니'의 통합 순서에 대해서 생각해 보기로 하겠다. '아니'가 서술어에 직접 선행하지 않고 문두에 나타나는 경우가 확인되는데 '아니'의 통합 양상이 현대국어와 다르게 나타나 매우 흥미롭다.

15세기 국어 부정 표현은 일반적으로 부정 부사 '아니', '몯'에 의한 구문과 '아니ᄒ-', '몯ᄒ-', '말-'에 의한 구문, '없-'와 '모ᄅ-' 등에 의한 구문으로 나뉜다.[12][13]

    (14) 가. 이 法은 二乘法이 <u>아닐씨</u>〈釋詳13:41b〉

        나. 부텨 미처 보ᅀᆞᄫᆞᆯ 사ᄅᆞ미 <u>아니</u> 잇ᄂᆞ니여〈釋詳24:18b〉

        다. 그딋 ᄠᅳ들 거스디 <u>아니ᄒ노니</u>〈月釋30:36b〉

지적하고 부정 요소의 작용역은 정도의 차이를 보이므로 그 결과에 따른 선행절의 독립성을 기술하였다.

12) '아니ᄒ-'와 '몯ᄒ-'는 '아니'와 'ᄒ-'로 분석하여 15세기 국어 부정 표현에서 제외할 수 있으나 '아니ᄒ-'와 '몯ᄒ-'가 이른바 장형 부정 표현에만 사용된다는 점을 주시하여 부정 부사 '아니'와 구분하기로 한다.

13) 남풍현(1976), 이지영(2005) 참고함.

(15) 가. 네 功德은 千佛이 모다 닐어도 몯 다 니루리로다〈釋詳20:28b〉

나. 波斯匿王이 合掌ᄒ야 부텻긔 솔오ᄃᆡ 내 實로 아디 <u>몯ᄒ노이</u>
<u>다</u>〈楞嚴2:8b〉

(16) 가. 너희 두리디 <u>마라</u>〈法華3:175b〉

나. 邪曲ᄒᆫ 마리 이셔도 받고 갑디 <u>마라</u>〈月釋10:20b〉

(17) 가. 알리로소니여 <u>모루리로소니여</u>〈釋詳11:4b〉

나. 가히ᄂᆞ 佛性이 잇ᄂᆞ니잇가 <u>업스니잇가</u>〈訓蒙11b〉

(14)는 '아니', '아니ᄒ-'에 의한 부정 구문인데, (14 가)와 (14 나)를 각각
체언 부정과 용언 부정으로 구분하기도 한다.[14] (15)는 '몯'과 '몯ᄒ-'에 의
한 부정 구문이다. (16)은 '말-'에 의한 부정 구문이고 (17 가, 나)는 각각
'모루-'와 '없-'에 의한 부정 구문이다. 그런데 (17 가, 나)는 '알-', '잇-'의 반
의어로 쓰이는 것이어서 '모루-'와 '없-'을 '아니', '몯', '아니ᄒ-', '몯ᄒ-'와
구별하기도 한다.

여기에서 '아니'에 의한 부정문은 다시 명사나 명사구를 부정하는 체언
부정문과 동사나 형용사를 부정하는 용언 부정문으로 나뉜다.[15]

(18) 가. 샌른 번게도 ᄯᅩ 光明 <u>아니로다</u>〈金三1:12a〉

가´. 이 됴ᄒᆫ 느지 <u>아니로다</u>〈釋詳23:27a〉

---

14) 이지영(2005)는 용언 부정문을 동사나 형용사만을 부정하는 형식으로 한정하여 용언 부
정문을 역사적으로 연구한 논의이다.

15) 15세기 국어 부정법에 대해서는 이외에 특징적인 사실들을 확인할 수 있는데, 가령 "...
아닎 아니로소니"〈杜詩9:16a〉, "두루 아니홀 아니ᄒ시나"〈金三5:10b〉처럼 동명사 부정
이 나타나기도 하며, "크도 아니ᄒ고"〈月釋1:26b〉처럼 '-디'나 '-둘' 대신 '-도'가 나타나기
도 하는 현상이다. 이러한 현상은 남풍현(1976), 황병순(1980), 허재영(2002)에서 지적
한 바 있다.

가″. ㅎ마 수믄 고디 업스면 本來 미츄미 <u>아니</u>로다〈楞嚴4:68a〉

나. 그듸논 <u>아니</u> 듣ㅈ뺏더시닛가〈釋詳6:17a〉

나′. 邪僞히 나몬 利를 어두미 <u>아니</u> ㄵㅂ녀〈杜詩3:56b〉

나″. 새배 여희유믈 니ᄅᄂ니 <u>아니</u> 너무 샏ᄅ니여〈杜詩8:67b〉

위 (18 가, 가′, 가″)는 체언 부정의 경우로 '아니'가 명사와 명사구에 직접 후행하는 예들이고, (18 나, 나′, 나″)는 용언 부정의 경우로 (18 나, 나′)에서 '아니'는 서술어에 직접 선행하는 예들이다. (18 나″)는 용언 부정의 경우로서 '아니'가 서술어에서 떨어져 나타난 경우이다.

이상에서 검토한 결과, 15세기 국어 부정 표현이 현대국어의 부정 표현과 크게 다르지 않음을 확인할 수 있었다. 하지만 15세기 국어 부정 표현의 역사적 검토는 이보다 더 세밀하게 이루어져야 할 것이다. 현대국어와 유사하기는 하지만 완전히 동일하지는 않기 때문이다. 가령, (18 나, 나′, 나″)은 단형부정으로 쓰인 예이지만 현대국어로 하면 장형부정으로 해석하는 것이 더 자연스러워 보인다. 이러한 차이가 문법사적으로 어떤 의미가 있는지, 또한 변화의 과정은 어떠한지는 계속해서 논의되어야 할 부분이라고 생각한다.

그럼, 이제 '아니'의 통합 순서를 살펴보자. 단형 부정문에서 '아니'가 동사와 형용사에 직접 선행하는 것은 15세기 국어나 현대국어에서 가장 일반적인 통합 순서이다.[16] 그런데 '아니'가 15세기 국어에서 서술어에 직접 선행하지 않는 경우가 확인된다. 아래의 예문을 살펴보자.

(19) 가. 이 <u>아니</u> 내 鹿母夫人이 나혼 고진가〈釋詳11:32b〉

나. <u>아니</u> 님금 모미 ㄵㅂ신가〈杜詩5:8b〉

---

16) 이러한 단형 부정문에서 '아니'의 통사적 위치를 고려하여 서정목(1993)에서는 현대국어의 부정 부사 '안'을 '잘'과 함께 동사 부사, 즉 V 부가어로 처리한 바 있다.

다. 後에 <u>아니</u> 難이 이시리잇가〈六祖하66b〉

라. 쟝ᄎ <u>아니</u> 罪 어드리잇가 ᄒ야ᄂᆞᆯ〈法華3:157a〉

마. 그듸내 ᄠᅳ디 <u>아니</u> 舍利를 뫼셔다가 供養ᄒᆞᅀᆞ보려 ᄒ시ᄂᆞ니
〈釋詳23:46b〉

위 (19)는 '아니'가 동사에 직접 선행하지 않고 동사와 멀리 떨어져 나타나는 경우이다. 부사 '아니'가 동사에 직접 선행하는 것이 현대국어뿐 아니라 15세기 국어에서도 일반적이라는 점에서 (19)의 경우를 예외적인 것으로 처리할 수 있으나 그 예가 적지 않고 어느 정도 일정한 양상을 보이기 때문에 단순히 처리할 수 없는 15세기 국어의 특징적 현상으로 파악된다.

그런데 (19)처럼 '아니'가 서술어에 떨어져 나타나는 경우가 대부분 수사의문문에서 확인되는데 이 점이 주목을 끄는 부분이다. (19 가)는 '이것은 나의 鹿母夫人이 낳은 꽃이 아닌가?' 정도의 의미이고 (19 나)는 '임금의 몸이 아니 피곤하시겠는가?' 정도의 의미이며, (19 다)는 '후에 難이 있지 않겠습니까?' 정도의 의미이고, (19 라)는 '장차 죄를 얻지 않겠습니까?' 정도의 의미이며, (19 마)는 阿那律이 사람들이 제각기 舍利를 모셔다가 혼자만 공양하겠다는 생각을 알고서 꾸짖어 말하는 장면으로 '그대들 뜻이 사리를 모셔다가 공양하려 하는 것이 아니시오?' 정도의 의미를 가진다. 즉 (19)의 예들은 '아니'가 문장에 나타나지만 부정의 의미는 가지지 않고 긍정의 의미를 가지는 부정 수사의문문인 것이다.

일반적으로 부정 수사의문문은 물음의 형식을 가지고 있지만 물음에 대한 답변을 요구하지 않고 강한 긍정을 내포한다. 그러므로 위 (19)의 내용들이 '아니'에 의하여 부정문의 형식을 갖추고 있으나 이 예들은 실제 강한 긍정을 내포하는 구문으로 해석된다 하겠다. 여기에서 '아니'가 긍정의 내용에 '확인' 혹은 '강조'의 의미를 더한다고 볼 수 있는데, 이러한 의미적 요인으로 인해서 '아니'가 동사구(VP) 앞으로 그 통합 순서가 바뀌게 된 것이 아닌가 한다. 일종의 도치 현상으로 파악하는 것이다. 이지영

(2005)에서도 '아니'가 강조에 의하여서 동사구(VP) 앞에 나타나게 된 것이라 지적한 바 있다.

그런데 아래처럼 수사의문문이 아닌 문형에서도 '아니'가 서술어에서 떨어져 나타나는 경우가 확인된다.

> (20) 가. <u>아니</u> 다 낫거든 다시 머그라〈救方하:44a〉
>
> 나. 諸天을 <u>아니</u> 다 니를쑨뎡 實엔 다 왜쎠니라〈釋詳13:7a〉

위 (20)은 명령형과 평서형으로 종결된 접속문의 경우로 선행절의 '아니'가 서술어와 떨어져 나타나고 있다. (20 가)는 '약을 먹었는데 병이 낫지 않으면 약을 다시 먹으라'는 문맥적 내용을 가진 예로 조건의 '-거든'이 이끄는 접속문이고, (20 나)는 名月天子, 普香天子를 비롯하여 4대천왕이 眷屬 天子를 데려온 것을 서술하는 장면으로 '諸天을 다 이르지 않았을 뿐이지 사실은 다 와 있다'는 내용으로 양보의 '-(으)ㄹ쑨뎡'이 이끄는 접속문이다.

즉, 위 (20)은 '아니'가 서술어와 멀리 떨어져 나타난 경우로서 수사의문문이 아닌 명령문과 평서문에서 확인된다는 점이 (19)의 그것과 다르다. 그러나 본고는 이 경우도 선행절의 내용을 강조하기 위해서 '아니'가 앞으로 이동한 것으로 생각한다.

조건 접속문은 선행절의 사태가 후행절의 사태에 대한 조건으로 해석되는 접속문이고, 양보 접속문은 선행절의 사태로 인하여 후행절의 사태가 일반적으로 예상되는 결과와는 반대되는 결과가 나타나는 접속문이다. 이러한 조건 및 양보 접속문에서 후행절의 내용을 극적으로 표현하기 위해서 간혹 선행절의 사태가 강조되곤 하는데, 위 (20 가, 나)의 예가 그러한 경우라 생각한다. 조건 접속문의 선행절이 강조되는 경우는 3장에서 강조의 '-사'가 조건 접속문의 선행절에 나타난 현상과 아래처럼 강조 보조사 '-곳'이 주로 조건 접속문의 선행절에 나타나는 것과 관련된다.[17]

(21) 가. <u>아니옷</u> 머그면 네 머리를 버효리라〈月釋10:25a〉

　　　나. <u>아니옷</u> 주시면 히므로 어루 호리이다 ㅎ더니〈釋詳23:55b〉

　　　다. <u>아니옷</u> 나거든 다시 닐급 나츨 더 먹고〈救簡6:37b〉

위 예는 '-(으)면'과 '-거든'이 이끄는 조건 접속문으로 선행절의 '아니'에 강세 보조사 '-곳'이 결합한 경우이다. 강세 보조사 '-곳'이나 '-븟'이 주로 조건이나 원인의 접속문의 선행절에 결합한다는 점에서 위 자료는 (20 가, 나)에 대한 필자의 생각을 방증하는 자료라 생각한다.

　이상으로 15세기 국어의 부정 표현과 함께 접속문에서 '아니'의 통합 순서를 살펴보았다. 지금까지의 내용을 정리하면 아래와 같다.[18]

　(22) '아니'의 통합 순서

　　　가. 체언 부정에서 '아니'의 통합 순서

---

17) 15세기 국어에서 강조 보조사인 '옷/곳', '븟/봇'이 주로 조건이나 원인의 선행절에 나타나는 것도 본고의 논의를 방증하는 자료라 판단된다.

　(1) 가. 부텨옷 몯 ᄃᆞ외면 아니 니러나리라〈釋詳3:38b〉
　　　나. 恭敬 供養ㅎᅀᆞᄫᆞ리옷 잇거든 우리둘히 이 사ᄅᆞᄆᆞᆯ 衛護ㅎ야〈釋詳9:40b〉
　　　다. 이 말옷 虛티 아니홀딘댄 내 두 불히 도로 녜 ᄀᆞᆮ호리라〈釋詳20:19b〉

　(2) 가. 숨븟 아니면〈月釋8:82b〉
　　　나. 그 王이 닐오ᄃᆡ 象븟 어더 오면 너를 ᄀᆞ장 賞호리라〈月釋20:64a〉
　　　다. 王봇 너를 ᄉᆞ랑티 아니ㅎ시린댄〈釋詳11:30a〉

18) 한편, 아래 예문은 '아니'가 관형사에 직접 선행하는 경우로 이지영(2005 : 32)에서 가져온 예이다.

　비록 아니 여러 나리라도 아모 고대 간디 모ᄅᆞ노이다〈月釋21:27a〉

　이지영(2005 : 32)에서 이 예문의 '아니'가 관형사 '여러'에 선행하면서 '여러'를 수식하는 경우로 파악하였다. 즉 '여럿이 아닌 N'의 의미를 가지는 것으로 본 것이다. 그런데 이 예문에서 "아니 여러 나리라도"는 '[[아니 [[여러 낼 이]]라되'의 구조로 파악할 가능성도 있다. 이지영(2005 : 31)에서는 '아니-'가 하나의 단어이기 때문에 내부 성분인 '아니'가 문두로 도치되는 것은 통사론적으로 불가능하다 하였으나 '아니-'는 부정 부사 '아니'와 계사 '이-'로 분석하는 논의도 있다는 점을 참고할 필요가 있다.

명사나 명사구에 직접 후행한다.

나. 용언 부정에서 '아니'의 통합 순서

서술어에 직접 선행하는 것이 일반적이나 확인 및 강조의 의미적 요인에 의하여서 동사에서 떨어져 나타나기도 한다.

3.2. 부정사 실현 양상과 그 부정 범위

이 절에서는 부정사의 통합 양상을 통해서 선행절의 부정 의미가 후행절의 부정 요소에 기대어 해석되는 것이 자연스러운지 아니면 선행절에 부정 요소가 독립적으로 통합되는 것이 자연스러운지를 살펴볼 것이다. 부정사의 통합 양상은 접속문의 유형에 따라 다르게 나타날 것으로 기대된다. 선행절이 후행절에 대해서 독립적인 경우는 부정사가 선행절에 독립적으로 나타날 것이 예측되기 때문이다.

3.2.1. '아니', '몯'의 실현 양상과 그 부정 범위

먼저 '아니'의 실현 양상과 그 부정 범위를 살펴보기로 하자. 아래는 대등 접속문으로 '아니'가 후행절에 통합하여 나타난 경우이다.

(23) 가. 香의 얼구른 남기오 닉는 남기 <u>아니라</u>〈楞嚴3:25b〉

나. 므츠매 네 根이 本來 ᄒ나히며 本來 여스시 <u>아니니라</u>〈楞嚴 4:105a〉

다. 어려븐 厄을 버서나며 모딘 귓거슬 <u>아니</u> 자피리라〈釋詳 9:33a〉

라. 밤낫 울오 <u>아니</u> 나가거늘〈三綱孝7〉

마. 그 쁴 六師ㅣ 무른 다 모댓고 舍利弗이 ᄒ오사 <u>아니</u> 왯더니 〈釋詳6:29b〉

바. 比丘들하 이 사르미 디나간 國土애 點 딕거나 點 <u>아니</u> 딕거나
〈月釋14:9a〉

사. 受苦ㅅ 因이 ㅎ마 다으나 樂이 常住ㅣ <u>아니라</u>〈楞嚴9:12b〉

아. 삻지디 아니ㅎ니 삻지느닌 變이 드외어니와 삻지디 아니ㅎ
느닌 變이 <u>아니라</u>〈楞嚴2:10a〉

위의 (23 가, 나, 다, 라, 마)는 나열의 '-고', '-(으)며'가 이끄는 접속문이고,
(23 바)는 선택의 '-거나', (23 사, 아)는 대조의 '-(으)나', '-거니와'가 이끄
는 대등 접속문으로 '아니'가 후행절에만 통합하여 나타난 경우이다. 이때
후행절에 실현된 '아니'는 후행절의 내용만 부정하는 것으로 해석된다. 즉,
(23 가)는 '향의 모양은 나무이고 연기는 나무가 아니다' 정도로 해석되고,
(23 나)는 '마침내 너의 뿌리가 본래 하나이며 본래 여섯이 아니다' 정도
로 해석된다. (23 다)는 '어려운 액운을 벗어나며 모진 귀신에게 잡히지
않으리라' 정도로 해석되고, (23 사)는 '수고의 因이 이미 다하나 樂이 常住
가 아니다'(수고의 까닭이 이미 다했지만 즐거움이 항상 그대로 있는 것
이 아니다) 정도로 해석된다. 이처럼 후행절에 나타난 '아니'는 후행절만
부정의 범위로 삼는 것이 일반적이다.

그렇다면 선행절의 부정은 어떻게 실현되는가? 이는 아래에서 보는 바
와 같이 선행절에 '아니'가 통합함으로써 선행절의 부정이 이루어진다.

(24) 가. 띠 <u>아니</u> 무드시며 모맷 터리 다 金ㅅ 비치시며〈月釋2:40b〉

나. 밥 <u>아니</u> 머그며 魏參政이 말ㅎ거든〈三綱忠25〉

다. 우 곧ㅎ닌 다 그 그릇 <u>아니오</u> 우흘 드위여닌 곧 다 이 그르
시라〈圓覺上1-1:90b〉

라. 비록 微妙혼 므스미 <u>아니나</u> 둘찻 드리 곧ㅎ니라〈楞嚴2:27b〉

마. 말 이쇼몬 眞實ㅅ 말 <u>아니어니와</u> 말 업소미사 이 眞實ㅅ 마리
니라〈金三4:36b〉

위 (24)는 나열의 '-(으)며'와, '-고', 대조의 '-(으)나'와 '-거니와'가 이끄는
대등 접속문으로 선행절에 '아니'가 통합한 경우이다. 이때 '아니'는 선행
절의 내용만을 부정하고 있다.

아래는 '아니'가 선·후행절에 각각 실현된 경우로 각각에서 실현된 '아
니'에 의하여서 해당 절이 부정되고 있음을 알 수 있다.

(25) 가. 貞女ㅣ 두 남진 <u>아니</u> 셤기며 忠臣이 두 님금 <u>아니</u> 셤기ᄂ니
〈三綱忠19〉

나. 부텻 弟子ㅣ <u>아니며</u> 阿羅漢 辟支佛이 <u>아니니라</u>〈釋詳13:61a〉

다. 글워리 經이 <u>아니며</u> 經이 부톄 <u>아니라</u>〈月釋序:22a〉

라. 이제 五陰이 ᄒ마 常 <u>아니오</u> 如來ㅣ 無常 <u>아니시니</u>〈圓覺상
1-1:63a〉

마. 有ㅣ 곧 有ㅣ <u>아니오</u> 無ㅣ 곧 無ㅣ <u>아니라</u>〈金三5:36b〉

위 (25)처럼 선행절과 후행절의 내용을 부정할 때는 '아니'가 선행절과 후
행절에 모두 실현된다. 후행절의 '아니'에 의해서 혹은 선행절의 '아니'에
의해서 선행절과 후행절의 내용 모두가 부정되는 경우는 확인되지 않는다.

이제 (23)과 (24), (25)를 통해서 대등 접속문에서 '아니'가 선행절과 후
행절에 독립적 분포를 보이는 사실을 확인하였고, 이로써 대등 접속문에
서 '아니'가 해당 절만을 부정 범위로 삼는 사실을 15세기 국어 부정문의
특성으로 지적할 수 있게 되었다.[19]

---

19) 그런데 다음의 예문은 선행절에 나타난 '아니'가 후행절의 내용까지 부정하는 것으로
해석되는 경우이다.

가. 아니 빈골ᄑ며 ᄀᆞᆺᄇ니잇가〈內訓2:19b〉
나. 빈골ᄑ며 ᄀᆞᆺ본 주를 아디 몯ᄒ이다〈內訓2:19b〉

본문의 예들과 달리 위 예는 선행절에 나타난 '아니'가 후행절까지 부정의 범위를 미치
는 경우이다. '배고프지 않으며 피곤하지 않습니까?' 정도의 의미를 가진 예문인데, 이

다음은 종속 접속문의 경우로 조건의 '-(으)면', '-거든'이 이끄는 접속문
과 원인의 '-(으)ㄹ씨', '-거늘', '-(으)니'가 이끄는 접속문에서 '아니'가 후행
절에 나타난 경우이다.

   (26) 가. 내 方便으로 菩提樹를 주기면 王이 <u>아니</u> 가시리로다〈月釋
          25:114a〉
       나. 名日이어든 사ᄋᆞ를 밥 <u>아니</u> 먹더라〈三綱孝25〉
       다. 臣下ㅣ 닐오듸 됴흔 藥을 믇 어들씨 이 <u>아니</u> 오라시리이다
          〈釋詳11:18b〉
       라. 그 아비 죽거늘 믓 머굼도 <u>아니</u> 먹고〈三綱孝14〉
       마. 그 각시 그 거우룰 아ᅀᆞ니 그 새 <u>아니</u> 우니라〈釋詳24:20b〉

위의 경우도 대등 접속문의 경우와 같이 후행절의 '아니'가 후행절의 내용
만 부정하는 것으로 해석된다. (26 가)는 '나의 방법으로 보리수를 죽이면
왕이 가시지 않으리로다' 정도의 의미로 해석되고, (26 나)는 '명일이면 사
흘을 밥 안 먹더라' 정도의 의미로 해석된다. (26 다, 라, 마)는 선행절이
후행절에 대해서 원인으로 해석되는 원인 접속문으로 이때도 후행절에
나타난 '아니'가 후행절의 내용만 부정하는 것으로 해석된다.
   한편, 조건, 원인의 접속문에서도 선행절의 내용을 부정하기 위해서 아
래처럼 '아니'가 선행절에 통합하여 나타나는 것을 확인할 수 있다.

   (27) 가. 내 말옷 <u>아니</u> 드르시면 ᄂᆞ외 즐거톤 ᄆᆞᅀᆞ미 업스레이다〈月釋

러한 의미 해석은 (나)의 응답문을 통해서 확인할 수 있다. 이처럼 선행절에 나타난 '아
니'가 후행절의 내용까지 부정하는 경우는 매우 드문 현상으로 위의 예처럼 서술어와
서술어가 직접적으로 통합할 때 확인된다는 점에서 예외적 현상인 듯하다. 한편, 이정
훈(2008)에서 "아무도 오고 가지 않았다."의 경우에 동사 접속(형태적 관계)으로 다룬
바 있는데, 이정훈(2008)을 따르면 위 예들도 이 동사 접속으로 볼 수 있을 듯하다.

2:5b〉

　나. <u>아니</u> 다 낫거든 다시 머그라〈救方하:43b〉

　다. 고디옷 <u>아니</u> 듣거시든 흔번 가 보쇼셔〈月釋22:59b〉

(28) 가. 불휘 기픈 남ᄀᆞᆫ ᄇᆞᄅᆞ매 <u>아니</u> 뮐씨 곶 됴코 여름 하ᄂᆞ니〈龍歌2〉

　　나. 그 나라히 <u>아니</u> 주거늘 다시 使者 브려 닐오ᄃᆡ〈月釋7:15a〉

　　다. 나ᄂᆞᆫ 一切 衆生 <u>아니완ᄃᆡ</u> 어엿비 아니 너기샤〈月釋11:4a〉

위 (27)은 조건 접속문의 경우이고, (28)은 원인 접속문의 경우이다. 이때도 선행절에 나타난 '아니'는 선행절만 부정하는 것으로 해석된다. 이 두 경우에 '아니'가 선·후행절에 모두 나타난 경우는 확인되지 않지만 위 (26), (27), (28)의 예를 통해서 조건과 원인 접속문의 후행절 '아니'가 후행절만 부정하는 사실을 두 접속문의 부정 범위로 삼을 수 있을 듯하다. 무엇보다 (26)처럼 후행절에 나타난 '아니'가 선행절을 부정하는 경우는 확인되지 않기 때문이다.

　다음은 양보의 '-어도', '-(으)ㄴ들'이 이끄는 접속문과 배경의 '-오ᄃᆡ', '-(으)니'가 이끄는 접속문이다.

(29) 가. 비록 보아도 보미 <u>아니라</u>〈楞嚴5:88a〉

　　나. 시혹 브레 드러도 <u>아니</u> ᄉᆞᆯ이며〈月釋2:71a〉

　　다. 주거도 두 姓 <u>아니</u> 셤교리라〈三綱忠19〉

　　라. 讓兄ㄱ 뜯 일우신ᄃᆞᆯ 定社之聖ㅅ긔 뉘 <u>아니</u> 오ᅀᆞᆸ리〈龍歌99〉

　　마. 塞外北狄인ᄃᆞᆯ <u>아니</u> 오리잇가〈龍歌54〉

　　바. 烈婦ㅣ 도라보며 구지조ᄃᆡ 엇뎨 ᄲᆞᆯ리 <u>아니</u> 주기ᄂᆞᆫ다〈三綱烈:33〉

　　사. 이 야ᅌᆞ로 여러 히를 샹녜 구지럼 드로ᄃᆡ 怒흔 ᄠᅳ들 <u>아니</u> 내야〈釋詳19:30b〉

아. 모댓는 사ᄅ미 疑心을 세 가지로 ᄒ오ᄃᆡ ᄒᆞᆫ 疑心은 부톄 아니
　　다시 나신가 ᄒ고〈釋詳24:3b〉

자. 네 브즈러니 세 버늘 請ᄒᆞ거니 어드리 아니 니르료〈釋詳
　　13:46a〉

위 경우도 후행절에 나타난 '아니'가 후행절의 내용만 부정하는 것으로 해
석된다. (29 가)는 '비록 보아도 보는 것이 아니다' 정도의 의미를 가지고,
(29 마)는 '북방의 오랑캐인들 아니 오겠습니까' 정도의 의미를 가진다.
(29 바)는 '열부가 돌아보며 꾸짖는데 어찌 빨리 죽이지 않느냐 정도의
의미를 가진다. 즉 이 경우도 후행절의 '아니'가 선행절까지 그 영향을 미
치지 못한다.

　양보 접속문의 경우에도 선행절의 내용을 부정하기 위해서 아래처럼
'아니'가 선행절에 독립적으로 나타나는 것을 확인할 수 있다.

(30) 가. 尸羅를 아니 허러도 軌則을 헐며〈釋詳9:13b〉

　　나. 비록 아니 여러 나리라도 아모 고대 간디 모ᄅᆞ노이다〈月釋
　　　　21:27b〉

　　다. 누비즁 아닌들 海東黎民을 니ᄌᆞ시리잇가〈龍歌21〉

　　라. 城 아니 머리 뫼히 이쇼ᄃᆡ 일후미 聖所遊居ㅣ러니〈釋詳
　　　　11:24b〉

　　마. 이ᄂᆞᆫ 空이 이 相 아니로ᄃᆡ 發揮를 거스디 아니홈 ᄀᆞᆮᄒᆞ니라
　　　　〈楞嚴4:42b〉

　　바. 모든 愛 ᄒᆞ나히 아니로ᄃᆡ 다 能히 므를 感ᄒᆞ며 惑을 밀ᄊᆡ〈楞
　　　　嚴8:69b〉

위 (30)은 '아니'가 선행절에 통합한 경우로서 선행절의 내용만 모두 부정
되고 있다. 이로써 양보의 접속문도 후행절의 '아니'가 후행절의 내용만을

부정하는 제약 현상을 가지고 있다고 볼 수 있겠다.

　　다음은 계기의 종속 접속문으로 이 경우에도 후행절의 '아니'는 후행절만 부정하고 선행절에 실현된 '아니'는 선행절의 내용만 부정하는 것으로 해석된다. 그 예를 제시하면 아래와 같다.

　　(31) 가. 큰 구데 가도고 飮食 <u>아니</u> 주더니〈三綱忠6〉

　　　　나. 王이 하놇 이린 둘 아르시고 罪 <u>아니</u> 주시니라〈釋詳3:18a〉

　　　　다. 命終혼 後에 業風이 부러 갓ㄱ로 들여 ㄴ리고 門ㅇ로 <u>아니</u> 오ㄴ니이다〈月釋23:84b〉

　　　　라. 世尊이 사름 <u>아니</u> 알외샤 ㅎ오ᄉᆞ 忉利天에 가샤〈釋詳11:1a〉

　　　　마. 太子ㅣ <u>아니</u> 바다 도로 보내시니라〈釋詳3:39b〉

　　　　바. 福 <u>아니</u> 닷고 주거 受苦ㅅ 고대 가미라〈法華2:128a〉

　　지금까지 종속 접속문에서 '아니'의 실현과 그 부정 범위를 살펴보았다. 그 결과 대등 접속문이든 종속 접속문이든 후행절에 나타난 '아니'가 후행절의 내용만 부정하는 사실을 확인하였다. 즉 후행절의 '아니'는 후행절만 부정 범위로 삼고 있는 것이다. 한편, 동시와 목적, 결과 접속문은 그 적절한 용례가 없어 제시하지 못하였으나 이 또한 앞서 검토한 종속 접속문과 동일한 현상을 보일 것으로 생각된다. 이로써 '아니'의 통합 양상과 그 부정 범위를 다음과 같이 정리한다.

　　(32) '아니'의 실현 양상과 그 부정 범위

　　　　가. '아니'는 접속문에 따라 통합 제약을 보이지 않으며

　　　　나. 접속문의 유형과 관련없이 그 해당 절의 내용만 부정 범위로 삼는다.

다음으로 '몯'의 실현 양상과 그 부정 범위를 살펴보기로 한다. 그런데 '몯'

의 경우는 '아니'와 그 실현 및 부정 범위가 상당 부분이 일치하기 때문에
여기에서는 각 접속 유형의 예들을 중심으로 제시하고 자세한 설명은 하
지 않겠다.

> (33) 가. 누는 앏과 결과를 보고 뒤흘 몯 보며〈釋詳19:10a〉
>
> 나. 시혹 나자 하늘해 오르며 시혹 몯 얻긔 수므며〈月釋2:71b〉
>
> 다. 엇뎨 몯 듣고 몯 보노라 ᄒᆞᄂᆞ다〈釋詳24:28b〉
>
> 라. 父母도 몯 니르시며 아ᅀᆞ도 몯 니르샤〈月釋22:11b〉
>
> 마. ᄆᆞᅀᆞ를 ᄉᆞ뭇 몯 알며 諸法의 性相을 ᄉᆞ뭇 몯 아라 비록 三界
> 예 나고도 ᄯᅩ 二乘에 기리 成佛 몯홀씨〈月釋9:7a〉
>
> 바. ᄒᆞ다가 어버ᅀᅵ 그립거나 兄弟妻子息이 그립거나 閻浮提ㅅ 樂
> 을 몯 닛거나 ᄒᆞ거든〈月釋22:37b〉
>
> 사. 내 如來ㅅ 法身은 보ᅀᆞ뱃가니와 如來ㅅ 妙色身은 몯 보ᅀᅡ뱃노
> 니〈月釋4:31b〉

위 (33)은 대등 접속문의 경우에 '몯'의 통합을 보인 것으로 (33 가, 나,
다, 라, 마)는 나열의 '-고', '-(으)며'가 이끄는 접속문이고, (33 바)는 선택
의 '-거나'가 이끄는 선택 접속문이고, (33 사)는 대조의 '-거니와'가 이끄
는 접속문이다. 위 예들에서도 '아니'와 같이 후행절에 나타난 '몯'이 후행
절의 내용만 부정하는 것을 확인할 수 있다.

　다음은 조건과 원인의 접속문의 경우이다.

> (34) 가. 내 願을 아니 從ᄒᆞ면 고즐 몯 어드리라〈月釋1:12b〉
>
> 나. 太子ㅣ 니르샤ᄃᆡ 菩提를 몯 일우면 아니 도라오리라〈釋詳
> 3:30a〉
>
> 다. 내 부텨를 몯 보ᅀᆞᄫᆞ면 당다이 모딘 罪를 지수려이다〈月釋
> 7:54-3b〉

라. 부텨옷 몯 두외면 아니 니러나리라〈釋詳3:38a〉

마. ᄒᆞ다가 술옷 몯 먹거든 너덧 번에 ᄂᆞ화 머기라〈救簡1:4a〉

(35) 가. 王이 자실ᄊᆡ 몯 연ᄌᆞᆸ리로소이다〈月釋25:58a〉

나. 이 法은 二乘法이 아닐ᄊᆡ 그 히미 몯 이긔리라〈釋詳13:41b〉

다. 瞿曇이 弟子ㅣ 두리여 몯 오ᄂᆞ이다〈釋詳6:29b〉

라. 우리ᄂᆞᆫ 罪 지은 모미라 하ᄂᆞᆯ해 몯 가노니〈釋詳11:11b〉

마. 내 늘거 ᄲᆞᆯ리 몯 가리로소니〈三綱孝20〉

바. 天宮에 몯 보ᅀᆞᆸ란ᄃᆡ 地獄애 겨싫가 ᄒᆞ니 地獄애도 몯 보ᅀᆞ
ᆸ리로소이다 ᄒᆞ어ᄂᆞᆯ〈月釋23:81b〉

(34)는 조건의 '-(으)면'과 '-거든'이 이끄는 접속문의 경우이고, (35)는 원
인의 '-(으)ㄹᄊᆡ', '-어', '-(으)란ᄃᆡ'가 이끄는 접속문의 경우이다. 이 접속문
의 경우에도 후행절에 나타난 '몯'은 후행절의 내용만을 부정하고 있으며
선행절의 내용을 부정할 때는 선행절에 '몯'이 나타난 사실을 확인할 수
있다.

다음으로 계기와 양보, 결과, 배경 접속문을 살펴보기로 한다. 동시와
의도 접속문의 경우에는 '몯'이 나타난 예가 확인되지 않는다.

(36) 가. 善友太子ᄂᆞᆫ 바ᄅᆞ래 드러가 몯 도라왯ᄂᆞ니〈月釋22:59a〉

나. 모ᄃᆞᆫ 사ᄅᆞᆷ과 六師왜 보고 ᄀᆞ마니 몯 이셔 自然히 니러 禮數ᄒᆞ
더라〈釋詳6:30a〉

(37) 가. 十方애 求ᄒᆞ야도 곧 몯 어드리로다〈釋詳23:17a〉

나. 비록 菩薩ㅅ 無漏法生鼻를 몯 得ᄒᆞ야도 이 經 디니ᄂᆞᆫ 사ᄅᆞᆷ
몬져 이런 鼻相ᄋᆞᆯ 得ᄒᆞ리라〈釋詳19:19b〉

다. 諸天이 비록 샹녯 光明이 이셔도 부텻 光明에 몯 밋ᄂᆞ니라〈月

釋14:18b〉

라. 주거 가는 거싀 일을 몯 보신들 매 모르시리〈月曲16a〉

마. 그듸 내 머리셔 굿비 오난마른 如來ㅅ 솔利는 몯 나소리어다
〈釋詳23:54b〉

(38) 가. 그 똔니미 몯 보드록 가듸 乃終내 도라보디 아니ᄒ야시늘〈釋
詳11:29b〉

나. 그 ᄢ 大王이 夫人끠 솔ᄫ샤듸 녜 업던 이미로소니 내 그듸
를 몯 미츠리로다〈釋詳11:34b〉

(36)은 계기의 '-고'가 이끄는 접속문이고 (37)은 '-어도', '-(으)ㄴ들', '-건마
른'이 이끄는 양보 접속문의 경우이고, (38 가)는 '-드록'이 이끄는 결과 접
속문이고, (38 나)는 '-(으)니'가 이끄는 배경 접속문의 경우이다. 이 예들
을 통해서 '몯'이 해당 절만 부정하는 것을 알 수 있다. '몯'의 경우도 문헌
자료의 한계로 의도나 동시의 접속문의 경우는 확인할 수 없었으나 이들
도 다른 접속문과 동일하게 나타날 것으로 생각된다.

이상으로 '몯'의 실현 양상과 그 부정 범위를 정리하면 아래와 같다.

(39) '몯'의 실현 양상과 그 부정 범위

가. '몯'은 접속문에 따라 통합 제약을 보이지 않으며

나. 접속문의 유형과 관련없이 그 해당 절의 내용만 부정 범위로
삼는다.

3.2.2. '아니ᄒ-', '몯ᄒ-' 실현 양상과 그 부정 범위

'아니ᄒ-', '몯ᄒ-'는 장형부정을 이루는 요소로서 '아니'와 통사적 구성에
서 차이를 보이는 부정 동사이다. 여기에서는 이 '아니ᄒ-', '몯ᄒ-'가 접속

문에서 어떠한 통합 양상을 보이는지와 후행절에 통합한 '아니ᄒ다'의 부
정 범위가 어떠한지를 검토하기로 하겠다. 이 경우에도 '아니ᄒ-'를 중심
으로 검토하고 후에 '몯ᄒ-'를 살펴보기로 하겠다. '몯ᄒ-'는 '아니ᄒ-'와 상
당 부분이 유사하기 때문이다.

논의의 편의상 15세기 국어 예를 검토하기에 앞서서 현대국어의 예를
먼저 제시하기로 한다. 이는 현대국어를 통해서 15세기 국어의 '아니ᄒ-'
의 특성을 드러내 보이기 위함이다.

> (40) 가. 철수는 배가 아파서 조퇴하지 않았다.
>
> 나. 영이는 신문을 보면서 밥을 먹지 않는다.
>
> 다. 그는 운동하러 운동장에 가지 않았다.
>
> 라. 집을 사려고 돈을 빌리지 않았다.

> (41) 가. 비가 오면 소풍을 가지 않는다.
>
> 나. 아이가 자는데 엄마는 나가지 않는다.
>
> 다. 집은 큰데 사람이 많이 살지 않는다.
>
> 라. 철수가 숙제를 하고 놀이터에 가지 않았다.

위 (40)은 원인, 동시, 의도의 접속문으로 선행절만 부정하는 해석이 자연
스러워 보이고 (41)은 조건, 배경, 계기의 접속문으로 후행절만 부정하는
해석이 자연스러워 보인다.

다음은 선행절과 후행절의 내용을 부정하는 해석을 받는 경우이다.

> (42) 가. 철수는 어른 앞에서 술을 먹거나 담배를 피우지 않는다.
>
> 나. 철수는 예의바르며 영이는 얌전하지 않다.

이와 같이 현대국어에서 '아니하-' 구성은 접속 구성마다 그 부정의 범

위가 차이를 보인다. 이러한 해석은 접속문의 특성으로 지적되면서 대등 접속문과 종속 접속문을 구별하는 근거로 사용되기도 하였다. 이 절에서는 '아니ㅎ-'의 부정 해석이 15세기 국어에 어떻게 나타나는지를 중점적으로 검토하고자 한다.

그럼, 15세기 국어 대등 접속문의 예부터 차례로 살펴보도록 하겠다.

> (43) 가. 王이 聰明ㅎ시고 福德 ㄱㅈ시고 百姓 보차디 <u>아니ㅎ샤</u>〈月釋 20:105b〉
>
> 나. 굴근 江이 몱고 흐르디 <u>아니ㅎ며</u>〈月釋2:32b〉
>
> 다. 오직 圓覺을 니르시고 大等을 니르디 <u>아니ㅎ시니라</u>〈圓覺上 1-2:13a〉
>
> 라. 어드운 지븨셔 보ㄴ 쏘 體 이실 ᄯᆞ르미오 識이 흐르디 <u>아니 ㅎ니라</u>〈楞嚴4:113a〉
>
> 마. 네 眞實ㅅ ᄆᆞᅀᆞ매 순직 信ㅎ며 降伏디 <u>아니ㅎᄂᆞ가</u>〈楞嚴4:124b〉

위 예들은 나열의 '-고'와 '-(으)며'가 이끄는 접속문으로 '아니ㅎ-'가 후행절에 나타난 경우이다. (43 가)는 '왕이 총명하시고 복덕을 구비하시고 백성을 괴롭히지 아니하시어' 정도의 의미를 가지고 (43 나)는 '굵은 강이 맑고 흐리지 아니하며' 정도의 의미를 가진다. 이와 같이 대등 접속문에서 후행절에 실현된 '아니ㅎ-'는 후행절의 내용만을 부정하는 것으로 해석된다. 만약 선행절과 후행절의 내용을 모두 부정하고자 한다면 "色이 空과 다르디 아니ㅎ고 空이 色과 다르디 아니ㅎ야"〈般若37a〉처럼 선행절과 후행절에 모두 '아니ㅎ-'가 통합하여 부정문을 이루게 된다. 따라서 대등 접속문에서 후행절의 '아니ㅎ-'도 '아니'처럼 후행절의 내용만을 부정하는 제약을 가지고 있음을 확인할 수 있다.

그러나 아래 (44)처럼 후행절의 '아니ㅎ-'가 선행절의 내용까지 부정하는 것으로 해석되는 예가 확인되어 주의를 요한다.

(44) 가. 잢간도 <u>가며 오며</u> 아니호몰〈楞嚴2:107b〉

나. 고히 平코 엷디 <u>아니ᄒ며</u> 쏘 고ᄫ며 뷔트디 <u>아니ᄒ며</u>〈月釋
17:53a〉

다. 내 아랫 뉘예 이 經을 바다 디녀 <u>닐그며 외오며</u> ᄂᆞᆷᄃ려 니르
디 <u>아니ᄒ더든</u> 阿耨多羅三藐三菩提를 셜리 得디 몯ᄒ리러니라
〈釋詳19:34b〉

(44 가)는 '잠깐도 가고 오지 아니한 것을' 정도의 의미를 가지며 (44 나)
는 '코가 편편하고 엷지 아니하며, 또 굽고 삐뚤지 않으며' 정도의 의미를
가지며, (44 다)는 '읽으며 외우며 남에게 이르지 않았더면' 정도의 의미를
가진다. 즉 이 예문은 후행절의 부정 요소가 선행절까지 부정하는 경우인
것이다.

그런데 이처럼 후행절의 '아니ᄒ-'가 선행절의 내용까지 부정하는 경우
는 '-(으)며'가 이끄는 접속문에서 몇 예만 보이고, 그도 주로 서술어와 서
술어가 직접 연쇄하는 경우에서만 확인되며, 아래 (45)의 예처럼 서술어
와 서술어가 연쇄하는 경우에도 '아니ᄒ-'가 선행절과 후행절에 모두 나타
난 경우가 존재한다는 점에서 일반적인 문법 질서로 보기에는 어려움이
있다.

(45) 가. 기우디 <u>아니ᄒ며</u> 둗겁디 <u>아니ᄒ며</u> 크디 <u>아니ᄒ며</u> 쏘 검디 아
니ᄒ야〈月釋17:53a〉

나. 이 經을 드르면 病이 즉자히 업서 늙디 <u>아니ᄒ며</u> 죽디 <u>아니</u>
<u>ᄒ리라</u>〈釋詳20:30b〉

다. 光은 곧 般若 ㅣ 니 옮디 <u>아니ᄒ며</u> 變티 <u>아니호미</u> 常이오〈月釋
序5a〉

라. 일싱애 옷밥이 낟ᄫ디 <u>아니ᄒ고</u> 간난티 <u>아니ᄒ려니와</u>〈飜老
하71a〉

위 (45)는 위 (44)와 유사한 구성이지만 '아니ᄒ-'가 선행절과 후행절에 모두 나타난 경우이다. 오히려 (45)의 구성이 (44)의 구성보다 빈도차원에서도 우세하다. 하지만 (44)의 경우를 예외적으로 처리할 수는 없다. (44)의 현상(혹은 문법적 직관)이 후대에도 이어지기에 수의적 현상으로서 (44)의 구성도 접속문의 부정 범위의 특성으로 지적되어야 할 것이다.

다음은 선택의 '-거나'와 대조의 '-(으)나', '-거니와'가 이끄는 접속문으로 후행절에 '아니ᄒ-'가 나타난 구성이다.

(46) 가. 반만 나거나 뒤조치 나디 <u>아니커나</u>〈救簡7:28a〉

　　　나. 그 말ᄉ미 비록 그지 이시나 그 理 다ᄋ디 <u>아니ᄒ니라</u>〈楞嚴 4:98b〉

　　　다. 色ᄋᆫ 緣을 브터 업거니와 眞空ᄋᆫ 滅티 <u>아니ᄒᄂ니라</u>〈般若 42a〉

(46 가)는 '반만 나오거나 탯줄이 나오지 않거나' 정도로 해석되고, (46 나)는 '그 말씀은 비록 끝이 있으나 그 이치가 다하지 아니하니라' 정도의 의미로 해석된다. 이 경우에도 후행절의 '아니ᄒ-'가 후행절의 사태만을 부정하는 것으로 해석된다. 즉 선택이나 대조의 접속문에서 후행절의 '아니ᄒ-'는 선행절까지 부정하지 못하고 해당 절만 부정하는 제약을 가진 것이다. 만약 선행절을 부정하고자 한다면 아래처럼 '아니ᄒ-'가 선행절에 독립적으로 실현되어야 할 것이다.

(47) 가. 내 기드리ᅀᆸ디 <u>아니ᄒ고</u> 다ᄆᆫ 四諦를 처엄 듣ᄌᆸ고〈月釋 12:4b〉

　　　나. 楚ㅅ 하ᄂᆞᆯ핸 四時옛 비 긋디 <u>아니코</u> 巫峽엔 萬里예 ᄇᆞᄅ미 長 常 부놋다〈杜詩10:18b〉

　　　다. 그 ᄆᆞ리 긋디 <u>아니ᄒ며</u> 그 믈 블ᄫᅠ 싸ᄒᆫ 몰애 金이 다외ᄂ니

라〈月釋1:28a〉

　라. 胎衣 ᄂᆞ리디 <u>아니커나</u> 子息이 빗 소배셔 죽거나 듰믈릭 믈거

　　나 거저긔 안자 여러 나ᄅᆞᆯ 나티 몯ᄒᆞ야〈救方하87a〉

　마. 如來ㅣ 비록 實로 滅티 <u>아니ᄒᆞ나</u> 滅度를 니ᄅᆞᄂᆞ니라〈法華

　　5:148a〉

위 (47 가, 나, 다)는 나열의 접속문의 경우이고, (47 라)는 '-거나'의 선택 접속문이며, (47 마)는 '-(으)나'의 대조 접속문이다. 이처럼 선행절의 부정은 선행절에 실현된 부정 요소에 이루어지게 된다.

　다음은 종속 접속문의 경우로 먼저 조건 접속문에서 실현된 '아니ᄒᆞ-'의 부정 범위에 대해서 살펴보기로 하겠다.

　(48) 가. 그 金이 ᄒᆞᆫ적 純ᄒᆞ면 다시 섯구미 이디 <u>아니ᄒᆞᄂᆞ니라</u>〈楞嚴

　　　　4:37b〉

　　나. 나랏 衆生이 三惡道애 ᄠᅥ러디리 이시면 내 乃終내 正覺 일우

　　　　디 <u>아니호리이다</u>〈月釋8:60a〉

　　다. 이 經을 드르면 病이 즉자히 업서 늙디 <u>아니ᄒᆞ며</u> 죽디 <u>아니</u>

　　　　<u>ᄒᆞ리라</u>〈釋詳20:30b〉

　　라. 父母ㅣ 怒ᄒᆞ거시든 ᄠᅳ데 <u>짓디 아니ᄒᆞ며</u>〈內訓1:49a〉

위 예들은 조건의 '-(으)면', '-거든'이 이끄는 종속 접속문에 '아니ᄒᆞ-'가 후행절에 통합한 경우로 (48 가)는 '그 금이 한번 순하면(순금이 되면) 다시 섞음이 일어나지 않는다' 정도로 해석되고, (48 나)는 '나라의 중생이 삼악도에 떨어질 이가 있으면 나는 나중에도 정각을 일우지 아니하겠습니다' 정도로 해석되며, (48 라)는 '부모가 노하시거든 뜻에 어긋나지 않으며' 정도의 의미로 해석된다. 이처럼 조건의 접속문의 경우도 후행절의 '아니ᄒᆞ-'는 후행절의 내용만 부정하는 것으로 해석된다.

한편, 선행절의 내용을 부정하기 위해서는 아래처럼 선행절에 '아니ᄒ-'
가 독립적으로 쓰여야 한다.

(49) 가. ᄒ다가 虛티 <u>아니ᄒ면</u> 諸天이 香華를 비ᄒ시리라〈月釋11:8b〉

　　　나. 一切 布施를 ᄂ미 ᄠᅳᆮ 거스디 <u>아니ᄒ거든</u> 네 내 마를 다 드를
　　　　　 따〈釋詳6:8b〉

　　　다. 됴ᄒᆫ 根源이 ᄀᆾ디 <u>아니ᄒ면</u> 正覺 일우디 <u>아니호리이다</u>〈月釋
　　　　　 8:68a〉

　　　라. 즉자히 다ᄃᆞᆮ디 <u>아니ᄒ면</u> 正覺 일우디 <u>아니호리이다</u>〈月釋
　　　　　 8:65a〉

　　　마. 너옷 信티 <u>아니커든</u> 몬져 가 니르라〈月釋9:35b〉

위 (49)는 조건 접속문에서 '아니ᄒ-'가 선행절에만 통합한 경우로 선행절
의 내용만 부정되는 것으로 해석된다. 이를 통해서 조건 접속문에서 '아
니ᄒ-'의 부정 범위도 해당 절로 한정할 수 있을 듯하다. 무엇보다도 (48)
의 경우처럼 '아니ᄒ-'가 후행절에 나타난 경우에 선행절의 내용이 부정되
는 경우가 확인되지 않기 때문이다.
　다음은 원인의 종속 접속문에서 후행절에 '아니ᄒ-'가 나타난 경우이다.

(50) 가. 이 ᄀᆞ티 種種앳 허므리 이실ᄊᆡ 수을 먹디 <u>아니ᄒᄂ니라</u>〈月釋
　　　　　 23:3a〉

　　　나. 迦葉이 如來를 恭敬ᄒᅀᆞ볼ᄊᆡ 虛空ᄋᆞ로 ᄂ라오디 <u>아니코</u>〈釋詳
　　　　　 23:40a〉

　　　다. 大臣이 술보ᄃᆡ 太子ㅅ 모미 傷ᄒ야 命이 머디 <u>아니ᄒ시이다</u>
　　　　　 〈月釋21:218b〉

　　　라. 그 德이 샹녜 조ᄒ야 物에 ᄠᅵ 묻디 <u>아니하시니라</u>〈月釋14:51b〉

위 (50)은 '-(으)ㄹ씨', '-아(서)'가 이끄는 종속 접속문으로, (50 가)는 '이 같이 종종 허물이 있기에 술을 먹지 아니한다' 정도로 해석되며 (50 나)는 '迦葉이 如來를 공경하기에 허공으로 날아오지 아니하고' 정도로 해석되고 (50 다)는 '태자의 몸이 상해서 명이 멀지 아니하십니다.' 정도로 해석된다. 이렇듯 이 경우에서도 후행절의 '아니ᄒᆞ-'는 후행절의 내용만을 부정하는 것으로 해석된다.

아래는 원인 접속문에서 선행절의 내용이 부정되는 경우로 선행절에 '아니ᄒᆞ-'가 나타난 것을 확인할 수 있다.

(51) 가. 제 모믈 貴히 너겨 둣디 <u>아니ᄒᆞᆯᄊᆡ</u> 이어긔 씌오시니라〈月釋 12:34b〉

나. 文字와로 서르 ᄉᆞᄆᆞᆺ디 <u>아니ᄒᆞᆯᄊᆡ</u> 이런 젼ᄎᆞ로 어린 百姓이 니르고져 홂 배 이셔도 ᄆᆞᄎᆞᆷ내 제 ᄠᅳ들 시러 펴디 몯홇 노미 하니라〈訓諺1b〉

다. 三乘 種類ㅣ 性欲이 ᄀᆞᆮ디 <u>아니ᄒᆞᆯᄊᆡ</u> 念思 脩得이 ᄯᅩ 各各 ᄀᆞᆮ디 아니ᄒᆞ니〈法華3:27b〉

라. 驛驪馬ㅣ 닉숙디 <u>아니ᄒᆞ야</u> 시러곰 가져가디 몯ᄒᆞ더니라〈杜詩 17:27a〉

위 (50)과 (51)을 통해서 원인 접속문의 부정 실현과 그 부정 범위가 조건 접속문과 동일하게 해석됨을 알 수 있다.

다음은 양보의 종속 접속문에서 후행절에 '아니ᄒᆞ-' 구성이 나타난 경우이다.

(52) 가. 브레 드러도 녹디 <u>아니ᄒᆞᄂᆞ니라</u>〈月釋1:22a〉

나. 비록 더븐 鐵輪을 머리 우희 그우려도 乃終내 無上道애 므르디 <u>아니호리이다</u>〈月釋20:117b〉

다. 그 쁴 目連이 種種 方便으로 다시곰 술바도 耶輸ㅣ 잠깐도 듣

디 아니ᄒ실씩〈釋詳6:6a〉

라. 부텨 ᄃᆞ외야 나라해 도라오샤도 ᄌᆞ올아비 아니ᄒ샤〈釋詳
6:4b〉

마. 내 비록 ᄆᆞᅀᆞ매 念념코도 이베 니르디 아니ᄒ얫거늘〈月釋
25:129b〉

바. 므를 걷나샤도 므리 뮈디 아니ᄒ고 바리 젓디 아니ᄒᄂᆞ니라
〈月釋1:28a〉

위 (52 가)는 '불에 들어가도 녹지 않는다' 정도의 의미로 해석되고, (52
나)는 '비록 더운 철륜을 머리 위에 굴려도 끝끝내 무상도에서 물러나지
아니할 것입니다' 정도의 의미로 해석된다. (52 다, 라, 마)의 경우도 후행
절의 내용만 부정하는 것으로 해석됨을 알 수 있다.

아래는 선행절의 내용이 부정될 때 '아니ᄒ-'가 선행절에 실현된 것을
보인 것이다.

(53) 가. 如來 비록 實로 滅티 아니ᄒ야도 滅度를 니르ᄂᆞ니라〈月釋
17:15b〉

나. 이 모ᄃᆞᆫ 衆生이 비록 제 모매 福業을 짓디 아니ᄒ야도 十方如
來 두겨신 功德을 다 이 사ᄅᆞ믈 주시리니〈楞嚴7:51a〉

다. 或이 닐오ᄃᆡ 吉흔 사ᄅᆞ미라 ᄒ디 아니ᄒ야도 나는 信티 아니
ᄒ리라〈內訓1:22b〉

라. 비록 命이 궂디 아니ᄒ야도 주그니와 다르디 아니커니〈月釋
25:133b〉

위 (53 가, 나)는 '아니ᄒ-'가 선행절에만 실현된 경우이고, (53 다, 라)는
선·후행절 모두 실현된 경우이다. 이로써 양보 접속문의 경우도 후행절

의 '아니ᄒᆞ-'는 후행절의 내용만을 부정하는 사실을 확인한 셈이다.

다음으로 계기의 종속 접속문의 예들을 살펴보도록 하자.

(54) 가. 그 차바늘 다 아ᅀᅡ 먹고 손ᄌᆡ 비브르디 <u>아니ᄒᆞ야</u>〈月釋
25:86a〉

나. 이 善女人이 이 ᄒᆞᆫ 報 女身을 ᄆᆞᆺ고 百千萬 劫에 女人 잇ᄂᆞᆫ 世
界예 다시 나디 <u>아니ᄒᆞ리니</u>〈月釋21:86b〉

다. 道理 잇ᄂᆞᆫ 노ᄑᆞᆫ 즁이 뵈 누비예 ᄲᅮᆯ 두고 ᄒᆞᆫ 실도 섯디 <u>아
니ᄒᆞᄂᆞ니라</u>〈月釋25:18b〉

라. 有情ᄃᆞᆯ히 藥師瑠璃光如來ㅅ 일후믈 듣ᄌᆞᆸ고 고죽ᄒᆞᆫ ᄆᆞᅀᆞᄆᆞ로
바다 디녀 疑心 <u>아니ᄒᆞ면</u>〈月釋9:47b〉

(55) 가. 王이 듣디 <u>아니ᄒᆞ고</u> 브레 ᄉᆞ라 주기니라〈釋詳24:52b〉

나. 妾으로 父母의 敎授를 듣디 <u>아니ᄒᆞ고</u> 大王을 졷ᄌᆞ오면〈內訓
2:118a〉

위 (54)는 '아니ᄒᆞ-'가 후행절에 나타난 경우로 후행절의 내용만 부정하는
것으로 해석되고, (55)는 '아니ᄒᆞ-'가 선행절에 나타난 경우로 선행절의 내
용만 부정하는 것으로 해석된다. 이렇듯 계기 접속문의 경우도 후행절의
'아니ᄒᆞ-'는 후행절의 내용만 부정하는 것으로 해석되고 선행절의 '아니ᄒᆞ-'
는 선행절의 내용만 부정하는 것으로 해석되는 사실을 알 수 있다.

한편, 동시 접속문의 경우는 그 용례가 많지 않으나 "王ㅅ 겨틔 안잿다
가 <u>말란 아니ᄒᆞ고</u>"〈釋詳24:47a〉, "父母ㅣ 처어믜 듣디 <u>아니ᄒᆞ다가</u> 다시곰
請ᄒᆞᆯᄊᆡ 그리ᄒᆞ라 ᄒᆞ야늘"〈三綱烈29〉에서 후행절과 선행절에 각각 실현된
'아니ᄒᆞ-'가 해당 절만 부정하는 사실을 확인할 수 있다.

마지막으로 아래 (56)의 배경 접속문을 살펴보자.

(56) 가. 王이 病이 甚ᄒᆞ샤 位를 세 앗의게 辭讓ᄒᆞ신대 세 앗이 듣디
　　　아니ᄒᆞ니라〈內訓2:29a〉

　　나. 이러트시 種種 音聲을 굴ᄒᆞ요ᄃᆡ 耳根ᄋᆞᆫ 허디 아니ᄒᆞ리라〈釋詳
　　　19:16a〉

　　다. 天下를 ᄒᆞᆺ 內예 다 도라오샤ᄃᆡ 그 ᄆᆞ리 ᄀᆞᆺ디 아니ᄒᆞ며 그
　　　믈 블볼 ᄣᅡᄒᆞᆫ 몰애 金이 다외ᄂᆞ니라〈月釋1:28a〉

　　라. 그 ᄯᅡ니미 몯 보ᄃᆞ록 가ᄃᆡ 乃終내 도라보디 아니ᄒᆞ야시ᄂᆞᆯ〈釋
　　　詳11:29b〉

　　마. 大愛道ㅣ 몬졧 양ᄌᆞ로 出家를 請ᄒᆞᅀᆞ바ᄂᆞᆯ 부톄 ᄯᅩ 듣디 아니
　　　ᄒᆞ시니라〈月釋10:17a〉

(56 가)는 '왕이 병이 심하시어 그 즉위를 세 아우에게 사양하시는데 세
아우가 듣지 아니한다.' 정도로 해석되고 (56 나)는 '이렇듯이 갖가지 음
성을 가리되 귀뿌리는 헐지 아니하리라' 정도로 해석되고, (56 마)는 '大愛
道가 먼저의 모습으로 출가를 청하거늘 부처가 또 듣지 아니하시니라' 정
도로 해석된다. 이때도 후행절의 '아니ᄒᆞ-'는 후행절만 부정하는 것을 확
인할 수 있다. 후행절의 '아니ᄒᆞ-'에 의해서 선행절의 내용이 부정되는 예
는 확인되지 않는다.

　지금까지 접속문에서 후행절에 나타난 '아니ᄒᆞ-'를 대상으로 그 해석 범
위를 살펴본 결과, 후행절에 나타난 '아니ᄒᆞ-'도 '아니'와 같이 대등 접속문
이든 종속 접속문이든 그 해당 절만 부정의 영역으로 삼는다는 것을 확인
하였다. 이를 정리하면 다음과 같다.

(57) '아니ᄒᆞ-'의 실현 양상과 그 부정 범위

　　가. '아니ᄒᆞ-'는 접속문에 따라 통합 제약을 보이지 않으며

　　나. 접속문의 유형과 관련없이 그 해당 절의 내용만 부정 범위로
　　　삼는 것이 일반적이다. [20]

다. 그러나 'V-(으)며 V' 구성의 경우에 선행 서술어가 부정되기
도 한다.

다음으로 '몯ᄒ-'의 실현 양상과 그 부정 범위를 살펴보기로 한다. '몯ᄒ
-'의 경우도 '아니ᄒ-'와 같이 장형 부정문을 형성하는 부정 요소로서 그
실현이나 부정 범위도 '아니ᄒ-'와 상당 부분이 일치한다. 그러므로 '몯ᄒ-'
의 경우도 그 예를 보이는 것으로 논의를 마치기로 하겠다. 아래는 대등
접속문의 경우이다.

(58) 가. 引果識은 三界예 ᄀ둑기 잇고 六識은 無色界와 無心定 等에 ᄀ
득디 <u>몯ᄒ니라</u>〈月釋11:51a〉

나. 열네 엄 가진 象이 히미 雪山앳 ᄒᆫ 白象만 <u>몯ᄒ고</u> 雪山ㅅ 白象
열희 히미 ᄒᆫ 香象만 <u>몯ᄒ니라</u>〈月釋2:38b〉

다. 摩竭國은 王이 正티 <u>몯ᄒ고</u> 拘薩大國은 父母宗族이 正티 <u>몯ᄒ</u>
<u>고</u>〈月釋2:10b〉

라. ᄆᅀᆞᄆᆞᆯ 智로 아디 <u>몯ᄒ며</u> 얼구를 像ᄋᆞ로 아디 <u>몯ᄒᅀᆞᄫᆞ리니</u>
〈月釋9:13b〉

마. 뎌 나랏 衆生은 本來 보디 <u>몯ᄒ며</u> ᄯᅩ 듣디 <u>몯ᄒᄂᆞ니라</u>〈楞嚴
2:85b〉

(59) 가. 人事를 ᄎᆞ리디 <u>몯ᄒ거나</u> 시혹 傷寒이 ᄀᆞᆺ 됴커든〈救方상54b〉

나. ᄒᆞ다가 그르 먹거나 精勤티 <u>몯ᄒ면</u> 이 命終ᄒᆞᆫ 사ᄅᆞ미 져간도
히믈 得디 <u>몯ᄒ리라</u>〈月釋21:111a〉

---

20) 의도나 결과 접속문의 경우에 '아니ᄒ-'가 후행절에 통합한 적합한 용례를 확인하지 못
하여 본문에 제시하지 못했으나 본고의 결론에 크게 벗어나지 않을 것으로 생각한다.

(60) 가. 소늘 펴 자보려 ᄒᆞ나 자보물 得디 <u>몯ᄒᆞ놋다</u>〈金三4:52b〉

　　　나. 畫師ㅣ ᄯᅩ 數ㅣ 업스나 됴ᄒᆞᆫ 소ᄂᆞᆫ 可히 맛나디 <u>몯ᄒᆞ리로다</u>〈杜詩16:29b〉

위 (58)은 나열의 '-고', '-(으)며'가 이끄는 접속문이고, (59)는 선택의 '-거나'가 이끄는 접속문이며, (60)은 대조의 '-(으)나'가 이끄는 접속문이다. 위 예들에서 알 수 있듯이 '몯ᄒᆞ-'의 경우도 '아니ᄒᆞ-'와 동일하게 해당 절만 부정하는 것으로 해석된다. 후행절에 실현된 '몯ᄒᆞ-'가 선행절의 내용을 부정하는 경우는 확인되지 않는다. 이러한 사실은 '몯ᄒᆞ-'도 해당 절만 부정 범위로 삼는 제약 현상을 가지고 있음을 보여주는 것으로 이해할 수 있겠다.

다음은 종속 접속문의 경우이다.

(61) 가. ᄒᆞ다가 能히 法界예 廻向ᄒᆞ면 그 福을 가즐비디 <u>몯ᄒᆞ리라</u>〈月釋21:146a〉

　　　나. 過去 諸佛도 三大衣를 니브시면 싸히 이긔들 <u>몯ᄒᆞᄂᆞ니</u>〈月釋25:45b〉

　　　다. 나ᄂᆞᆫ 病ᄒᆞ야 能히 니디 <u>몯ᄒᆞ노니</u>〈杜詩19:32b〉

(62) 가. 大愛道ㅣ 드르시고 ᄒᆞᆫ 말도 <u>몯ᄒᆞ야</u> 잇더시니〈釋詳6:7b〉

　　　나. 目連이 밥 가지고 獄애 가니 어미 밥 보고 貪ᄒᆞᆫ ᄆᆞᅀᆞ물 가시디 <u>몯ᄒᆞ야</u>〈月釋23:89b〉

(63) 가. 네 비록 出家ᄒᆞ야도 善利를 得디 <u>몯ᄒᆞᄂᆞ니</u>〈月釋9:36a〉

　　　나. 이 經功德을 닐어도 오히려 能히 다 <u>몯ᄒᆞ리라</u>〈月釋18:10b〉

　　　다. 비록 天眼을 得디 <u>몯ᄒᆞ야도</u> 肉眼ㅅ 히미 이러ᄒᆞ니라〈釋詳19:14a〉

(64) 가. 내 샹녜 諸國에 노뇨딕 이 衆을 아릭 보디 <u>몯ᄒ야</u> 내 이 衆
　　　　中에 흔 사ᄅᆞᆷ도 아디 몯ᄒ노니 〈法華5:100b〉

　　나. 아릭 毗盧 十法界圖를 보고 그 相을 보딕 그 ᄠᅳ들 불기디 <u>몯</u>
　　　<u>ᄒ며</u> 法華 身根 功德을 외오고 그 ᄠᅳ들 드로딕〈法華6:61b〉

(65) 더운 제 셔울 가니 칩ᄃᆞ록 도라오디 몯ᄒ얫도다〈杜詩10:27a〉

위 (61 가, 나)는 조건의 '-(으)면'이 이끄는 접속문이고, (61 다)는 원인의
'-어'가 이끄는 접속문이고, (62)는 계기의 '-고'가 이끄는 접속문이고, (63)
은 양보의 '-어도'가 이끄는 접속문이다. (64)는 배경의 '-오딕'가 이끄는
접속문이고, (65)는 결과(시간의 경과)의 '-ᄃᆞ록'이 이끄는 접속문이다. 이
들에서도 '몯ᄒ-'가 해당 절만 부정하는 사실을 확인할 수 있다. 후행절에
나타난 '몯ᄒ-'가 선행절까지 부정하는 경우는 아직까지 확인되지 않는다.
한편, 동시와 의도 접속문의 경우는 적절한 예가 확인되지 않아 제시하지
못했다.

　지금까지 '몯ᄒ-'의 실현과 그 부정 범위를 검토한 결과, '몯ᄒ-'의 실현
양상과 그 부정 범위가 '아니ᄒ-'와 크게 다르지 않음을 몇 예를 통해서
확인할 수 있었다. 이를 정리하면 아래와 같다.

(66) '몯ᄒ-'의 실현 양상과 그 부정 범위

　　가. '몯ᄒ-'는 접속문에 따라 통합 제약을 보이지 않으며
　　나. 접속문의 유형과 관련없이 그 해당 절의 내용만 부정 범위로
　　　삼는다.

이로써 지금까지 살펴본 '아니', '몯', '아니ᄒ-', '몯ᄒ-'의 부정 범위를 아
래와 같이 간략하게 정의할 수 있겠다.

(67) 15세기 국어 접속문에서 보이는 부정의 해석 범위

　　부정 요소는 해당 절만 부정 영역으로 삼는다.

위 (67)의 정리 내용은 대등 접속문과 종속 접속문 구성 모두 나타난 현
상으로 15세기 국어 접속문의 부정 범위의 제약 현상으로 볼 수 있다. 또
한 이를 부정 요소 통합 제약 현상으로도 볼 수 있을 것이다. 그러나 앞
서 언급하였듯이 대등 접속문의 경우에 'V-(으)며 - V' 구성은 후행절에
실현된 '아니ᄒ-'가 선행절까지 그 영향을 미치는 경우가 있는 사실도 지
적해 둔다. 하지만 이 경우는 해당 예가 그리 많지 않고 'V-(으)며 - V' 구
성일지라도 '아니ᄒ-'가 선·후행절에 모두 나타난 빈도가 훨씬 우세하다
는 점에서 일반적인 현상으로 볼 수는 없다.

4. 의문사의 실현 양상 및 의문어미와의 호응 관계

　이 절에서는 설명 의문문으로 해석되는 접속문에서 의문사가 어떠한
실현 양상을 보이는지, 선행절에 나타난 의문사와 후행절의 의문어미의
호응 관계가 어떠한지, 그리고 마지막으로 판정 의문어미로 종결된 접속
문의 선행절이 어떠한 의문의 언표 내적 효력을 가지는지를 검토해 보기
로 하겠다.

　국어 접속문 연구에서 언표 내적 효력은 임홍빈·장소원(1995)에서 대
등 접속문과 종속 접속문이 언표 내적 효력에서 차이를 보인다는 지적과
함께 이은경(2000)에서 본격적으로 다루어진 바 있다.[21] 그런데 이은경

---

21) 사실, 접속문에서 의문문의 검토는 Kuno(1973)에서 이미 검토된 바 있는데, Kuno(1973)
　　에서 접속문의 종속성을 검증하는 방법으로 의문문으로 끝난 접속문의 선행절이 어떠
　　한 해석을 받는지를 검토 대상으로 삼은 바 있다.

(2000)에서 진술, 질문, 명령, 청유 등을 검토하였는데, 이 특성이 대등과 종속 접속문에 의해 나누어지는 것이 아니고 접속문에 따라 달리 나타나기 때문에 대등 접속문과 종속 접속문을 가를 수 있는 기준으로 보기에는 어렵다는 지적을 한 바 있다.

그런데 15세기 국어에서 의문의 언표 내적 효력과 의문사 실현 양상 등이 현대국어와 다른 양상을 보이는 듯하다. 현대국어와 유사한 양상을 보이긴 하나 15세기 국어의 특징적 현상을 확인할 수 있어 공시적 연구뿐 아니라 통시적 연구에서도 주요 주제가 될 수 있다. 이에 본고는 접속문의 의문문만을 대상으로 언표 내적 효력을 검토하되 의문사의 실현 양상과 의문어미와의 호응 관계, 그리고 판정 의문문에서의 선행절의 언표 내적 효력을 검토하고자 한다.

한편, 의문문 연구가 진전되면서 접속문에서 의문사와 의문어미의 호응 관계가 지적되곤 하였다. 서정목(1985)가 그 대표적 연구인데 이 글에서는 접속문의 선행절에 의문사가 나타날 때 후행절의 종결어미와의 호응 관계를 기술하고, 그 결과를 의문사와 의문어미의 호응 관계를 초점 부여 규칙과 방벽으로 설명하였다.

4.1. 의문사의 실현과 의문어미와 호응 관계

일반적으로 의문문은 설명 의문문과 판정 의문문으로 구분되는데 이는 의문사의 유무에 의하여서 구별된다. 15세기 국어에서 의문사의 유무에 따라 의문어미가 교체되는 것은 주지의 사실이다.[22]

   (68) 가. 어마니뭀 아라보리로소니잇가〈月釋23:86b〉

       가′. 이 ᄯᆞ리 너희 죵가〈月釋8:94b〉

---

22) 안병희(1965), 서정목(1987)을 참고.

나. 뉘 닐오ᄃᆡ 어마니미 이에 잇다 ᄒᆞ더니잇고〈月釋23:82a〉

나'. 이 엇던 光明고〈月釋5:7b〉

(68 가, 나)는 'ᄒᆞ쇼셔체' 문장에서 '-가', '-고'가 의문사의 유무에 따라 나타난 예를 보인 것이고 (68 가', 나')은 'ᄒᆞ라체' 문장에서 '-가', '-고'가 의문사의 유무에 따라 나타난 예를 제시한 것이다. 15세기 국어에서 의문어미 '-가', '-고', '-냐(-니+-아)', '-뇨(-니+-오)' 등은 의문사의 유무에 따라 교체를 보인다. 즉 설명 의문문일 때는 '-고', '-뇨(-니+-오)'가 문장 종결에 통합되고 판정 의문문일 때는 '-가', '-냐(-니+-아)'가 문장 종결에 통합되어 나타난다.

그럼 먼저 접속문에서 의문사의 실현과 의문어미의 호응 관계를 살펴보도록 하겠다. 우선 나열의 '-(으)며', '-고'가 이끄는 대등 접속문의 경우부터 살펴보도록 하겠다.

(69) 가. 내 道法을 ᄇᆡ화 니겨 뉘 經을 受持ᄒᆞ며 어느 道ᄅᆞᆯ 닷가 니기니잇고〈法華5:110b〉

나. 十八界ᄅᆞᆯ 아니 므스기 圓通이며 므슴 方便을 브터 三摩地예 드ᅀᆞᆫ다〈楞嚴5:32a〉

다. 네 아비 뫼해 이셔 므스글 머그며 므스글 닙더뇨〈月釋20:88b〉

다'. 두 아기 對答호ᄃᆡ 나못 여름과 ᄂᆞᄆᆞᆯ콰 먹고 褐로 옷 ᄒᆞ야 닙고〈月釋20:88b〉

라. 너희 스스이 뉘며 뉘 弟子ᅟᅵᆫ다〈法華7:135a〉

라'. 두 아ᄃᆞ리 ᄉᆞᆯ오ᄃᆡ……이 우리 스스이시며 내 이 弟子ㅣ로이다〈法華7:135a〉

마. 스ᅌᅳᆼ닚 어마니미 姓은 므스기시고 일후믄 므스기신고〈月釋23:82b〉

위 (69)는 나열의 '-(으)며', '-고'가 이끄는 대등 접속문으로 의문사가 선행절과 후행절에 각각 통합하여 나타나고 있다. (69)에서와 같이 의문사가 선·후행절에 모두 통합하여 나타날 경우에 의문어미로는 '-고'가 통합하고 선·후행절 모두 설명의문문으로 해석된다. 설명의문문으로 해석되는 것은 (69 다, 라)의 응답문을 통해서 확인할 수 있다. 한편, (69)처럼 대등 접속문의 경우에 의문사가 선·후행절에 모두 통합하는 것도 중요한 특성으로 지적될 수 있다. 대등 접속문의 경우는 의문사가 한 절에만 나타난 예가 확인되지 않기 때문이다.

그런데 아래는 언뜻 보기에 의문사가 선행절에만 실현된 경우로 보이는 예이다.

(70) 가. <u>엇뎨</u> 불고믈 보며 어드우믈 보리오〈楞嚴3:94b〉

　　　가´. 滅ᄒ면 則云何見明ᄒ며 見暗이리오〈楞嚴3:94b〉

　　　나. 東西南北에 <u>어듸</u> 가며 住호믈 一定ᄒ리오〈圓覺하3-1:102b〉

　　　다. <u>므스기</u> 시르미며 깃부미리오〈永嘉하:18a〉

　　　다´. 므스기 시르미며 므스기 깃부미리오〈永嘉하:17b〉

(70 가)는 '어찌 밝음을 보며 (어찌) 어둠을 보겠느냐?' 정도로 해석되고, (70 나)는 '동서남북에 어디를 가며 (어디에) 머무는 것을 정하겠느냐?' 정도로 해석되며, (70 다)는 '무엇이 시름이며 (무엇이) 기쁨이겠느냐?' 정도의 의미를 가진다. 즉, 위 (70)은 후행절의 의문사가 동일 명사구 생략 현상에 의하여서 생략된 것으로 파악된다. 특히 (70 다)은 (70 다´)가 후행절의 의문사가 생략되었음을 보이는 경우라 하겠다. 이처럼 나열의 접속문에서 후행절의 의문사가 생략되어 나타나는 현상이 대개 수사 의문문에서 나타난다는 사실도 확인해 두기로 한다.

선택과 대조 접속문의 경우는 적절한 예가 확인되지 않아 본문에 제시할 수 없어 아쉬움이 남는 부분이다. 그런데 대조 접속문의 경우에 "悟ᄂᆞᆫ

能히 迷를 알어니와 迷ㅣ 엇뎨 悟를 알리오"〈永嘉하92a〉처럼 의문사가 후
행절에만 나타나는 것으로 보이는 예가 확인된다. 그런데 이 예문은 후행
절이 수사 의문문인 대조 접속문이기 때문에 일반적인 대조 접속문의 성
향을 보이는 것으로 파악하기는 어렵다.
  이상으로 대등 접속문에서 보이는 의문사의 실현과 의문어미의 호응
관계를 정리하면 아래와 같다.

  (71) 대등 접속문에서 의문사의 실현과 의문어미와의 호응 관계
      가. 대등 접속문은 의문사가 선행절과 후행절에 각각 독립적으
          로 나타나는 것이 일반적이나 대조 접속문의 경우는 의문사
          가 후행절에만 나타나는 경우가 있는데 이때는 후행절이 수
          사 의문문으로 해석되어 선행절과 대조 관계를 이룬다.
      나. 의문사는 설명 의문어미와 호응 관계를 이룬다.

  다음으로 종속 접속문에서 의문사의 실현을 살펴보도록 하겠다. 먼저
의문사가 선행절에 나타난 경우를 검토해 보자.

  (72) 가. 世尊이 아래 므슴 功德을 ᄒ시관ᄃᆡ 이런 한 塔을 世尊 위ᄒᆞᅀᆞ
          바 이르ᅀᆞᄫᆞ리잇고〈釋詳24:9b〉
      나. 눌 爲ᄒᆞ야 가져간다〈月釋2:13a〉
      다. 이 獄앳 衆生은 前生애 므슷 罪業을 짓관ᄃᆡ 이런 受苦를 ᄒᆞᄂᆞ
          뇨〈月釋23:78b〉
      라. 엇던 行業을 지서 惡道애 ᄠᅥ러딘다〈月釋21:56a〉

  (73) 가. 如來 니ᄅᆞ샤ᄃᆡ 디나건 劫에 ᄒᆞᆫ 王이 일후미 波塞奇라 호리 閻
          浮提ㅅ 八萬 四千 나라ᄒᆞᆯ 가져 잇더니〈釋詳24:9b〉
      나. 對答호ᄃᆡ 눈먼 어ᅀᅵ를 이반노라 받 님자히 과ᄒᆞ야 즁싱도 孝

道흘쎠 일록 後에 疑心 마오 가져가라 ᄒ니〈月釋2:13a〉

위 (72)는 원인의 종속 접속문으로 의문사가 선행절에 통합하여 나타난 경우이다. 이때 선행절의 의문사는 후행절의 의문어미 '-고', '-ㄴ댜'와 호응 관계를 이루고 있다. 또한 응답문(73 가, 나)을 통해서 위 예들이 설명 의문문으로 해석되는 것을 확인할 수 있다. 원인 접속문의 경우는 의문사가 대체로 선행절에 통합하여 나타나는 것을 확인할 수 있는데, 이는 의문문 연구에서 논의되고 있는 질문의 초점과 관련된 것으로 판단된다. 원인 접속문의 경우에는 의미 관계상 결과 내용보다는 원인의 내용이 화자가 알고자 하는 내용일 가능성이 크다. 때문에 질문의 초점을 가지고 있는 의문사가 후행절보다는 선행절에 나타나는 경향을 보이는 것이다. 이에 대해서는 4.2에서 자세히 살펴보도록 하겠다.

다음으로 조건의 종속 접속문을 살펴보도록 하자.

(74) 가. 오늘 어마니믈 어더 뵈ᅀᆞᆸ면 <u>므슷</u> 일로 弟子ㅣ 恩惠를 가프시리잇고〈月釋23:86a〉

　　 가. 오늘 어마니믈 보ᅀᆞᆸ면 한 菩薩을 請ᄒᅀᆞᄫᅡ 大乘經典을 轉햐 獄主ㅅ 恩惠를 가포리라〈月釋23:86a〉

　　 나. 皇后ㅣ 오ᄂᆞᆳ날 니르디 아니ᄒ시면 내 <u>엇뎨</u> 이러호믈 알리오 〈內訓2:109b〉

　　 다. 亂이 긋거든 <u>어느</u> 히예 도라가려뇨〈杜詩17:21a〉

　　 라. 흔 神奇흔 사ᄅᆞᆷ믈 어더 이 羅刹을 내좃고 毒龍을 降服히면 내 몸 外예ᅀᅡ <u>므스글</u> 앗기료〈月釋7:28b〉

　　 마. 나를 ᄂᆞᆷ 주시면 뉘 太子를 供養ᄒᅀᆞᄫᆞ리잇고〈月釋20:84b〉

위 (74)처럼 조건의 접속문은 의문사가 대체로 후행절에 나타난다. 이때도 의문사는 후행절의 설명 의문어미와 호응 관계를 이루고 있다. 조건

접속문이 원인 접속문과 달리 의문사가 후행절에 나타나는 것도 의문문
에서의 질문의 초점과 관련된 것으로 보인다. 조건 접속문은 의미 관계상
결과 내용을 담고 있는 후행절이 화자가 알고자 하는 내용일 가능성이 크
다. 이러한 의미적 관계로 인해서 질문의 초점을 가지고 있는 의문사가
주로 후행절에 나타나는 경향을 보이는 것이다.

다음으로 계기와 동시 종속 접속문을 살펴보자.

(75) 가. 네 두 王 셰여 <u>므슷</u> 일 일운다〈三綱忠24〉

　　 나. 師ㅣ 이를 브터 가샤 <u>어느</u> 제 도라오시리잇고〈六朝하65b〉

　　 다. 너희 <u>어듸</u> 가 이런 藥을 어든다〈月釋21:218a〉

　　 라. 뉘 能히 波羅奈國에 가 大光明王ㅅ 머리를 비러 오려뇨〈月釋
　　　　 20:33b〉

(76) 가. 天祥이 닐오듸 님금 셰요믄 宗廟를 두노라 호미니〈三綱忠24〉

　　 다. 大臣이 솔보듸 忍辱太子의 일우샨 藥이이다〈月釋21:218b〉

　　 라. 그 中에 흔 婆羅門이 닐오듸 내 어루 가 비로리이다〈月釋
　　　　 20:33b〉

(77) 가. 山中에 <u>므슴</u> 粮食을 먹고 道理를 빅호리잇고〈月釋23:77b〉

　　 나. 馬祖ㅣ 石鞏ᄃ려 니르샤듸 네 이에 이셔 <u>므슷</u> 일 ᄒᆞᆫ다〈南明
　　　　 샹:58b〉

　　 다. 聖賢ㅅ 글왈 닐거 빅호는 이리 <u>므스것고</u>〈三綱忠24〉

(78) 가. 부톄 니르샤듸 山中에 오직 범과 일히와 雜 즁싱이 잇ᄂᆞ니
　　　　 齋ᄒᆞᆯ 時節이어든 香花를 므러와 供養ᄒᆞᄂᆞ니라〈月釋23:78a〉

　　 나. 對答ᄒᆞᅀᆞ오듸 쇼 머기노이다〈南明샹:58b〉

위 (75)는 계기 접속문이고, (76)은 그에 해당되는 응답문이다. (77)은 동시 접속문의 경우이고, (78)은 그에 해당되는 응답문이다. 이 계기 접속문과 동시 접속문의 경우에도 의문사가 한 절에만 나타난 사실이 확인되며, 선행절의 의문사든 후행절의 의문사든 의문어미와 호응 관계를 이루는 것을 알 수 있다. 그런데 위 계기와 동시 접속문의 경우는 원인이나 조건 접속문과 달리 의문사가 일정한 절에 나타나지 않고 상황에 따라서 선행절이나 후행절에 나타나는 것으로 확인된다.

다음으로 양보 접속문과 배경 접속문의 예를 살펴보도록 하자.

(79) 가. 비록 쏘 出家ᄒᆞᆫ들 <u>므슴</u> 德이 이시리오〈永嘉상23b〉

　　 나. 비록 智慧 ᄇᆞᆯᄀᆞ신들 世間애 <u>므스기</u> 有益ᄒᆞ료〈釋詳24:39b〉

　　 다. 冠服이 비록 이신들 죵과 <u>므스기</u> 다ᄅᆞ리오〈內訓1:30a〉

　　 라. 비록 맛당히 닐어도 네 <u>어듸</u> 이셔 趙州 본다〈蒙山53b〉

　　 마. <u>엇뎨</u> 過去 現在 未來 諸佛이 功德을 니ᄅᆞ샤도 오히려 다 몯ᄒᆞ시리잇고〈月釋21:157a〉

(80) 가. 내 큰 스승니미 ᄒᆞ마 涅槃ᄒᆞ시니 <u>어느</u> 므ᅀᅳᆷ로 바ᄇᆞᆯ 머그료〈釋詳23:41b〉

　　 나. 如來ㅣ 겨시디 아니ᄒᆞ시니 <u>어느</u> 고대 如來ㅣ 겨시뇨〈圓覺상1-1:62b〉

　　 다. 주거 大宋ㅅ 鬼 ᄃᆞ외니 <u>므스거스로</u> 이 모ᄆᆞᆯ 시스려뇨〈三綱烈20〉

　　 라. 兵甲이 젹거니 <u>므슴</u> 이ᄅᆞᆯ 일우리잇고〈釋詳24:12a〉

　　 마. 劉公이 묻ᄌᆞ오ᄃᆡ 行호ᄃᆡ <u>므슴</u> 거슬 몬져 ᄒᆞ리잇고〈內訓1:14b〉

위 (79), (80) 접속문의 경우에도 의문사가 한 절에만 나타난 사실을 확인할 수 있으며 설명 의문어미 '-고'와 호응 관계를 이루는 것을 알 수 있다. (79)처럼 양보 접속문의 경우는 의문사가 대체로 후행절에 나타나지만 선행절에 나타나는 경우도 확인되는데, (80)처럼 배경 접속문의 경우는 대체로 후행절에 나타나는 경향을 보인다.

한편, 의도 접속문과 결과 접속문은 문헌 자료의 한계로 적절한 용례를 확인하기가 매우 어렵다. 다만 의도 접속문의 경우에 "王이 <u>므슴</u> 호려 져 주시ᄂᆞ니잇고"⟨釋詳11:28a⟩와 보조 용언 구성인 "<u>므슴</u> 이를 겻고오려 ᄒᆞᄂᆞ고"⟨釋詳6:27a⟩, "<u>므슴</u> 이를 닐오려 ᄒᆞ시ᄂᆞ뇨"⟨釋詳13:26a⟩ 등의 예에서 의문사의 실현과 의문어미와의 호응 관계를 확인할 수 있다. 의도의 접속문도 의미 관계를 고려하면 화자가 알고자 하는 내용이 선행절에 놓일 경우가 크기 때문에 의문사가 주로 선행절에 나타나는 것으로 보인다.

이상으로, 종속 접속문에서 보이는 의문사의 실현과 의문어미의 호응 관계를 정리하면 아래와 같다.

(81) 종속 접속문에서 의문사의 실현과 의문어미와의 호응 관계
    가. 종속 접속문은 의문사가 한 절에만 나타나는 것이 일반적이다.
        a. 원인과 의도 접속문은 의문사가 대개 선행절에 나타나는 경향을 보인다.
        b. 조건과 양보, 배경 접속문은 의문사가 대개 후행절에 나타나는 경향을 보인다.
        c. 계기와 동시 접속문은 일정한 경향을 보이지 않는다.
    나. 의문사는 설명 의문어미와 호응 관계를 이룬다.

지금까지 우리는 접속문에서 의문사의 실현 양상과 실현된 의문사와 의문어미의 호응 관계를 살펴보았다. 살펴본 결과, 대등 접속문과 종속 접속문에 따라서 의문사의 실현이 다르게 나타나는 사실을 확인하였다. 대등 접속문의 경우에는 의문사가 선행절과 후행절에 모두 실현되는 것

이 일반적이나 종속 접속문의 경우에는 한 절에만 실현되는 것이 일반적인 양상으로 드러났다. 이러한 의문사의 실현은 대등 접속문과 종속 접속문의 성격에서 비롯된 것으로 보인다. 즉, 선행절과 후행절이 대등적(혹은 대칭적) 관계에 있는 대등 접속문은 의문사가 각각의 절에 모두 실현되는 것이 자연스러운 반면에 선행절과 후행절이 종속적(혹은 비대칭적) 관계에 있는 종속 접속문은 각 접속문의 의미 관계에 따라서 의문사가 어느 한 절에만 나타나는 것이 자연스러운 것이다.[23]

다음은 의문사와 의문어미의 호응 문제인데 본고에서 확인한 결과, 의

---

23) 그런데 아래는 대표적 종속 접속어미인 '-(으)니'가 이끄는 접속문에서 의문사가 선행절과 후행절에 각각 독립적으로 나타난 경우이다.

    (1) 가. 太子ㅣ 무르샤ᄃᆡ 어듸셔 오시니 므슷 거슬 求ᄒ노니잇가〈月釋20:47b〉

        가′. 婆羅門이 술보ᄃᆡ 鳩留國에셔 오니 두 아기를 비ᅀᆞ노이다〈月釋20:47b〉

위 (1 가)는 "어디에서 왔으며 무엇을 구하십니까?" 정도로 의미 관계상 나열 정도로 해석된다. 이 예의 형식에서 두 가지 문제가 제기되는데, 하나는 종속 접속문에서 의문사가 선행절과 후행절에 각각 실현된 점이고, 또 다른 문제는 후행절에 판정 의문어미가 통합하여 나타난 점이다. 첫째 문제는 응답문 (1 가′)을 볼 때도 위 (1 가)는 설명 의문문으로 해석되는데, 판정 의문어미가 통합한 점이다. 설명 의문문에 판정 의문어미가 통합한 것은 아주 이례적인 경우이다. 그 빈도나 다른 예문과 비교를 통해 볼 때 예외적으로밖에는 간주할 수 없을 듯하다. 두 번째 문제는 '-(으)니'가 이끄는 접속문에 의문사가 선행절과 후행절에 각각 나타난 점이다. 이 문제는 '-(으)니'에서 찾을 수 있을 듯하다. 15세기 국어에서 '-(으)니'는 변별적인 의미 기능을 가진 어미로 보기 어렵다. '-(으)니'는 절의 다양한 논리적 의미 관계에 따라 '근거', '원인', '양보', '대립', '발견' 등의 의미를 가지기도 하고 때로는 종결어미처럼 행동하기도 한다. 이런 점에서 볼 때, '-(으)니'는 그 의미가 단일한 의미 기능을 가진 어미로 파악하기보다 포괄적 의미를 가진 어미로 보는 것이 바람직해 보인다. '-(으)니'가 '이유'의 의미를 가질 때 후행하는 절 앞에 주로 '이런 ᄃᆞ로', '그럴ᄊᆡ' 등이 나타나 '이유'의 뜻을 분명히 하는 것도 '-(으)니'가 포괄적 의미를 가진 특성에서 기인한 것이라 생각한다. 따라서 '-(으)니'의 의미에 대해서는 다양한 예문을 통해서 검증해야 하겠지만 잠정적으로 위 예에서 '-(으)니'가 나열의 의미로 사용된 예문으로 간주하고자 한다. 아래는 '-(으)니'가 나열의 의미로 사용된 또 다른 예이다.

    (2) 가. 너희 ᄒ논 이를 몯 <u>일웻ᄂ니</u> 너희 住혼 ᄯᅡ히 佛慧예 갓가오니 반ᄃᆞ기 보아 슬펴 혜아리라〈法華3:181b〉

        가′. 너희 ᄒ논 이를 몯 <u>일워 이시며</u> 네 住혼 ᄯᅡ히 佛慧예 갓가ᄫᅵ니 슬펴 혜아려 보라〈月釋14:80b〉

문사가 선행절이든 후행절이든 나타나기만 하면 의문사가 의문어미와 호응 관계를 이룬다는 사실을 확인하였다. 이 호응 관계는 통사 구조에서 일치의 문제와 관련된 것으로 통사 구조적으로 이해되어야 할 것이다. 특히 선행절에만 실현된 의문사가 후행절에 통합하는 의문어미와 호응 관계를 보이는 사실은 서정목(1985)의 지적처럼 선행절과 후행절이 구조적으로 부가 구조를 이루면서 자질의 일치가 작용한 것으로 이해할 수 있겠다.

그런데 아래의 예들은 선행절에 나타난 의문사와 의문어미가 호응 관계를 이루지 않는 경우로 주의를 요하는 예문이다.

(82) 가. 뇌게 傳ᄒ야 심기시니잇가〈六朝상51b〉

　　 나. 스승니미 엇던 사ᄅ미완ᄃᆡ 우리 地獄門 알ᄑᆡ 와 겨시니잇가
　　　　〈月釋23:82a〉

　　 다. 현 번 뛰운ᄃᆞᆯ ᄂᆞ미 오ᄅ리잇가〈龍歌48〉

(83) 가. 니ᄅ샤ᄃᆡ 能이 得ᄒ니라 衆이 다 아니라〈六朝상51b〉

　　 나. 目連이 對答ᄒ오ᄃᆡ 날ᄃᆞ려 嗔心 말라〈月釋23:82a〉

위 (82)는 의문사가 선행절에 실현된 예들인데, 앞서 살펴본 것과 달리 의문사와 의문어미가 호응 관계를 이루지 않고 있다. 즉, (82)는 의문사가 실현되었음에도 설명 의문어미가 나타나지 않고 판정 의문어미가 통합한 경우인 것이다. 앞서 검토한 바에 따르면 이때는 설명 의문어미가 통합해야 한다. 선행절이든 후행절이든 의문사가 실현되면 설명의문어미가 나타났기 때문이다. (82 다)처럼 수사 의문문으로 해석될지라도 설명의문어미가 통합하는 것이 일반적이다.

그런데 (82)처럼 의문사와 의문어미가 호응 관계를 보이지 않는 경우는 안병희(1992:140)에서 이미 지적되었으며, (82)와 같은 경우가 주로 수사

의문문에서 나타나는 경우임에 주목하여 매우 예외적인 현상으로 처리하였다. 본고도 이와 같은 생각이다. 우선 (82)와 같은 경우가 극히 드물 뿐만 아니라 동일한 상황에서 오히려 설명의문어미가 통합하는 일이 많기 때문이다. 소위 발화 실수와 같은 예가 아닌가 싶다.

4.2. 선행절의 의문 언표 내적 효력

국어 접속문에서 선행절이 어떠한 언표 내적 효력을 가지는가는 현대 국어의 접속문 연구에서 주요 검토 대상이 된 바 있다. 접속문의 분류에 따라서 언표 내적 효력이 달리 나타나기 때문이다. 이 절에서는 이러한 논의를 바탕으로 15세기 국어 접속문에서 보이는 의문의 언표 내적 효력을 검토하고자 한다. 자료를 본격적으로 검토하기에 앞서 의문의 언표 내적 효력과 질문의 초점에 관해 살펴보기로 한다. 질문의 초점이 놓이는 성분이 의문의 대상이 되기 때문에 질문의 초점과 의문의 언표 내적 효력은 긴밀히 관련되어 있기 때문이다.

의문의 언표 내적 효력은 의문문이라는 특정한 문장 형식을 통해서 실현된다. 의문문은 화자가 질문을 통하여 '알고자 하는 내용'과 '이미 알고 있다고 전제하는 내용'으로 이루어진다. 여기에서 '알고자 하는 내용'은 신정보를 말하고 '이미 알고 있다고 전제하는 내용'은 구정보를 말하는데, 구정보는 화자가 알고 있는 내용인 반면에 새로운 정보, 즉 신정보는 화자가 질문과 응답을 통해서 제공받게 된다. 여기에서 중요한 점은 질문의 초점이 어디에 놓이느냐에 따라 질문의 응답이 달라진다는 것이다(서정목 1987).

일반적으로 질문의 초점은 화자가 알고자 하는 정보를 요구하는 성분에 놓이기 때문에, 접속문에서 질문의 초점이 놓이는 성분이 선행절에 있으면 선행절이 의문의 언표 내적 효력을 가질 것이고 후행절에 있으면 후행절이 의문의 언표 내적 효력을 가지는 것은 당연한 일이다. 여기에서 의문의 언표 내적 효력은 접속문의 의미 관계와도 밀접한 관련을 가진다.

접속문의 선행절과 후행절 사이의 의미 관계에서 화자는 두 절에 관심을 가질 수도 있고 그 중에 한 절에만 관심을 가질 수도 있다. 이러한 화자의 관심은 설명 의문문을 통해서 확인할 수 있다. 의문문을 이루는 의문사가 질문의 초점을 받은 성분이기 때문에 의문사의 실현을 통해서 화자의 관심을 알 수 있는 것이다. 앞서 우리는 의문사와 의문어미의 호응 관계를 살펴보면서 접속문의 유형에 따라서 의문사의 실현 양상에 차이가 있음을 확인하였다. 대등 접속문과 종속 접속문이 다르고 종속 접속문 중에서도 의문사의 실현이 각각 다르다. 이러한 의문사의 실현은 접속문의 의미 관계와 밀접한 관계를 가지고 있다. 가령, 원인 접속문은 결과 내용보다는 원인의 내용이 화자가 알고자 하는 내용일 가능성이 크기 때문에 의문사가 주로 선행절에 나타나는 경향을 보이는 반면 조건 접속문은 조건 내용보다는 결과 내용이 화자가 알고자 하는 내용일 가능성이 크기 때문에 의문사가 후행절에 나타나는 경향을 보이는 것이다.

아래 예문을 통해서 지금까지 논의한 내용을 살펴보기로 한다. 편의상 현대국어의 예를 들어 설명해 보겠다.

(84) 가. 철수는 울고 순이는 웃었니?

나. 내일이 철수 생일인데 선물 안 사니?

다. 애가 배가 고파서 우니?

위 (84 가)는 나열의 '-고'가 이끄는 대등 접속문으로, "철수는 울었니?"와 "순이는 웃었니?"가 모두 가능하기 때문에 의문의 언표 내적 효력이 선행절과 후행절 모두에 걸린다고 할 수 있다. 그런데 (84 나)는 양보의 '-ㄴ데'가 이끄는 종속 접속문으로, "선물 안 사니?"는 가능하지만 "*내일이 철수 생일이니?"는 불가능한 것으로 해석된다. 즉 이 경우에 언표 내적 효력은 후행절에만 미친다 하겠다. 이 접속문에서 '내일이 철수 생일이다'라는 정보는 화자와 청자가 공유하는 구정보이기 때문에 화자는 이 정보에 대해서 질문할 필요가 없다. 화자는 아직 알려져 있지 않은 사태, 즉 신정보에 대해서 질문하게 되는데 (84 나)는 그 정보가 후행절의 내용이고, 이 후행절에 질문의 초점이 놓여 의문문을 이루게 되는 것이다.

(84 다)는 원인의 '-어서'가 이끄는 종속 접속문이다. 이 예문에서 의문의 언표 내적 효력은 일반적으로 선행절에 걸리는 것이 자연스럽다. (84 다)는 화자가 울고 있는 아이를 보고 청자(아내)에게 아이가 배가 고파서 우냐고 묻는 상황으로, 여기서 '아이가 우는 사태'는 화자와 청자가 공유하는 정보이지만 '아이가 왜 우는지'는 화자가 모르고 있는 정보이다. 따라서 화자는 모르고 있는 정보를 얻기 위해서 청자에게 질문을 하고 있는 것이다. 여기서 질문의 초점은 화자가 신정보를 얻고자 하는 부분인 선행절에 놓이게 된다. 따라서 의문의 언표 내적 효력도 선행절에만 걸리는 것으로 해석된다.

그런데 이은경(2000)은 '-어서'가 이끄는 접속문에서 의문의 언표 내적 효력이 선행절과 후행절에 모두 걸릴 수도 있다고 지적하였다. '-어서'가 이끄는 접속문에서 의문의 언표 내적 효력이 이론적으로는 선행절과 후행절 모두에 걸리는 것으로 보일 수 있으나 실제 발화에서는 거의 사용되지 않는 구성이다.

그럼, 지금부터 15세기 국어 예문을 관찰해 보기로 한다. 자료는 응답문이 나타난 자료를 중심으로 살펴보기로 하겠다. 응답문이 나타난 자료를 중심으로 검토하는 것은 접속문에서 의문의 언표 내적 효력이 어느 절에 걸리는지 분명하게 확인할 수 있기 때문이다. 그러나 응답문이 없더라도 문맥적 의미를 고려하여 논의에 필요하다고 판단되는 예도 제시하도록 하겠다.

아래는 나열의 '-(으)며'가 이끄는 대등 접속문이다.

(85) 가. 和尙은 病 <u>져그시며</u> 惱 <u>져그시니잇가</u> 아니잇가 니르샤듸〈六朝

상51b〉

나. 世尊하 淨華宿王 智佛이 世尊끠 묻ᄌᆞ오샤딕 病 <u>져그시며</u> 惱
져그시며 起居ㅣ <u>가빅얍고</u> <u>늘카오시며</u> 便安히 <u>行ᄒᆞ시ᄂᆞ니잇</u>
<u>가</u> 아니잇가〈法華7:20b〉

(86) 病은 곧 업거니와 옷과 法과는 ᄒᆞ마 南의 니거다〈六朝상51b〉

위 (85 가, 나)는 나열의 '-(으)며'가 이끄는 접속문이고, (86)은 (85 가)
에 대응되는 응답문이다. (85 가)는 응답문인 (86)을 통해서 후행절에 통
합한 판정 의문어미가 선행절과 후행절까지 그 영향을 미치고 있음을 알
수 있다. 한편, (85 나)는 문맥적 상황을 고려해 볼 때 선행절과 후행절
모두 판정 의문문으로 해석되는 것을 알 수 있다. 이처럼 나열의 접속문
에서 판정 의문의 언표 내적 효력이 선행절과 후행절에 모두 미치는 것으
로 나타나는데 이는 나열 접속문의 특성으로 파악된다. 나열 접속문에서
후행절만 의문으로 해석되는 경우는 확인되지 않을뿐더러, 또한 이 사실
은 앞서 검토한 의문사의 통합에서 의문사가 대등 접속문에서 선행절과
후행절에 모두 나타나 의문으로 해석되는 것과도 일치한다.

그런데 선택 접속문과 대조 접속문에서 판정 의문어미로 종결된 접속
문의 용례가 확인되지 않는다. 이에 성급하게 그 특성을 단정하기 어렵지
만 선택 접속과 대조 접속이 나열 접속문과 같이 선행절과 후행절이 대등
한 관계를 가진다는 점에서 선택과 대조 접속문의 경우에도 후행절에 실
현된 판정 의문어미에 의해서 선행절도 의문문으로 해석될 것으로 추정
된다.

다음으로 원인과 조건의 종속 접속문의 예들을 살펴보도록 하겠다.

(87) 가. 네 겨집 <u>그려</u> 가던다〈月釋7:10a〉
나. 네 ᄎᆞ마 아ᅀᆞᆷ <u>爲ᄒᆞ야</u> 혜ᄆᆞᆯ 아니 혜ᄂᆞᆫ다〈三綱烈17〉

다. 이 보미 또 불고물 <u>因호야</u> 보미 잇느녀 어드우물 <u>因호야</u> 보
　　미 잇느녀 空을 <u>因호야</u> 보미 잇느녀〈楞嚴2:68a〉

(88) 가. 對答호ᅀᆞᆸ보디 實엔 그리호야 가다이다〈月釋7:10a〉

　　나. 趙氏 닐오디 分別 업스니이다 호고 울오〈三綱烈17〉

(89) 가. 부텻 ᄠᅳ데 ᄲᅳᆯ티 <u>몯호소오면</u> 쟝츠 아니 罪 어드리잇가〈法華
　　　　3:157a〉

　　나. 天縱之才를 <u>그려ᅀᅡ</u> 아ᅀᆞ볼까〈龍歌43〉

(90) 부톄 니르샤디 비록 내 ᄠᅳᆮ 아니나 各各 正理예 順호야 어루 聖敎
　　ᄃᆞ외리니 福이 잇고 罪 업스리라 호시니〈法華3:157a〉

위 (87 가, 나, 다), (88 가, 나)은 원인의 접속문과 그 응답문이고, (89
가, 나), (90)은 조건의 접속문과 그 응답문이다. 문맥적 의미와 응답문을
통해 볼 때 원인 접속문은 선행절이 의문의 언표 내적 효력을 가지지만
조건 접속문은 후행절이 의문의 언표 내적 효력을 가지는 것으로 파악된
다. 가령, (87 가)는 부처가 난타에게 묻는 장면으로 '네가 계집을 그리워
하여 갔었냐?' 정도의 의미이다. 여기에서 난타가 계집에게 간 사실은 청
자와 화자가 서로 공유한 사실이기 때문에 화자는 이를 전제로 하여 청자
에게 계집을 그리워하여 간 것인지를 묻고 있다. 즉 선행절에 질문의 초
점이 놓여 선행절만 의문의 언표 내적 효력을 갖는 것이다. 이 사실은
(88 가)를 통해서도 확인할 수 있다. 반면 조건의 접속문인 (89 가, 나)는
후행절이 질문의 대상이 되는 것으로 해석된다. 이는 해당 응답문을 통해
서 확인할 수 있다. 다음 예는 계기와 동시의 종속 접속문이다.

(91) 가. 世尊하 ᄌᆞ모 衆生이 이ᄀᆞᆫ흔 말ᄊᆞᆷ 章句 <u>듣ᄌᆞᆸ고</u> 實흔 信을 내리

이시리 잇가 몯ㅎ리잇가〈金剛32a〉

나. 네 ㅎ마 내 남진 믈오 날 <u>조쳐</u> 므로려 ㅎᄂ다〈三綱烈34〉

다. 쏘 衆生이 이 堂中에 이셔 如來 <u>보디 몯고</u> 堂 밧 보리 잇ᄂ녀
〈楞嚴1:50b〉

다'. 阿難이 對答ㅎᅀᆞ오ᄃᆡ 世尊하 堂애 이셔 如來 보디 몯ㅎ습고
能히 林泉 보미 이런 고디 업스이다 모미 堂中에 이실씨 몬
져 안 보미 맛당ㅎ니라〈楞嚴1:50b〉

(92) 가. 如來ㅣ 녜 然燈佛所애 <u>이셔</u> 法에 得혼 고디 잇ᄂ녀〈金剛57a〉

가'. 世尊하 如來ㅣ 然燈佛所애 겨샤 法에 實로 得ㅎ샨 곧 업스시
니이다〈金剛57a〉

위 (91 가, 나, 다)는 계기 접속문으로 선행절과 후행절의 문맥과 응답문
인 (91 다)을 보면 후행절만 의문의 언표 내적 효력을 가지는 것을 알 수
있다. 선행절은 화자와 청자가 공유하는 내용으로 해석되고 후행절은 화
자가 청자에게 묻는 내용을 담고 있는 것으로 해석된다. 즉 (91 가)는 후
행절의 내용인 '믿음을 낼 사람이 있겠는가'를 묻는 것으로 해석되고, (91
나)는 후행절인 '날 좇아 물으려 하느냐'를 묻는 것으로 해석된다. 그런데
앞서 검토한 의문사의 통합을 보면 계기 접속문의 경우에 의문사가 선행
절이나 후행절에 나타나기 때문에 선행절이 의문의 언표 내적 효력을 가
지는 것이 존재하리라 기대되나 본고에서는 확인하지 못하였다.

(92 가)는 '-면서' 정도로 해석되는 동시 접속문의 경우이고 (92 가')는
그에 해당되는 응답문이다. 이 응답문을 통해서 (92 가)가 후행절에 언표
내적 효력이 놓이는 것을 확인할 수 있다. (92 가)는 '여래가 옛적에 연등
불소애 있으면서 법에 득한 것이 있느냐' 정도로 해석되는 것으로 선행절
의 내용은 화자와 청자가 공유하는 정보이며 화자는 후행절의 내용을 질
문의 대상으로 삼고 청자에게 묻는 장면인 것이다. 이 경우에도 의문사의

통합 양상을 참고할 때 선행절의 내용이 질문의 대상이 되는 접속문이 나
타날 것으로 예상되나 아직까지 확인하지 못하였다.

다음으로 양보 접속문의 경우를 살펴보자.

(93) 가. 현마 七寶로 <u>꾸며도</u> 됴타 호리잇가〈月曲44a〉

　　　나. 가라 <u>흔들</u> 가시리잇가〈龍歌69〉

　　　다. 흔낱 뽈을 좌샤 슬히 <u>여위신들</u> 金色 잇든 가시시리여〈月曲
　　　　　23a〉

　　　라. 하늘히 굴히이시니 누비쥼 <u>아닌들</u> 海東黎民을 니즈시리잇가
　　　　　〈龍歌21〉

　　　마. 北道애 보내어시늘 글발로 <u>말이ᅀᆞ본들</u> 가샴 겨샤매 오늘 다
　　　　　ᄅ리잇가〈龍歌26〉

　　　바. 僧伽梨흔 오슬 <u>다마도</u> 몯 바ᄃᆞᆯ가 식브니〈月釋25:46a〉

　　　사. 흐마 주글 싸ᄅᆞ미어니 當時로 <u>사라이신들</u> 주구메셔 다ᄅᆞ리잇
　　　　　가〈釋詳24:29a〉

위 (93)은 후행절에 판정 의문어미가 통합한 양보 접속문으로 대부분 수사
의문문으로 해석되는 것이 흥미롭다. 판정 의문문으로 해석되는 경우가 확
인되지 않아서 언표 내적 효력의 특징을 확인할 수 없어 아쉽기는 하나
(93)과 같은 예가 모두 후행절만 수사 의문문으로 해석된다는 점에서 의문
의 언표 내적 효력을 참고할 수 있을 듯하다. 즉, 양보 접속문의 경우에
판정 의문문의 언표 내적 효력은 후행절에만 놓일 것으로 예측된다.

다음은 배경 접속문의 경우이다.

(94) 가. 舍衛國에 흔 大臣 須達이라 호리 <u>잇ᄂᆞ니</u> 아ᄅᆞ시ᄂᆞ니잇가〈釋詳
　　　　　6:14b〉

　　　나. 내 王ᄭᅴ 흔 願을 비ᅀᆞᆸ고져 <u>ᄒᆞ노니</u> 大王이 드르시리잇가〈月釋

20:63a〉

다. 두루 브라면 白銀山이 <u>잇ᄂ니</u> 보시ᄂ니잇가〈月釋22:40a〉

라. 내 받ᄌ온 寶珠룰 世尊이 <u>바ᄃ시니</u> 이 이리 샌ᄅ녀 몯ᄒ녀
〈法華4:178b〉

마. 師ㅅㅣ 니ᄅ샤ᄃㅣ 내 너룰 <u>툐니</u> 이 알ᄑ녀 알ᄑ디 아니ᄒ녀
〈六祖하25a〉

(95) 가. 護彌 닐오ᄃㅣ 소리ᄲᆫ 듣노라〈釋詳6:15a〉

나. 王이 니ᄅ샤ᄃㅣ 므슴 願고 네 ᄠᅳ들 거스디 아니 호리라〈月釋
20:63a〉

다. 太子ㅣ 닐오ᄃㅣ 東南애 ᄒᆫ 白銀山이 뵈ᄂ다〈月釋22:40a〉

라. 對荅ᄒ샤ᄃㅣ 甚히 샌ᄅ다〈法華4:178b〉

마. 對荅호 ᄃㅣ ᄯ도 알ᄑ며 ᄯ도 알ᄑ디 아니ᄒ이다〈六祖하25a〉

위 (94)는 후행절이 판정 의문어미로 종결된 접속문이고 (95)는 그에 해당되는 응답문이다. (94)의 문맥적 의미와 응답문인 (95)를 살펴보면, 위 경우도 선행절은 화자와 청자가 공유하는 정보 내용을 담고 있지만 후행절은 화자가 알고자 하는 내용 즉 질문의 초점이 놓이는 구성임을 알 수 있다. 따라서 배경 접속문도 후행절이 의문의 언표 내적 효력을 지닌다 하겠다. 이 접속문의 경우에 선행절이 의문의 언표 내적 효력을 가지는 경우는 아직까지 확인되지 않는다.

한편, 목적, 결과의 종속 접속문에서는 문헌 자료의 한계로 인해서 본 논의에 적절한 용례를 확인할 수 없었다. 하지만 지금까지 살펴본 종속 접속문의 해석과 현대국어를 고려하면 위 접속문의 경우도 의문의 언표 내적 효력이 한 절에만 미칠 것으로 생각된다. 선행절이 후행절의 사태에 대한 목적이 되는 의도의 접속문은 질문의 초점이 선행절에 놓이는 것이 자연스럽게 보이나 선행절이 후행절의 결과가 되는 결과 접속문은 질문

의 초점이 후행절에 놓이는 것이 자연스럽게 느껴진다.[24] 질문의 초점에 따라서 의문의 언표 내적 효력을 가지는 것은 이미 지적한 내용이다.

이상으로 검토한 결과 접속문에서 보이는 의문의 언표 내적 효력을 아래와 같이 정리할 수 있겠다.

(96) 선행절의 의문 언표 내적 효력
>   가. 대등 접속문은 선행절과 후행절이 각각 의문의 언표 내적 효력을 가진다.
>   나. 종속 접속문은 선행절이나 후행절 어느 한 절만 의문의 언표 내적 효력을 가지며 그 의문의 언표 내적 효력은 접속문의 유형에 따라서 다르게 나타난다.
>>   a. 원인, 의도의 접속문은 대개 선행절이 의문의 언표 내적 효력을 가진다.
>>   b. 조건, 계기, 동시, 양보, 배경 접속문은 대개 후행절이 의문의 언표 내적 효력을 가진다.

지금까지 판정 의문어미가 실현된 접속문에서 의문의 언표 내적 효력이 어떠한지를 살펴보았다. 살펴본 결과 대등 접속문은 선행절과 후행절이 각각 의문의 언표 내적 효력을 가지는 것을 확인하였고, 종속 접속문은 선행절이나 후행절 중에서 어느 한 절만 의문의 언표 내적 효력을 가지는 것을 알 수 있었다. 이 특성은 의문사의 실현 양상과도 관련된 것으로 대등 접속과 종속 접속의 차이를 보여주는 현상이라 하겠다. 한편, 종속 접속문의 경우에 의문사의 실현이나 의문의 언표 내적 효력이 각 접속문마다 차이를 보이는데 이는 그 접속 구성의 의미 관계에 따른 것으로

---

24) 이은경(2000)은 현대국어 결과 접속문에서 의문의 언표 내적 효력이 선행절에 미칠 수 없음을 지적하였다.

판단된다.

5. 명사구 생략 현상

접속문에서 선행절과 후행절에 동일 지시적인 성분이 나타날 때는 일반적으로 동일 지시적인 성분 중에 한 성분이 생략되어 나타난다. 접속문의 생략 현상에 대해서 일찍이 논의한 최재희(1991)에 따르면 이 생략 현상은 접속문의 유형에 따라 일정한 양상을 보인다. 즉, 접속문에서 생략 현상이 일정한 규칙을 가지고 일어나는데, 접속문의 유형에 따라서 차이를 보인다는 것이다. 이에 본 절에서는 접속문의 통사적 특성으로서 동일 주어 명사구 생략 현상을 중심으로 15세기 국어 접속문의 생략 현상이 접속문의 유형에 따라 어떻게 나타나는지를 살펴보고자 한다.

국어 생략 현상은 크게 문장 차원에서의 생략과 문장 이상 차원에서의 생략으로 나뉘는데, 접속문 생략 현상은 문장 차원에서의 생략으로 선행절과 후행절에 동일 지시적인 요소가 있을 때 어느 한 요소가 생략되는 현상이다. 후행절의 요소가 생략되면 순행 생략 현상으로, 선행절의 요소가 생략되면 역행 생략 현상으로 구분되어 왔다.

접속문의 명사구 생략 현상이 주목을 받은 것은 이 순행 생략과 역행 생략이 접속문의 유형에 따라서 차이를 보인다는 사실이 보고되면서부터이다.[25] 이 생략 현상의 차이가 접속문에서의 특정한 언어 현상으로 기술되기도 하고, 대등 접속문과 종속 접속문의 차이를 나타내는 통사적 장치로 적용되기도 하였다.

이에 본 절에서는 주어 명사구 생략 현상을 중심으로 15세기 국어 접

---

25) 최재희(1991: 27~32) 참고.

속문에서 명사구 생략 현상이 어떻게 나타나는지 면밀하게 검토하여 기술하는 것을 우선적 목표로 삼기로 하겠다. 여기에서 우선적 목표라 한 것은 접속문에 나타나는 모든 생략 현상을 다루지 않고 제한적으로 주어 명사구 생략 현상만을 다루기 때문이다.

그럼, 대등 접속문의 예부터 살펴보기로 하겠다.

(97) 가. 너희 衆生이 動ᄋᆞ로 몸 사ᄆᆞ며 (너희) 動ᄋᆞ로 境 삼ᄂᆞ니〈楞嚴 1:113a〉

　　　나. 이제 世尊이 큰 法을 니르시며 (世尊이) 큰 法雨를……비흐시며 ᄒᆞ시ᄂᆞ다〈釋詳13:26b〉

　　　다. 聖人은 長壽ᄒᆞᆫ 果報를 닷ᄀᆞ시고 (聖人은) 므렛 더품 ᄀᆞᆮᄒᆞᆫ 모ᄆᆞᆯ 아니 치시ᄂᆞ니라〈月釋10:15b〉

　　　라. 그저긔 雲雷音王佛ㅅ 거긔 妙音菩薩이 풍류로 供養ᄒᆞᅀᆞᆸ며 (妙音菩薩이) 보ᄇᆡ옛 그릇 받ᄌᆞᆸ더니〈釋詳20:46b〉

　　　마. 十方諸佛이 일로 道ᄅᆞᆯ 일우시며 (十方諸佛이) 일로 衆生ᄋᆞᆯ 利케 ᄒᆞ시ᄂᆞ니라〈楞嚴8:32b〉

(98) 가. 이 衆生ᄃᆞᆯ히 菩薩ㅅ 일훔 듣거나 (衆生ᄃᆞᆯ히) 菩薩ㅅ 像ᄋᆞᆯ 보거나〈月釋21:99b〉

　　　나. ᄒᆞ다가 衆生이 佛身血을 내어나 (衆生이) 三寶를 허러 나ᄆᆞ라거나 (衆生이) 尊經을 恭敬 아니ᄒᆞ면〈月釋21:39a〉

　　　다. ᄒᆞ다가 有情ᄃᆞᆯ히 不孝를 ᄒᆞ거나 (有情ᄃᆞᆯ히) 五逆을 ᄒᆞ거나 (有情ᄃᆞᆯ히) 三寶를 허러 辱ᄒᆞ거나 (有情ᄃᆞᆯ히) 君臣ㅅ法을 헐어나 〈釋詳9:38a〉

　　　라. 過去諸佛이 世間애 겨시거나 (過去諸佛이) 滅度ᄒᆞ신 後ㅣ어나 〈釋詳13:53b〉

(99) 가. 내 비록 부텨를 맛나ᅀᆞ오나 (내) 이제 순지 狐疑ᄒᆞ노니〈楞嚴
2:3a〉

나. 聖主 世尊이 비록 오래 滅度ᄒᆞ시나 (聖主 世尊이) 寶塔 中에
겨샤 오히려 法 爲ᄒᆞ야 오거시늘〈法華4:136a〉

다. 如來ㅣ 비록 實로 滅티 아니ᄒᆞ나 (如來ㅣ) 滅度를 니르ᄂᆞ니라
〈法華5:148a〉

라. 如來와 聖王괘 그 相ᄋᆞ론 곧 毫釐 마도 어긔요미 업스시거니
와 (如來와 聖王괘) 그 證으론 天地 므스기 멀리오〈金三
4:63a〉

위 (97), (98), (99)는 나열, 선택, 대조 접속문의 경우로 동일 주어 명사구
구성에서 후행절의 명사구가 생략되어 나타나고 있다. 이처럼 대등 접속
문에서 선행절과 후행절의 주어 명사구가 동일 지시적일 때 후행절의 명
사구 성분이 생략되는 것이 자연스러운 듯하다. 선행절의 명사구가 생략
되어 나타나는 일은 없다.

그런데 동일 주어 명사구일 때 후행절의 명사구가 반드시 생략되는 것
은 아닌 듯하다. "諸佛이 이에 阿耨多羅三藐三菩提를 得ᄒᆞ시며 諸佛이 이에
法輪을 轉ᄒᆞ시며 諸佛이 이에 般涅槃ᄒᆞ시ᄂᆞ니라"〈月釋18:12b〉처럼 후행절
의 주어 명사구가 생략되지 않고 문장에 그대로 나타나는 경우도 존재하
고 있기 때문이다. 단순히 예외로 처리하기에는 그 수가 많다.

이제 종속 접속문의 예들을 살펴보자.

(100) 가. 目連이 오는 둘 耶輸ㅣ 드르실씩 (耶輸ㅣ) 羅雲이를 기피 ᄀᆞ
초시니〈月曲50b〉

나. 父王이 淸淨ᄒᆞᆫ 사ᄅᆞ미실씩 (父王이) 淨居天ᄋᆞ로 가시니라〈月
釋10:15a〉

다. 世尊이 眞實ㅅ 大慈悲실씩 (世尊이) 能히 怨親의게 ᄆᆞᅀᆞ미 平

等호샷다〈月釋22:21b〉

　　　라. 오늘 네 어미 너를 여희여 (네 어미) 눉믈로 사ㄴ니라〈月
　　　　　釋8:86a〉

　　　마. 스숭니미 엇던 사ᄅ미완ᄃᆡ (스숭니미) 우리 地獄門 알ᄑᆡ 와
　　　　　겨시니잇가〈月釋23:82a〉

　　　바. 하ᄂᆞᆯ하 太子ㅣ 므슷 罪 겨시관ᄃᆡ (太子ㅣ) 이리 ᄃᆞ외어시뇨
　　　　　〈釋詳24:51b〉

　　　사. 내 艱難ᄒᆞ란ᄃᆡ (내) 반ᄃᆞ기 모ᄆᆞᆯ ᄑᆞ로리라〈圓覺하3-1:88a〉

　　　아. 이제 四方이 大平ᄒᆞ니 太子ㅣ 德과 ᄌᆡ조왜 ᄀᆞᄌᆞ란ᄃᆡ (太子
　　　　　ㅣ) ᄀᆞᆺ 나라해 보내샤 人心을 뫼호게 ᄒᆞ쇼셔〈釋詳24:49b〉

(101) 가. 겨집도 精進ᄒᆞ면 (겨지비) 四道ᄅᆞᆯ 得ᄒᆞᄂᆞ니라〈月釋10:18b〉

　　　나. ᄒᆞ다가 男子女人이 이 부텻 일후믈 듣ᄌᆞᄫᆞ면 (男子女人이) 기
　　　　　리 惡道애 ᄠᅥ러디디 아니ᄒᆞ야 샹녜 人天에 나 勝妙樂을 受ᄒᆞ
　　　　　리이다〈月釋21:133b〉

　　　다. 너희 出家ᄒᆞ거든 (너희) 날 ᄇᆞ리곡 머리 가디 말라〈釋詳
　　　　　11:37a〉

　　　라. 諸佛도 出家ᄒᆞ샤ᅀᅡ (諸佛) 道理ᄅᆞᆯ 닷ᄀᆞ시ᄂᆞ니〈釋詳6:12a〉

위 (100), (101)와 같이 각각 원인의 접속문과 조건의 접속문의 경우도 선
행절과 후행절이 동일 주어 명사구일 때 후행절의 주어 명사구가 생략되
어 나타난다. 그런데 조건 접속문의 경우에서도 "내 成佛ᄒᆞ야 나라해 地獄
餓鬼畜生 일훔곳 이시면 내 乃終내 正覺 일우디 아니호리이다"〈月釋8:60a〉
처럼 후행절의 동일 명사구가 생략되지 않고 그대로 실현되는 경우가 확
인된다.

　한편, "모다 술ᄫᅩᄃᆡ (太子) 出家ᄒᆞ시면 (太子) 成佛ᄒᆞ시고 (太子) 지븨 겨
시면 (太子) 輪王이 ᄃᆞ외시리로소이다"〈釋詳3:1a〉, "(사람) 모딘 길헤 ᄠᅥ러

디면 (사람) 恩愛를 머리 여희여..."〈釋詳6:3b〉처럼 주어 명사구로 생각되는 '太子', '사람'이 선행절과 후행절에 모두 나타나지 않는 경우도 존재한다. 그러나 이는 문장 차원의 생략보다는 문장 차원을 넘어선 생략 현상으로 보인다. 즉 담화 맥락에서 지각 가능한 요소로서 일반적 문장 차원의 생략 현상과는 구별되는 예문이라 하겠다.[26]

다음은 계기와 동시 접속문의 예들이다.

(102) 가. 耶輸ㅣ 그 긔별 드르시고 (耶輸ㅣ) 羅睺羅 더브러 노픈 樓 우희 오르시고 (耶輸ㅣ) 門들흘 다 구디 줌겨뒷더시니〈釋詳6:2b〉

　　　나. 그 삐 國王이 부텻 神奇ᄒ신 變化를 보ᅀᆞᆸ고 (國王이) 즉자히 阿耨多羅 三藐 三菩提心을 發ᄒ야〈月釋7:40b〉

　　　다. 太子ㅣ ᄒ마 나가시고 (太子ㅣ) 또 羅睺羅를 出家ᄒ이샤〈釋詳6:7b〉

　　　라. 그 金像이 世尊 보ᅀᆞᆸ시고 (金像이) 合掌ᄒ야 (金像이) 禮數ᄒ시거늘〈月釋21:204a〉

　　　마. 魔王이 이런 相을 보ᅀᆞᆸ고 (魔王이) 시름ᄒ야 (魔王이) 도라가니라〈月釋4:13a〉

(103) 가. 主人이 므슴 차바늘 손소 ᄃᆞᆫ녀 (主人이) 맛ᄀᆞ노닛가〈釋詳6:16a〉

---

26) 즉, 이 생략 현상은 선행절에 선행어가 나오지 않아도 상황 맥락에 의하여서 그 생략된 주어 명사구를 알 수 있는 경우이다. "諸天이 비록 샹녯 光明이 이셔도 (諸天의 光明) 부텻 光明에 몯 미츠니라"〈月釋14:18b〉, "舍利弗이 ᄒᆞᆫ 獅子ㅣ를 지ᅀᅥ 내니 (그 사자가) 그 쇼를 자바 머긔니 모다 닐오ᄃᆡ"〈釋詳6:32b〉 등의 예에서도 후행절의 주어 명사구 생략은 담화 맥락에 따른 생략 현상으로 볼 수 있다. 이러한 생략 현상을 양명희(1996)은 비언어적 상황 생략으로 다룬 바 있다.

나. 鐵蛇鐵狗ㅣ 블 吐ᄒ며 (鐵蛇鐵狗ㅣ) 둗녀〈月釋21:42b〉

다. 자ᄇᆫ 거시 보ᄆᆡ 냇다가 (자ᄇᆫ 거시) ᄀᆞ슬히 이우ᄂᆞ니라〈月釋20:35a〉

라. 이런 有情들히 地獄 餓鬼 畜生애 그지 업시 두루 듣니다가 (이런 有情들히) 이 藥師瑠璃光如來ㅅ 일후믈 듣ᄌᆞᄫᆞ면〈釋詳9:14b〉

마. 사ᄅᆞ미 바ᄆᆡ 녀다가 (사ᄅᆞ미) 机를 보고 도ᄌᆞ긴가 너겨며〈釋詳11:34b〉

바. 難頭禾龍王이 여러 龍 더블오 사ᄅᆞ미 ᄃᆞ외야 泥洹ᄒ신 싸해 오다가 (難頭禾龍王이) 길헤 阿闍世王ᄋᆞᆯ 보아 부텻 舍利를 더러주쇼셔 ᄒ야ᄂᆞᆯ〈釋詳23:57b〉

사. 善慧 드르시고 츠기 너겨 곳 잇ᄂᆞᆫ 싸홀 곧가 가시다가 (善慧) 俱夷를 맛나시니〈月釋1:9b〉

계기와 동시 접속문의 경우에도 선행절의 주어와 동일 지시적인 후행절의 주어가 생략되는 것이 보통이다. 선행절의 주어 명사구가 생략되는 경우는 확인되지 않는다. 한편, 계기와 동시 접속문의 경우는 후행절의 주어가 생략되지 않고 그대로 문면에 실현되는 경우는 확인되지 않는다.

다음으로 양보 접속문과 배경 접속문의 예들을 살펴보도록 하겠다.

(104) 가. 如來 비록 實로 滅티 아니ᄒ야도 (如來) 滅度를 니ᄅᆞᄂᆞ니라〈月釋17:15b〉

나. 네 비록 出家ᄒ야도 (네) 善利를 得디 몯ᄒᆞᄂᆞ니〈月釋9:36a〉

다. 難陁ㅣ 머리를 갓고도 (難陁ㅣ) 샹녜 지븨 가고져 ᄒ거늘〈月釋7:9a〉

라. 未來世옛 衆生들흔 비록 如來ㅅ 誠實흔 마를 듣ᄌᆞᄫᅡ도 (衆生들흔) 당다이 疑惑ᄒ리니〈月釋21:15a〉

마. 엇뎨 過去 現在 未來 諸佛이 功德을 니르샤도 (過去 現在 未來 諸佛이) 오히려 다 몯ᄒᆞ시리잇고〈月釋21:157a〉

(105) 가. 내 ᄒᆞ마 衆生ᄋᆡ게 즐긿 거슬 施호ᄃᆡ (내) ᄠᅳ데 欲호ᄆᆞᆯ 조차 호니〈月釋17:47b〉

나. 王이 세 太子ᄅᆞᆯ 두샤ᄃᆡ (王이) 다 ᄀᆞ샛 혀근 나랏 王ᄋᆞᆯ 사ᄆᆞ시니라〈月釋20:102b〉

다. 부톄 說法ᄒᆞ샤ᄃᆡ (부톄) ᄒᆞᆫ 가지로 노푼 法을 아니 니르샤〈月釋4:49a〉

라. 諸佛이 使者 보내샤ᄃᆡ (諸佛이) ᄯᅩ 이ᄀᆞ티 ᄒᆞ시니라〈月釋15:81b〉

위 (104)와 (105)와 같이 양보 접속문과 배경 접속문도 후행절의 주어 명사구가 생략되어 나타나고 있다. 양보나 배경 접속문도 후행절의 주어 명사구가 생략되는 순행 생략이 일반적인 것으로 보인다.

다음은 의도의 종속 접속문의 예들이다.

(106) 가. 金輪王 아ᄃᆞ리 出家ᄒᆞ라 (金輪王 아ᄃᆞ리) 가ᄂᆞ니〈釋詳6:9b〉

나. 어마님이 毗藍園을 보라 (어마님이) 가시니〈月曲7a〉

다. 우리 出家ᄒᆞ라 (우리) 오니〈月釋7:3b〉

라. 世尊하 우리 이 부텻 모ᄆᆞᆯ 보ᅀᆞᆸ고져 (우리) 願ᄒᆞᅀᆞᆸ노이다〈法華4:116a〉

마. 그ᄢᅴ 會中에 一切 大衆이 如來ㅅ 秘密章句ᄅᆞᆯ 듣ᄌᆞ오려 (一切 大衆이) 기드리ᅀᆞᆸ더니〈楞嚴7:27b〉

(107) 가. 닷가 나ᅀᅡ가리 번드기 쉬이 알와뎌 (내) ᄇᆞ라노니〈楞嚴8:44b〉

나. 그저긔 모댓ᄂᆞᆫ 大衆들히……닐오ᄃᆡ 一切 衆生이 다 버서나

과드[여 (우리가) 願흐노이다〈釋詳11:3b〉

위 (106)에서 접속어미 '-(으)라', '-고져', '-오려'는 일반적으로 스스로의 동작이나 행동을 바랄 경우에 쓰이지만 (107)에서 접속어미 '-과뎌', '-과드[여'는 제3자의 동작이나 행동을 바랄 경우에 사용된다. 그러므로 이 두 경우는 다르게 설명되어야 할 것이다. (106)의 경우처럼 스스로의 동작이나 행동을 바랄 경우에는 후행절의 주어 명사구가 생략되는 것이 보통이다. 이 경우의 생략 현상은 매우 강하게 작용되는 것 같다.[27]

그런데 (107)은 접속문의 특성상 선행절의 주어 명사구와 후행절의 주어 명사구가 다른 접속문임에도 불구하고 후행절의 주어가 생략되어 나타나는 양상을 보인다. 그러므로 이 경우는 문장 외적인 요인에 의한 생략 현상으로 파악된다. 담화 중에서 화자가 이야기하고 있다는 사실을 화자와 청자가 모두 인식하고 있기 때문에 나타난 현상인 것이다.

마지막으로 결과 접속문은 주어 명사구 생략 현상의 적절한 예를 확인할 수 없다. 그러나 이 경우에도 선행절과 후행절의 주어 명사구가 동일 지시적일 때 후행절의 주어 명사구가 생략되어 나타날 것으로 추정된다. 하지만 해당 용례가 없어 확인되지는 않는다.

지금까지 동일 주어 접속문에서 주어 명사구의 생략 현상이 어떻게 나타나는지를 검토하였다. 검토 결과, 대등 접속문이든 종속 접속문이든 선행절과 후행절의 주어가 동일한 경우일 때 후행절의 주어 명사구가 생략되어 나타나는 사실을 확인하였다. 그런데 대등 접속문은 물론이고 조건과 같은 종속 접속문의 경우에도 후행절의 주어 명사구가 생략되지 않고 문면에 나타난 예를 확인하였다. 즉, 동일 지시 명사구일 때 후행절의 명사구가 생략되기도 하지만 생략되지 않고 문면에 실현되는 현상이 존재

---

27) 이은경(2000)은 의도의 접속어미 '-려고', '-고쟈' 등이 이끄는 접속 구성을 '동사구 연결 어미 구성'으로 다룬 바 있다.

하는 것이다. 하지만 계기, 동시, 의도 접속문의 경우에 후행절의 주어 명사구가 문면에 실현되는 예를 확인하지 못하였다. 이는 제한된 문헌 자료에서 보이는 자료의 한계로 볼 수도 있지만 해당 접속문이 가지는 특징이 아닐까 한다. 이러한 사실이 현대국어의 직관에서도 이어지기 때문이다.

한편, '-과뎌'가 이끄는 의도의 접속문처럼 선행절의 주어와 후행절의 주어가 동일인이 아님에도 불구하고 후행절의 주어 명사구가 생략되는 경우도 있고, 다른 접속문에서는 선행절의 주어가 생략되는 경우도 있는데, 문맥적 관계를 통해서 이들이 문장 이상 차원의 생략 현상임을 지적하였다. 이상으로 살펴본 내용을 간략하게 정리하면 아래와 같다.

(108) 접속문에서 주어 명사구 생략 현상
    가. 동일 주어 접속문일 때 대등 접속문이나 종속 접속문 모두 후행절의 주어가 생략되는 것이 일반적이다.
    나. 그러나 나열이나 조건 접속문의 경우는 후행절의 주어가 생략되지 않고 문면에 실현되기도 한다.
    다. 한편, 비동일 주어 접속문에서 후행절의 비동일 주어 명사구가 생략되기도 하는데, 이 경우는 대부분 담화 차원의 생략 현상으로 보인다.

접속문에서 생략 현상은 주어 명사구 외에 목적어 명사구, 부사어, 서술어 등 많은 검토 대상이 있을 수 있다. 따라서 접속문의 생략 현상은 이보다 더 정밀하고 다양한 논의가 계속해서 천착되어야 할 것이다.

6. 문체법 통합 현상

이 절에서는 각 접속어미에 따라서 나타나는 문체법의 경향성을 검토하고자 한다.[28] 15세기 국어 접속문 연구에서 문체법의 통합 현상은 접속문의 제약 현상으로 지적되어 이미 상당 부분이 밝혀진 바 있으나 여기에서는 그것을 보완하여 기술하고자 한다.

특히, 일정한 의미 범주에 속하는 접속어미들이라 할지라도 문체법의 호응 관계에 차이를 보이는 경우가 존재하는데, 이 또한 본고의 관찰 대상이다. 이 현상이 동일 의미 범주에 속하는 접속어미의 고유의 특성을 밝히는 데에 도움이 되리라 생각하기 때문이다. 한편, 15세기 국어가 문헌 자료의 한계 때문에 다양한 예문을 검토하기가 어렵고, 부정적 자료를 확인할 수가 없는 어려움이 있기 때문에 제약 현상으로 다루기에는 아무래도 무리가 있다고 보여 경향성 측면에서 검토하기로 하겠다.

이에 대등 접속문과 종속 접속문으로 나누어 평서법, 의문법, 명령법으로 제한하여 살펴보기로 하겠다. 청유법이나 약속법 등은 제약된 문헌 자료로 인해서 그 예를 확인하기가 매우 어렵기 때문이다.

아래는 나열의 접속문에서 평서법, 의문법, 명령법 종결어미가 통합한 경우이다.

(109) 가. 나는 양지 덧굿고 슬히 <u>세요이다</u>〈釋詳24:35a〉

　　　나. 本來 블근 光明에 諸佛도 비취시며 明月珠도 <u>ᄃᆞᅀᄫᅵ니이다</u> 〈月曲7b〉

　　　다. 너희 스스이 뉘며 뉘 <u>弟子ㅣ다</u>〈法華7:135a〉

　　　라. 世尊하 摩耶夫人이 엇던 功德을 닷ᄀᆞ시며 엇던 因緣으로 如來를 <u>나쓰ᄫᅵ시니잇고</u>〈釋詳11:24b〉

---

28) 지금까지 국어 접속문 연구에서 서법 현상은 두 가지 측면에서 검토되어 왔다. 하나는 서법의 제약 현상이고, 다른 하나는 후행절의 서법에 따른 선행절의 서법 해석이다. 특히 후자의 문제는 대등 접속문과 종속 접속문의 차이를 밝히는 언어 현상으로 제시되면서 접속문 연구마다 주요 검토 항목으로 설정하곤 하였다. 하지만 이 글에서 전자의 문제를 중심으로 검토하고자 한다.

마. 大悲 世尊하 願흔든 이 會엣 한 菩薩衆을 爲ᄒ시며 ᄯᅩ 末世엣 一切 衆生을 <u>爲ᄒ쇼셔</u>〈圓覺상2-1:4b〉

바. 그ᄢᅴ 十六 王子ㅣ 부텨를 偈로 讚歎ᄒᅀᆸ고 世尊ᄭᅴ 法輪 <u>옮기쇼셔</u>〈法華3:101a〉

위 (109)는 나열의 '-고'와 '-(으)며'가 이끄는 대등 접속문으로 (109 가, 나)는 평서법 어미가 (109 다, 라)는 의문법 어미가 (109 마, 바)는 명령법 어미가 각각 통합한 경우이다. 나열의 접속어미는 후행절 종결어미와 특정한 제약을 보이지 않는 다.

다음은 선택의 '-거나'와 대조의 '-(으)나'가 이끄는 대등 접속문의 예들이다.

(110) 가. 이 시혹 이 王이어나 시혹 이 <u>王等이라</u>〈法華2:194b〉

나. 窮子ㅣ 아비의 豪貴 尊嚴호ᄆᆯ 보고 너교ᄃᆡ 이 國王이어나 <u>國王等이로다</u> 하야 놀라 두려〈法華2:239a〉

다. 뎌 나라해 ᄇᆞᆯ쎠 나거나 이제 나거나 쟝ᄎ 나거나 <u>ᄒᆞ리라</u>〈月釋7:76a〉

(111) 가. 聖子ㅣ 三讓이시나 五百年 나라히 漢陽애 <u>올ᄆᆞ니이다</u>〈龍歌14〉

나. 비록 사라시나 목수미 실 <u>ᄀᆞᆮ호라</u>〈杜詩8:36b〉

다. 萬里外ㅅ 일이시나 눈에 보논가 <u>너기ᅀᆞᄫᆞ쇼셔</u>〈月釋1:1b〉

라. 三明을 三乘이 비록 得하야도 足디 몯거니와 부텨는 다 <u>足ᄒ시니라</u>〈月釋9:11a〉

마. 모ᄅᆞᆯ 젠 스승이 건네시려니와 아란 내 <u>건너리이다</u>〈六祖상49b-2〉

바. 色ᄋᆞᆫ 오히려 어루 ᄣᅢ혀리어니와 空ᄋᆞᆯ 엇뎨 <u>어울오리오</u>〈楞嚴

3:70a〉

위 (110)는 선택의 접속문으로 평서법 종결어미와 통합한 경우만 확인된
다. 그런데 선택의 접속문은 문헌자료에서 대부분 '……거나 ……거나 ᄒ
면', '……거나 ……거나 ᄒ야도'처럼 종결구성으로 끝나지 않고 문장이
계속 이어지는 구성으로 나타나기 때문에 본고에서 검토하고자 하는 경
우를 확인하기가 쉽지 않다. 하지만 선택의 의미 관계와 현대국어의 직관
을 고려해보면 의문법이나 명령법의 종결어미도 충분히 통합 가능하리라
생각한다.

위 (111)은 대조 접속문의 경우로 이 예문에서 평서법, 의문법, 명령법
종결어미가 통합하는 것을 확인할 수 있다. 그런데 대조의 '-(으)나'의 경
우는 후행절의 의문법 종결어미가 통합하여 나타난 일이 없고, '-거니와'
의 경우는 명령법 종결어미가 통합하여 나타난 일이 없다. 이 사실이 단
순히 제한된 문헌 자료 때문인지 아니면 두 접속어미가 가지는 특성인지
는 좀 더 지켜봐야 하겠지만 지금으로서는 두 접속어미가 보이는 특성이
아닌가 싶다. 현대국어 직관에서도 '-거니와'가 이끄는 구성에서 명령법이
통합하는 것은 어렵기 때문이다.

이제, 종속 접속문의 원인 접속문부터 문체법의 통합 양상을 살펴보기
로 하겠다.

(112) 가. 世尊이 世間을 어엿비 너기실씨 十方 諸衆生이 너비 다 饒益
　　　 을 닙습ᄂ니이다〈法華3:109b〉

　　 나. 양지 摩耶夫人만 몯ᄒ실씨 버근 夫人이 두외시니라〈釋詳
　　　 6:1b〉

　　 다. 그 쁫 鹿母夫人은 이젯 摩耶夫人이시니 五百 辟支佛을 供養ᄒ
　　　 시며 그지 업슨 됴ᄒᆫ 業을 닷ᄀ실씨 이제와 如來를 나ᄒ시
　　　 니라〈釋詳11:39b〉

라. 엇던 功德을 닷ᄀ시관딕 이 神力이 <u>겨시니잇고</u>〈月釋18:82a〉

마. 이 獄앳 衆生ᄋ 前生애 므슷 罪業을 짓관딕 이런 受苦ᄅᆞᆯ <u>ᄒ</u>
　　<u>ᄂᆞ뇨</u>〈月釋23:78b〉

바. 世尊하 摩耶夫人이 엇던 業을 지스시곤대 畜生 中에 <u>나시니</u>
　　<u>잇고</u>〈釋詳11:40a〉

사. ᄒᆞ마 君子ᄅᆞᆯ 뫼ᅀᆞ오란딕 오직 命을 <u>조초리이다</u>〈內訓2:123b〉

아. 이제 沐浴 다 ᄒᆞ시란딕 安陁會ᄅᆞᆯ <u>니브쇼셔</u> ᄒᆞ야ᄂᆞᆯ〈月釋
　　25:52b〉

위 (112)의 접속어미 '-(으)ㄹ씨'와 '-관딕', '-(으)란딕'는 원인 접속문의 대표적 접속어미로 이 접속어미와 문체법 사이에서 흥미로운 사실이 확인된다. '-(으)ㄹ씨'의 경우는 대체로 평서법 종결어미와 통합하는 경향을 보이고, '-관딕'는 이미 알려진 바와 같이 의문법 종결어미와만 통합한다. '-(으)ㄹ씨'나 '-관딕'가 이끄는 접속문에서는 명령법 종결어미로 종결된 접속문을 찾아보기 힘들다. 반면 '-(으)란딕'의 경우는 주로 평서법 종결어미와 명령법 종결어미가 통합하는 사실을 확인할 수 있다. 이와 같은 통합 양상이 일정한 경향성을 가지고 있는 것은 분명하다. (112)에서 확인된 문체법 통합의 경향성이 나타난 이유는 분명하지 않으나 한 의미 범주에 여러 접속어미가 존재하는 국어 특성상 접속어미의 개별 특성으로 제시할 수 있어 위 (112)에 나타난 접속어미와 문체법의 호응 관계는 중요한 의미를 가진다 하겠다.

다음은 조건 접속문의 경우이다.

(113) 가. 서르 ᄃᆞ토아 싸호면 나라히 ᄂᆞ미그에 <u>가리이다</u>〈月釋2:6a〉

　　나. 太子ㅣ 부톄 ᄃᆞ외시면 聖王ㄱ 子孫이 <u>그츠시리이다</u>〈釋詳
　　　　3:10b〉

　　다. 高平에 아니 가시면 配天之業이 <u>구드시리잇가</u>〈龍歌93〉

라. 世尊하 寶塔이 크면 功德이 엇더ᄒ니잇고〈月釋23:77a〉

마. 驕心이 나거시든 이 ᄠᅳᆮ들 닛디 마르쇼셔〈龍歌117〉

바. 내 眞實ㅅ ᄆᅀᆞᆷ로 아바님 보ᅀᆞᆸ고져 ᄒ거든 ᄇᄅᆞ미 부러
　　려 ᄀᆞ새 건내쇼셔 ᄒ고〈月釋8:99a〉

사. 三世 諸佛이 다 이 經을 브트샤 修行ᄒ샤ᅀᅡ 비르서 成佛을
　　得ᄒ시ᄂ니라〈金剛46b〉

아. 太子ㅣ 金으로 겨지븨 양ᄌᆞ를 ᄆᆡᇰᄀᆞ르시고 겨지븨 德을 쓰샤
　　이 ᄀᆞᆮᄒ야ᅀᅡ 妃子를 사모리라 ᄒ시니〈釋詳3:11a〉

자. 아뫼나 善男子 善女人이 如來 滅度ᄒ신 後에 어드리ᄒ야ᅀᅡ
　　能히 이 法華經을 得ᄒ리잇고〈釋詳21:50b〉

차. 天縱之才를 그려ᅀᅡ 아ᅀᆞ볼까〈龍歌43〉

위 (113)은 조건의 '-(으)면', '-거든', '-어ᅀᅡ'가 이끄는 접속문으로 대표적
조건 접속문의 경우이다. 이 접속어미도 종결어미에 따라서 일정한 경향
성을 보인다. 먼저 '-(으)면' 접속 구성은 주로 평서법 종결어미, 의문법 종
결어미와 호응 관계를 보인다. '-(으)면' 접속 구성에서 명령법 종결어미가
통합한 경우는 확인하기가 어렵다. 다음 '-거든' 접속 구성은 주로 명령법
종결어미와 호응하는 경향을 보이지만 평서법, 의문법 종결어미와도 호응
을 이루는 몇몇 예들이 확인된다. 마지막 '-어ᅀᅡ' 접속 구성은 주로 평서법
과 의문법 종결어미와 호응을 보인다. 이 경우에 명령법 종결어미가 통합
한 경우는 확인하기가 어렵다. 특히 조건 접속어미와 문체법 호응 관계는
현대국어에까지 이어지는 경우가 존재하기 때문에 더욱 주목을 끈다.
　　다음은 양보 접속문의 경우이다.

(114) 가. 비록 사르미 무레 사니고도 즁싱마도 몯ᄒ이다〈釋詳6:5a〉
　　　나. 내 비록 나히 늙고도 순직 貪ᄒ야 앗기노라 ᄒ고〈月釋
　　　　　13:15b〉

다. 이제 나히 여쉰 둘헤 니르러도 쏘 달옴 <u>업스이다</u>〈楞嚴2:9a〉

라. 비록 아니 여러 나리라도 아모 고대 간디 <u>모르노이다</u>〈月釋
21:27b〉

마. 비록 父母ㅣ 업스샤도 衰티 <u>마로리라</u>〈內訓1:50a〉

바. 엇뎨 過去 現在 未來 諸佛이 功德을 니르샤도 오히려 다 몯
<u>ᄒ시리잇고</u>〈月釋21:157a〉

사. 僧伽梨 흔 오슬 다마도 몯 <u>바둟가</u> 식브니〈月釋25:46a〉

아. ᄒ다가 티며 구지저도 깃거 <u>바드라</u>〈內訓1:43a〉

자. 揚子江南을 쩌리샤 使者를 보내신들 七代之王을 뉘 <u>마ᄀ리잇
가</u>〈龍歌15〉

차. ᄌ걋 모미 비록 智慧 블ᄀ신들 世間애 므스기 <u>有益ᄒ료</u>〈釋詳
24:39b〉

위 (114)는 '-고도', '-어도', '-(으)ㄴ들'이 이끄는 양보 접속문으로 대표적
양보 접속어미이다. 이 경우에도 일정한 경향성이 확인되는데, '-고도'의
경우는 평서법 종결어미와 통합하는 경향이 나타난다. 명령법과 의문법
종결어미가 통합하는 경우는 확인되지 않는다. '-어도'는 '-고도'보다는 문
체법과 자유로운 통합 양상을 보이는데 주로 평서법 종결어미와 통합하
는 경향을 보이나 간혹 의문법, 명령법 종결어미와도 통합하는 예들이 확
인된다. '-(으)ㄴ들' 접속 구성은 의문법 종결어미와 통합하는 경향이 확인
된다.

다음으로 계기 접속문과 동시 접속문의 경우를 살펴보자.

(115) 가. 부톄 授記 다 ᄒ시고 곧 밦中에 無餘涅槃애 <u>드르시니라</u>〈釋詳
13:34b〉

나. 王이 하늜 이린 들 아르시고 罪 아니 <u>주시니라</u>〈釋詳3:18a〉

다. 우흰 隨喜功을 나토시고 버거 書持功을 <u>나토시니라</u>〈月釋

17:38a〉

라. 尊者ㅣ 어듸 가 부텨를 보ᅀᆞᆸ시니잇고〈月釋25:120a〉

마. 安否를 묻ᄌᆞᆸ고 飯 좌쇼셔〈月曲36b〉

바. 父母하 願ᄒᆞᆫᄃᆞᆫ 이제 雲雷音宿王 華智佛끽 가샤 親近히 供養ᄒᆞ쇼셔〈釋詳21:39b〉

(116) 가. 主人이 므슴 차바ᄂᆞᆯ 손소 듣녀 밍ᄀᆞ노닛가〈釋詳6:16a〉

나. 山中에 므슴 糧食을 먹고 道理ᄅᆞᆯ 빗호리잇고〈月釋23:77b〉

위 (115)는 계기의 '-고'와 '-어'가 이끄는 접속문이고, (116)은 '-면서' 정도로 해석되는 동시의 '-고'와 '-어'가 이끄는 접속문이다. 계기 접속문의 경우는 접속어미 간의 특별한 경향이 확인되지 않으며 평서법, 명령법, 의문법 종결어미가 화자의 의향에 따라서 자유롭게 통합하는 것으로 판단된다. 한편, 동시 접속문의 경우는 적절한 용례가 확인되지 않아서 의문법 종결어미와 통합하는 경우만 제시하였으나 그 의미 관계를 고려하면 종결어미와 특별한 제약을 보이지 않을 것으로 판단된다.

다음으로 의도 접속문과 결과 접속문을 살펴보자. 그런데 이 두 접속문은 그 예가 많지 않기 때문에 '-고져 ᄒᆞ-', '-과뎌(과ᄃᆡ여) ᄒᆞ-', '-ᄃᆞ록 ᄒᆞ-' 구성을 통해서 예들을 확인하기로 하겠다.

(117) 가. 文殊師利法王子ㅣ 네 모믈 보고져 ᄒᆞᄂᆞ다〈釋詳20:41a〉

나. 唯然 世尊하 願ᄒᆞᆫᄃᆞᆫ 듣ᄌᆞᆸ고져 ᄒᆞ노이다〈月釋11:109a〉

다. 衆生ᄃᆞᆯ히……큰 利益을 얻과뎌 ᄒᆞ노이다〈月釋21:128b〉

라. 出家ᄒᆞ샤 聖人ㅅ 道理 빗호시과ᄃᆡ여 ᄒᆞᄂᆞ이다〈釋詳3:26b〉

마. 沙彌 사모려 ᄒᆞᄂᆞ다〈釋詳6:2a〉

바. 畋獵ᄒᆞ라 나가시니라〈杜詩20:5b〉

사. 大王을 보ᅀᆞᆸ라 오이다〈月釋8:90b〉

아. 먼 길헤 와 므스거슬 얻고져 ᄒ시ᄂ고〈月釋22:46a〉

자. 네 여듧 가지 보논 見精 ᄇᆞᆯᄀᆞᆫ 性을 반ᄃᆞ기 어듸 돌아보내오
져 ᄒᆞᄂ다〈楞嚴2:29b〉

차. 太子ᄅᆞᆯ 請ᄒᆞᅀᄫᅡ 이받ᄌᆞᄫᆞ려 ᄒᆞ노닛가〈釋詳6:16a〉

(117)은 의도나 목적의 '-고져', '-과뎌(과ᄃᆡ여)', '-오려', '-(으)라'가 이끄는
경우로 '-고져'나 '-오려' 접속 구성에서는 평서법과 의문법 종결어미가 통
합하는 경우가 확인되는 반면에 '-과뎌'와 '-(으)라' 접속 구성에서는 평서
법 종결어미와 통합하는 경우만 확인된다. 의도 접속 구성에서 명령법 종
결어미가 통합하지 않는 것은 접속문의 의미 특성 때문으로 보인다.

다음은 결과 접속문의 경우이다.

(118) 가. 正法을 擁護ᄒᆞ야 滅盡에 다ᄃᆞᆫᄃᆞ록 부텻 ᄀᆞᄅᆞ치샤ᄆᆞᆯ 어긔디
아니호리이다〈月釋25:32a〉

나. ᄌᆞ조 두서 복을 누ᄃᆞ록 머그라〈救簡3:86a〉

다. 하나 져그나 브ᅀᅳᆯ 독이 업ᄃᆞ록 머그라〈救簡3:33a〉

위 (118)은 '-ᄃᆞ록'이 이끄는 결과 접속문이다. 이 접속 구성의 경우에는
주로 평서법 종결어미와 명령법 종결어미가 통합하는 것이 확인되지만
맥락이 주어지면 의문법 종결어미도 충분히 통합하리라 생각한다. 다만
제한된 문헌 자료 때문에 해당 예가 확인되지 않아 아쉬움으로 남는다.

마지막으로 배경 접속문의 예들을 살펴보자.

(119) 가. 東方앳 一萬 八千佛土ᄅᆞᆯ 비취샤ᄃᆡ 오ᄂᆞᆳ날 보습논 佛土ㅣ ᄀᆞᆮ
더라〈釋詳13:32b〉

나. ᄒᆞᆫ 童男이 이쇼ᄃᆡ 양ᄌᆡ 端正ᄒᆞ더라〈釋詳11:32a〉

다. 方便이 六度ㅅ 數ㅣ 아니로ᄃᆡ 六度ᄅᆞᆯ 通히 일우ᄂᆞ니라〈釋詳

21:34b〉

라. 나히 一百 셜흔니어니 잇더니 긔 부텨를 아래 보ᅀᄫᆺ더라
〈釋詳24:19a〉

마. 그 부톄 出家 아니ᄒᆞ신 제 열 여슷 아ᄃᆞ리 잇더니 그 第一
은 일후미 智積이러라〈法華3:95b〉

바. 世尊하 내 어미 五百僧齋호ᄃᆡ 化樂天에 엇뎌 업스니잇가〈月
釋23:68b〉

사. 舍衛國에 ᄒᆞᆫ 大臣 須達이라 호리 잇ᄂᆞ니 아르시ᄂᆞ니잇가〈釋
詳6:14b〉

아. 플옷 닙고 나못 여름 먹ᄂᆞ니 王이 므슴 호려 져주시ᄂᆞ니잇
고〈釋詳11:28a〉

자. 이 마ᄅᆞᆯ 술오ᄃᆡ 오직 어엿비 너기샤 우릴 饒益ᄒᆞ샤 받ᄌᆞ온
宮殿을 願ᄒᆞᅀᆞ오ᄃᆡ 바ᄃᆞ샤ᄆᆞᆯ 드리우쇼셔 ᄒᆞ고〈法華3:120a〉

위 (119)는 배경의 '-오ᄃᆡ'와 '-(으)니'가 이끄는 접속문으로 후행절에 평서
법 종결어미와 의문법 종결어미, 명령법 종결어미가 자유롭게 통합하는
것을 확인할 수 있다.

이상으로 각 접속문의 문체법 통합 현상을 살펴보았다. 살펴본 결과 대
등 접속문의 경우는 접속어미에 따라 특별한 문체법 제약이 보이지 않고
대체로 종결어미가 자유롭게 통합하는 것을 확인하였다. 다만 대조의 '-
(으)나'와 '-거니와' 구성이 문체법에 일정한 호응 관계를 가지고 있음을
지적할 수 있겠다. 종속 접속문의 경우는 몇 접속문의 접속어미가 문체법
과 일정한 호응 관계를 보이는 것을 확인하였다. 특히 조건, 원인, 양보
접속문의 경우가 접속어미에 따라서 문체법이 제약된 사실을 확인하였다.
이러한 정보는 동일 의미 범주에 속하지만 각 접속어미의 독특한 문법적
특성으로 지적할 수 있어 의미 있는 결과 내용으로 볼 수 있다. 지금까지
살펴본 내용을 정리하면 아래와 같다.

(120) 접속문과 문체법 통합 양상

　　가. 화자의 의향에 따라 접속문에 종결어미가 자유롭게 통합하는 것이 일반적이나

　　나. 대조의 '-(으)나'는 의문법 종결어미와 통합한 경우가 확인되지 않고 '-거니와'는 명령법 종결어미와 통합한 경우가 확인되지 않는다.

　　다. 원인, 조건, 양보 접속문은 접속어미에 따라서 문체법이 일정한 경향성을 보인다.

　　　　a. 원인의 접속문에서 '-(으)ㄹ씨'는 주로 평서법에 쓰이고, '-관디'는 의문법에 쓰이고, '-(으)란디'는 평서법과 명령법에 쓰인다.

　　　　b. 조건의 접속문에서 '-(으)면'은 주로 평서법과 의문법에 쓰이고, '-거든'은 주로 명령법에 쓰이며, '-어사'는 주로 평서법과 의문법에 쓰인다.

　　　　c. 양보 접속문에서 '-고도'는 주로 평서법에 쓰이고, '-(으)ㄴ들'은 의문법에 쓰인다.

7. 분열문 형성

접속문 연구에서 분열문 형성 여부는 자주 논의된 주제이다. 분열문 형성은 통사 절차로서 문장의 주요 성분이 정보의 초점을 받을 때 문장을 "~것은 ~이다"의 구조로 바꾸는 문장 변형을 말한다. 기존의 논의에 따르면 분열문 형성은 '주어'나 '목적어'와 같은 문장의 주요 성분뿐 아니라 '내포문', '부사어'가 초점 성분일 경우에도 가능하다. 또한 종속 접속문에서도 원인이나 의도·목적의 종속 접속문도 분열문 형성이 가능하다. 이러한 현상은 대등 접속문과 종속 접속문의 차이로도 지적되곤 하였다.[29]

이에 이 글에서는 15세기 국어 접속 구성에서 보이는 분열문을 확인하기로 하겠다. 15세기 국어 연구는 주지하는 바와 같이 주어진 자료가 연구대상이 되기 때문에 분열문 형성을 적극적 논의하기보다는 분열문을 이루는 접속문을 살펴보고 그 유형을 정리하기로 하겠다.

다음의 예들을 살펴보자.

(121) 가. 이 句 블러 내샤ᄆᆞᆫ <u>사ᄅᆞ미 알에 코졔시니</u>〈南明상2b〉

　　　나. 物物을 便安케 ᄒᆞ시며 우횟 諸善 닷고ᄆᆞᆫ <u>衆生이 一切 苦를</u>
　　　　　<u>여희오 究竟樂을 得과뎨시니라</u>〈永嘉序10a〉

　　　다. 네 三昧 닷고ᄆᆞᆫ <u>本來 塵勞애 나례어늘</u>〈楞嚴6:86b〉

위 (121)은 의도나 목적의 '-고져', '-과뎌', '-오려' 등이 이끄는 접속문이 분열문으로 나타난 경우이다. (121 가)는 '사람이 알게 하고자 이 句 블러 내시어' 정도의 접속문에서 선행절을 강조의 대상으로 삼은 분열문이고, (121 나)는 '중생이 一切 苦를 여희고 究竟樂을 얻고자 物物을 便安하게 하시며 諸善을 닦는다' 정도의 접속문에서 분열문으로 바뀐 것이다. (121 다)는 '본래 塵勞애 나려 네 三昧를 닦는다' 정도의 접속문에서 분열문으로 바뀐 것이다.

다음은 '-(으)ㄹ씨'가 이끄는 접속문이 분열문을 형성한 예들이다.

---

29) 유현경(1986)에서는 분열문 형성을 문장 수식 부사와 성분 수식 부사를 구별하는 기준으로 사용하였다. 이러한 논의와 달리 김영희(1988)에서는 분열문 형성이 부정의 영역, 조사의 결합 등과 함께 선행절과 후행절이 통사 관계상 '독립성'을 지니고 있음을 입증하는 통사적 증거가 된다고 말하였다. 이은경(2000)에서도 분열문 형성을 가지고 접속문의 독립성을 제시하였는데, 이 논의에 따르면 시간 관련 접속문은 분열문 형성이 자연스러우므로 독립성이 낮고, 결과, 원인, 조건, 양보 접속문은 분열문 형성이 매우 어색하므로 독립성이 있는 편이고, 대조, 나열, 선택, 배경의 접속문은 분열문 형성이 불가능하므로 독립성이 높다고 지적하였다.

(122) 가. 三乘의 달옴 이쇼ᄆᆞᆫ <u>ᄯᅩ 機 제 다ᄅᆞᆯ씨니라</u>〈月釋13:48a〉

　　　 나. ᄒᆞᆫ 句 듣고 無量義 通達호ᄆᆞᆫ <u>無量義 ᄒᆞᆫ 句에 나디 아니ᄒᆞᆯ씨</u>
　　　　　 <u>니라</u>〈月釋17:72b〉

　　　 다. 二千果 號ㅣ 다 ᄀᆞᆮ호ᄆᆞᆫ <u>因이 ᄀᆞᆮᄒᆞᆯ씨라</u>〈法華4:64b〉

　　　 라. 스승 사무샨 부톄 ᄯᅩ 일후미 觀音이라 ᄒᆞ샤ᄆᆞᆫ <u>因果ㅣ 서르</u>
　　　　　 <u>마ᄌᆞ시며 古今이 ᄒᆞᆫ 道ㅣ 실씨라</u>〈楞嚴6:2b〉

위 예들은 원인의 종속 접속문에서 선행절이 분열문의 "이다" 앞으로 옮겨진 경우이다. (122 가)는 '또 機가 다르기에 三乘이 다름이 있다' 정도의 접속문에서 분열문으로 바뀐 것이고, (122 다)는 '因이 같기에 二千果 號가 다 같다' 정도의 접속문이 분열문으로 바뀐 것이다. 이 경우에 "이다" 앞에 통합된 선행절이 초점의 대상인 것은 주지의 사실이다.

　다음은 '-어/아'가 이끄는 접속문이 분열문을 형성한 예들이다.

(123) 가. 占卜호ᄆᆞᆫ <u>다 이 남글 爲ᄒᆞ얘니</u>〈杜詩6:40b〉

　　　 나. 나그내 病ᄒᆞ야 머므러슈ᄆᆞᆫ <u>藥을 因ᄒᆞ얘오</u>〈杜詩15:14a〉

　　　 다. 翠嚴이 일즉 點티 아니호ᄆᆞᆫ <u>凡聖ㅅ 길헤 딜가 저헤니라</u>〈金
　　　　　 三4:57a〉

위 예들은 '-어'가 이끄는 종속 접속문의 선행절이 분열문의 "이다" 앞에 통합한 경우이다. (123 가)는 '다 이 나무를 爲하여 占卜하니' 정도의 접속문이 분열문으로 바뀐 경우이고, (123 나)는 '藥을 因하여 나그내가 병하여 머물러 있다' 정도의 접속문이 분열문으로 바뀐 경우이다. (123 다)는 '凡聖의 길에 질가 두려워하여 翠嚴이 일찍 點하지 아니한다' 정도에서 분열문이 형성된 것이다. 여기에서 '-어'는 모두 원인의 의미를 가진다.

　지금까지의 예들은 "[[S1 Conj] [S2]]" 구조를 가진 접속문이 "[[S2] 옴은 [S1 Conj]이다]" 구조를 가진 분열문을 형성한 경우이다. 여기에서 "이다"

앞에 통합한 절은 초점의 대상이 된다. 그런데 아래는 "[[S2 Conj][S1 Conj 이다]]" 구조로 나타난 것으로 S2에 동명사어미가 통합하지 않고 접속어미가 통합한 경우이다. 이때도 선행절인 S1이 초점을 받는 것은 위의 경우와 동일하다.

(124) 가. 有餘를 묻거시든 술오딕 업스이다 ᄒ니 쟝ᄎ 뻐 다시 나소
레니라〈內訓1:39a〉

나. 오늘 正히 이 時節이니 如來ㅣ 아니 오라 반ᄃ기 涅槃애 드
로리니 부톄 이 妙法華經으로 付囑홀 띠 잇게 코졔니라〈法華
4:135b〉

다. 學者로 두르혀 제 ᄆᅀᆞ믈 닷가셔 塵境을 對ᄒ야 상녜 觀照를
더으게 코졔시니라〈永嘉상60b〉

라. 너무 덥게 말라 술히 헐가 저헤니〈救簡1:80b〉

위 (124 가)는 '장차 다시 나오게 하려고, 없습니다 하니' 정도의 접속문에서 선행절이 "이다" 앞에 통합한 경우이고, (124 나)는 '부처 이 妙法華經으로 付囑할 때를 있게 하려고, 如來가 오래지 않아 반드시 涅槃애 들리니' 정도의 접속문에서 선행절이 "이다" 앞에 통합한 경우이다. (124 라)는 '살이(피부가) 헐가 두려우니 너무 덥게 말라 하니' 정도의 접속문에서 선행절이 "이다" 앞에 통합한 경우이다.

이상에서 검토한 결과 15세기 국어에서 접속문이 분열문을 형성한 경우는 의도나 목적의 종속 접속문과 원인의 종속 접속문에서만 확인된다. 또한 "[[S2] 옴은 [S1 Conj]이다" 구조의 분열문과 "[[S2 Conj][S1 Conj이다]]" 구조를 가진 분열문이 함께 확인되며 "이다" 앞에 통합한 S1은 초점의 대상이 된다. 이를 간략하게 정리하면 아래와 같다.

(125) 접속문에서 분열문 현상

　　가. 원인과 의도의 접속문이 분열문을 형성한다.

　　나. 분열문은 "[[S2] 옴은 [S1 Conj]이다]", "[[S2 Conj][S1 Conj이
　　　　다]]"의 구조를 가진다.

8. 요약

　4장에서 본고는 여러 가지 통사적 현상을 통하여 선행절과 후행절 사
이의 통사적 특성을 검토하였다. 지금까지 논의된 접속문의 통사적 특성
을 중심으로 논의 가능한 주제어 통합 현상, 부정사 '아니', '아니ᄒ-'의 실
현 양상 및 부정 범위, 의문사의 실현 및 의문어미와의 호응 관계, 주어
명사구 생략 현상, 문체법 현상, 분열문 형성 등을 검토하였다. 본고에서
정리한 검토 내용은 아래와 같다.

(1) 주제어 통합 현상

① 대등 접속문에서 주제어 표지 '-ᄂᆞᆫ'의 통합 양상
가. 나열 접속문의 경우에는 '-ᄂᆞᆫ'이 선행절과 후행절에 모두 통합하여
　　나타나는 것이 일반적이다.
나. 선택 접속문의 경우에는 주격 조사 '-(으)이'가 통합하여 나타나는
　　것이 일반적이다.
다. 대조 접속문의 경우에는 '-거니와'와 '-(으)나' 접속 구성이 다른 양
　　상을 보인다. '-거니와'의 경우에는 '-ᄂᆞᆫ'이 선행절과 후행절에 모두
　　통합하여 나타나는 것이 일반적이나, '-(으)나'의 경우에는 '-ᄂᆞᆫ'이
　　통합하지 않거나 후행절에만 통합하여 나타나는 것이 일반적이다.

② 종속 접속문에서 주제어 표지 '-는'의 통합 양상

가. 종속 접속문에서 '-는'은 선행절에 나타나지 않고 후행절에만 나타
　나는 것이 일반적이나

나. 배경의 '-(으)니', '-오디' 접속문의 경우에 '-는'이 선행절에 실현되
　는 경우도 확인된다.

(2) 부정사 '아니', '몯', '아니ᄒ-', '몯ᄒ-'의 실현 양상 및 부정 범위

① '아니'의 통합 순서

가. 체언 부정에서 '아니'의 통합 순서

　명사나 명사구에 직접 후행한다.

나. 용언 부정에서 '아니'의 통합 순서

　서술어에 직접 선행하는 것이 일반적이나 확인 및 강조의 의미적
　요인에 의하여서 동사에서 떨어져 나타나기도 한다.

② '아니'의 실현 양상과 그 부정 범위

가. '아니'는 접속문에 따라 통합 제약을 보이지 않으며

나. 접속문의 유형과 관련없이 그 해당 절의 내용만 부정 범위로 삼
　는다.

③ '몯'의 실현 양상과 그 부정 범위

가. '몯'은 접속문에 따라 통합 제약을 보이지 않으며

나. 접속문의 유형과 관련없이 그 해당 절의 내용만 부정 범위로 삼
　는다.

④ '아니ᄒ-'의 실현 양상과 그 부정 범위

가. '아니ᄒ-'는 접속문에 따라 통합 제약을 보이지 않으며

나. 접속문의 유형과 관련없이 그 해당 절의 내용만 부정 범위로 삼
　　는 것이 일반적이다.
다. 그러나 'V-(으)며 V' 구성의 경우에 선행 서술어가 부정되기도 한다.

⑤ '몯ᄒᆞ-'의 실현 양상과 그 부정 범위
가. '몯ᄒᆞ-'는 접속문에 따라 통합 제약을 보이지 않으며
나. 접속문의 유형과 관련없이 그 해당 절의 내용만 부정 범위로 삼
　　는다.

⑥ 15세기 국어 접속문에서 보이는 부정의 해석 범위
부정 요소는 해당 절만 부정 영역으로 삼는다.

(3) 의문사의 실현 양상 및 의문어미와의 호응 관계

① 대등 접속문에서 의문사의 실현과 의문어미와의 호응 관계
가. 대등 접속문은 의문사가 선행절과 후행절에 각각 독립적으로 나
　　타나는 것이 일반적이나 대조 접속문의 경우는 의문사가 후행절
　　에만 나타나는 경우가 있는데 이때는 후행절이 수사 의문문으로
　　해석되어 선행절과 대조 관계를 이룬다.
나. 의문사는 설명 의문어미와 호응 관계를 이룬다.

② 종속 접속문에서 의문사의 실현과 의문어미와의 호응 관계
가. 종속 접속문은 의문사가 한 절에만 나타나는 것이 일반적이다.
　　a. 원인과 의도 접속문은 의문사가 대개 선행절에 나타나는 경향
　　　을 보인다.
　　b. 조건과 양보, 배경 접속문은 의문사가 대개 후행절에 나타나
　　　는 경향을 보인다.

c. 계기와 동시 접속문은 일정한 경향을 보이지 않는다.

나. 의문사는 설명 의문어미와 호응 관계를 이룬다.

③ 선행절의 의문 언표 내적 효력

가. 대등 접속문은 선행절과 후행절이 각각 의문의 언표 내적 효력을 가진다.

나. 종속 접속문은 선행절이나 후행절 어느 한 절만 의문의 언표 내적 효력을 가지며 그 의문의 언표 내적 효력은 접속문의 유형에 따라서 다르게 나타난다.

　　a. 원인, 의도의 접속문은 대개 선행절이 의문의 언표 내적 효력을 가진다.

　　b. 조건, 계기, 동시, 양보, 배경 접속문은 대개 후행절이 의문의 언표 내적 효력을 가진다.

(4) 주어 명사구 생략 현상

가. 동일 주어 접속문일 때 대등 접속문이나 종속 접속문 모두 후행절의 주어가 생략되는 것이 일반적이다.

나. 그러나 나열이나 조건 접속문의 경우는 후행절의 주어가 생략되지 않고 문면에 실현되기도 한다.

다. 한편, 비동일 주어 접속문에서 후행절의 비동일 주어 명사구가 생략되기도 하는데, 이 경우는 대부분 담화 차원의 생략 현상으로 보인다.

(5) 접속문과 문체법 통합 양상

가. 화자의 의향에 따라 접속문에 종결어미가 자유롭게 통합하는 것

이 일반적이나

나. 대조의 '-(으)나'는 의문법 종결어미와 통합한 경우가 확인되지 않고 '-거니와'는 명령법 종결어미와 통합한 경우가 확인되지 않는다.

다. 원인, 조건, 양보 접속문은 접속어미에 따라서 문체법이 일정한 경향성을 보인다.

    a. 원인의 접속문에서 '-(으)ㄹ씨'는 주로 평서법에 쓰이고, '-관ᄃᆡ'는 의문법에 쓰이고, '-(으)란ᄃᆡ'는 평서법과 명령법에 쓰인다.

    b. 조건의 접속문에서 '-(으)면'은 주로 평서법과 의문법에 쓰이고, '-거든'은 주로 명령법에 쓰이며, '-어ᅀᅡ'는 주로 평서법과 의문법에 쓰인다.

    c. 양보 접속문에서 '-고도'는 주로 평서법에 쓰이고, '-(으)ㄴ들'은 의문법에 쓰인다.

(6) 접속문에서 분열문 현상

가. 원인과 의도의 접속문이 분열문을 형성한다.

나. 분열문은 "[[S2] 옴은 [S1 Conj]이다]", "[[S2 Conj][S1 Conj이다]]"의 구조를 가진다.

위의 검토 결과는 선행절과 후행절 사이의 관계에서 포착되는 통사적 특성인데, 이들이 대체로 대등 접속문과 종속 접속문에 따라서 차이를 보이는 것을 알 수 있다. 위의 결과 내용을 근거로 일반적인 경향성을 표로 제시하면 아래와 같다.

<통사적 특성에 따른 일반적인 경향성>

	'-는'의 통합	부정사 통합	의문사 통합	의문의 언표내적 효력	주어명사구생략	문체법 통합 경향성	분열문 형성
대등 접속문	선·후행절 동시 통합	독립적 통합 (해당 절만 부정)	선·후행절 동시 통합	선·후행절	선행 명사구 생략	X	X
종속 접속문	한 절에만 통합		한 절에만 통합	한 절		◐	◐

◐ : 몇몇 접속어미만 일정한 양상을 보이는 것을 나타내는 표시임.

위 표를 통해서 몇 통사적 특성을 제외하고는 대부분의 통사적 특성이 대등 접속문과 종속 접속문에 따라서 차이가 나타나는 것을 확인할 수 있다. 이 차이는 주지하는 바와 같이 통사적 관계 혹은 구조적 관계에서 비롯된 것이다. 즉, 선행절과 후행절이 대등한 관계에 있는 대등 접속문은 선행절이 후행절에 대해서 독립적이기 때문에 주제어의 통합이라든지 의문사의 통합, 의문의 언표 내적 효력 등이 선행절과 후행절에 각각 독립적으로 부여되어야 하는 것이다. 그러나 선행절이 후행절에 의존적인 종속 접속문은 대등 접속문과는 다른 결과가 나타나게 된 것이다. 그런데 부정사 통합과 주어 명사구 생략 현상은 대등 접속문과 종속 접속문이 동일한 양상을 보이는데 특히 주어 명사구 생략 현상이 동일한 것은 선행절과 후행절의 통사적 관계와는 무관한 현상으로 파악된다.

한편, 위의 표에서는 드러나지 않지만 대등 접속문에서도 나열이나 선택, 대조 접속문이 모두 동일한 특성을 보이는 것은 아니다. 종속 접속문의 경우도 마찬가지이다. 원인, 조건, 계기, 동시, 의도, 결과, 배경 접속문이 모두 동일한 특성을 보이지만은 않는다. 본고는 이 점이 앞으로 접속문 연구에서 계속해서 논의되어야 할 부분이라고 생각한다.

지금까지 많은 논의들이 접속문을 대등 접속문과 종속 접속문으로 구분하는 데에 초점을 두어왔다면 이제는 이분법적 논의에서 벗어나 보다 다양한 관점에서 접속문을 바라볼 필요가 있다. 가령, 주제어 표지 '-는'의 실현 양상이 대등 접속문에서도 나열과 대조 접속 구성이 차이를 보이고 있고, 분열문 형성의 경우에도 종속 접속문이 모두 분열문을 이루지 않고 원인이나 의도 접속에서만 보이고 있기 때문에 이에 맞는 해석이 필요한 것이다. 3장에서 검토한 선어말어미와 보조사의 통합 양상도 그렇다.

3장의 결론에서 정도성(대등성 혹은 종속성) 문제를 거론하였는데, 이에 대한 본격적인 논의가 요구되는 부분이다. 이런 점에서 Kuno(1973), Givón(1984), 임홍빈·장소원(1995), 이은경(2000)과 같은 접속문을 정도성 측면에서 검토하는 논의가 계속해서 이루어져야 할 것으로 생각한다. 즉, 선행절과 후행절의 관계가 양분되지 않고 더 대등한 구성, 덜 대등한 구성 혹은 더 의존적인 구성, 덜 의존적인 구성으로 구분하여 접속문의 위계를 설정하는 것도 의미 있는 작업이 될 것이다. 이와 같은 정도성의 문제는 통사적 관계뿐 아니라 의미적 관계에서도 포착되는데 이를 다음 5장에서 살펴보기로 하겠다.

제5장
접속문의 의미적 특성

1. 도입

본 장에서는 선행절과 후행절의 의미 관계에 대한 기존의 논의를 정리하면서 해당 접속어미를 확인하고, 정리한 내용을 바탕으로 접속문이 선행절의 사태와 후행절의 사태 사이의 시간적 관계와 양태적 관계에 따라서 다시 하위 분류될 수 있음을 지적한다. 나아가 이 사실이 3장과 4장에서 검토한 통사적 특성과도 관련되어 있음을 살펴보기로 하겠다.

일반적으로 접속문은 선행절과 후행절이 접속되면서 일정한 의미 관계를 보이기 때문에 동·서양을 막론하고 접속문 연구에서 의미 범주를 설정하는 것은 주요 검토 대상이 되었다. 특히 국어 접속문의 경우는 선행절과 후행절 사이에서 보이는 의미 관계에 따라서 상이한 접속어미가 통합되기 때문에 접속어미의 의미 기능과 함께 주된 관심을 받아 왔다.

접속어미의 의미 기능이 검토되면서 선행절과 후행절의 의미 관계 사이에 다양한 의미 특성이 지적되었는데, '완료/미완료', '진행', '반복', '대칭', '동시', '사실/비사실' 등이 그것이다. 이러한 논의는 김흥수(1976, 1978), 고영근(1981), 전수태(1984), 남윤진(1989), 김진수(1987), 전병용(1995), 이은경(2000) 등이 대표적 논의이다. 서양에서도 Hengeveld(1998), Perez Quintero(2002), Cristofaro(2003) 등에 의하여서 'time reference', 'aspect', 'modality', 'factuality' 등이 제시되어 검토된 바 있다. 이에 본고에서는 기존의 논의에서 제시한 선행절과 후행절의 사이의 의미 관계를 중심으로 그 의미 관계가 시간적 관계와 양태적 관계에 의하여서 다시 하위 분류될 수 있음을 지적하고자 한다. 아울러 의미 관계의 하위 분류 결과가 통사적 특성에서 나타난 결과 내용과 어떠한 관계를 가지고 있는지를 확인할 것이다.

2. 선행절과 후행절의 의미 관계

이 절에서는 선행절과 후행절 사이의 의미 관계에 대한 기존의 논의를 살펴보면서 해당 접속어미를 확인하기로 한다. 먼저 그간의 논의에서 설정한 선행절과 후행절의 의미 범주를 제시하면 아래와 같다.

(1) 기존의 의미 범주 설정

가. 15세기 국어를 대상으로 한 논의

    허웅(1975): 나열, 가림, 설명, 제약, 불구, 미침, 의도, 전환, 비례, 비교, 동시, 흡사, 힘줌, 가치, 되풀이, 연결

    고영근(1987): 나열, 상반(양보), 조건(가정), 설명, 이유, 원인, 인용, 비교, 더해감, 비유, 희망, 의도, 목적, 전환, 선택, 반복

    김송원(1988): 연결, 선택, 인과, 조건, 상대, 결과, 의도, 전환, 비례, 비교, 평가, 목적, 반복, 동시, 흡사, 강조, 가치

    안병희·이광호(1990/2001): 병행, 양태, 원인, 조건, 양보, 목적, 의향, 원망, 한도, 더해감, 연속, 도달, 부정 대상, 긍정 대상

나. 현대국어를 대상으로 한 논의

    최현배(1937/1971): 공간적 나열, 선택, 설명, 추정방임, 사실구속, 가정구속, 필요구속, 가정방임, 양보방임, 사실방임, 도급, 시간나열, 중단

    최재희(1991): 병렬, 대립, 선택, 설명, 인과, 조건, 의도, 대조, 양보, 순차, 설명, 전환, 비례, 비유, 결과

    권재일(1985): 연결, 상대, 선택, 연결, 인과, 조건, 결과, 첨의

    임홍빈·장소원(1995): 나열, 반의, 선택, 제시, 인과, 조건, 양보,

결과, 시간, 계기

이은경(2000): 나열, 대조, 선택, 배경, 원인, 조건, 양보, 결과, 선행

먼저 대등적 의미 관계에 대해서 살펴보자. 대등적 의미는 선행절과 후행절이 대등한 의미 관계를 가지는 접속문으로 나열과 대조, 선택 관계가 이에 해당된다. 여기에서 나열 관계를 가지는 대표적 접속어미는 '-고', '-(으)며'이다. 이 나열 관계는 논자마다 용어만 차이를 보일 뿐이지 그 의미와 해당 어미는 동일하다.

그런데 대조와 선택 의미 관계에 대해서는 범주 설정과 어미 설정에 약간의 차이를 보이고 있다. 특히 대조의 경우는 독립적인 하나의 범주로 설정하지 않고 양보 관계 접속문과 함께 다루기도 한다. 허웅(1975), 고영근(1987), 안병희·이광호(1990/2001) 등이 이러한 입장이다. 그러나 대조는 양보의 의미와 구별되는 의미 범주이다. 양보가 후행절이 선행절에 의하여서 예상되는 내용에 어긋나는 의미 관계라면 대조는 선행절과 후행절의 내용이 서로 상반되는 의미 관계를 의미한다. 그러므로 대조는 양보와 구별된 의미 범주로 설정되어야 할 것이다. 대조 관계의 접속문에 '-(으)나', '-거니와'가 주로 쓰인다.

    (2) 가. 비록 세 일후미 <u>이시나</u> 세 體 업스며〈永嘉상85a〉

        나. 法王ㅅ 法中에 비록 二乘ㅅ 일후미 <u>이시나</u> 쟚간도 二乘ㅅ 實이 업스실씨〈法華1:191a〉

        다. 性이 서르 <u>갓가오나</u> 비호ᄆ로 서르 머ᄂ니〈內訓2:119b〉

        라. 내 비록 <u>度티 몯호나</u> (願ㅎᄉ오ᄃᆡ) 末劫엣 一切 衆生을 度ㅎ야 지이다〈楞嚴6:82b〉

        마. 이제 비록 가ᄉ며러 셩ㅎ나 엇디 다ᄅᆫ 시져레 가난ㅎ며〈飜小7:32b〉

        바. 삻지ᄂᆞ닌 變이 <u>ᄃᆞ외어니와</u> 삻지디 아니ㅎᄂᆞ닌 變이 아니라〈楞

嚴2:10a〉

　　사. 내 如來ㅅ 法身은 <u>보ᅀᆞ뱃가니와</u> 如來ㅅ 妙色身은 몯 보ᅀᆞ뱃노
　　　　니〈月釋4:31b〉

위 (2)는 '-(으)나'와 '-거니와'가 통합한 구성으로 선행절과 후행절의 서술
어 의미 내용이 서로 상반된 대조 접속문이다. 이처럼 대조 접속문은 선
행절의 내용과 후행절의 내용이 서로 상반된 구성을 취하기 때문에 양보
접속문과는 구별된다. 그런데 "人主ㅣ 비록 明聖ᄒ신 資質이 겨시나 能히
ᄒ오ᄉᆞ 天下를 다ᄉᆞ리디 몯ᄒᆞᄂᆞᆫ 디라"〈內訓2:95a〉, "비록 사라시나 목수미
실 ᄀᆞᆮ호라"〈杜詩8:36b〉 같이 '-(으)나'가 통합한 접속 구성이지만 서로 상
반된 의미보다는 선행절의 내용으로 인해서 예상되는 내용과는 다른 결
과 내용이 후행절에 나타난 것처럼 보이는 경우도 확인된다. 그러나 이
경우도 이은경(2000: 258~60)의 논의에 따르면 대조 접속문을 파악할 수
있을 것이다. 이은경(2000)에서 대조 관계는 선행절과 후행절의 주어가
대조되고 서술어의 의미가 대조되는 '의미론적 대조 관계'와 문장 안의 내
용만으로는 대조적인 의미 관계를 파악하기가 어렵고 화자나 청자의 화
용론적 인식이나 전제가 개입되어야만 대조적인 관계를 가지는 '화용론적
대조 관계'로 구분된다. 이 분류 체계 안에서 앞서 제시한 예는 '화용론적
대조 관계'로 분류될 수 있을 것이다. 그런데 '화용론적 대조 관계'가 '양
보'의 의미 관계와 유사하기 때문에 두 의미 관계를 구분하는 것은 쉬운
일이 아니다. 그러나 두 의미 관계가 앞으로 살펴보게 될 의미 관계의 양
태성에서 경향의 차이를 보이고 있어 필자는 '화용론적 대조 관계'와 '양
보'의 의미를 구분하는 것에 긍정적인 입장이다.
　위 (2)의 '-(으)나', '-거니와' 외에도 '-건마른', '-거늘' 등이 대조 접속문
에도 쓰인다.

(3) 가. 넷 科애 ᄂᆞᆫ호디 <u>아니ᄒᆞ얀마른</u> 이제 經을 마초ᄡᅥ ᄂᆞᆫ호노라〈楞

嚴9:90a〉

　　나. 조흔 法界ㅅ 모미 本來 나며 드로미 <u>업거신마른</u> 그러나 未來世
　　　　예 나샤〈月釋13:61b〉

　　다. 王은 ᄒᆞ오ᅀᅡ 尊貴ᄒᆞ샤 便安코 <u>즐겁거시ᄂᆞᆯ</u> 나는 ᄒᆞ오ᅀᅡ 艱難코
　　　　ᄯᅩ 누니 머로이다〈月釋11:10a〉

　　라. 尊者ᄂᆞᆫ 양ᄌᆡ 端正ᄒᆞ고 슬히 <u>보ᄃᆞ랍거시ᄂᆞᆯ</u> 나는 양ᄌᆡ 덧굿고
　　　　슬히 셰요이다〈釋詳24:34b〉

위 (3 가, 나)는 '-건마른'이 쓰인 경우이고, (3 다, 라)는 '-거늘'이 대조 접
속문에 쓰인 경우이다. 그런데 이 두 접속어미가 대조의 의미 관계에만
쓰이는 것은 아니다. 이현희(1994ㄱ), 박용찬(2006)에 따르면 '-거늘'의 경
우는 양보, 원인, 배경 등의 의미 관계에 쓰이고, '-건마른'의 경우도 양보,
배경의 의미 관계에 쓰이므로 주의를 요한다.

　다음으로 선택 관계를 살펴보자. 선택 접속문은 선행절과 후행절을 선
택적으로 접속하는 접속문이다. 선택은 전통적으로 이접적 접속으로 인정
되어 온 것으로 아래의 예들에서 선택 관계를 가진 접속문을 확인할 수
있다. 이 의미 관계에 '-거나'가 대표적으로 쓰인다.[30]

　(4) 가. 이 사ᄅᆞ미 <u>ᄃᆞ니거나</u> <u>셔거나</u> ᄒᆞ야셔〈釋詳21:52b〉

　　　나. 부텻 양ᄌᆞᄅᆞᆯ ᄀᆞᆺ시기 <u>그리ᅀᆞᆸ거나</u> <u>밍ᄀᆞᅀᆞᆸ거나</u> ᄒᆞᆯ 씨라〈月釋
　　　　2:66b〉

　　　다. 夫人이 보시고 ᄆᆞᅀᆞ매 미더 이 그려기ᅀᅡ 내 아ᄃᆞ린 <u>죽거나</u> 살
　　　　<u>어나</u> 一定ᄒᆞᆫ 긔벼를 아라 오려다 ᄒᆞ더시다〈月釋22:62a〉

　　　라. <u>자거나</u> <u>씨어나</u> 다 便安ᄒᆞ리라〈月釋10:70b〉

---

30) 그런데 '선택 관계' 범주를 인정하지 않는 견해도 확인된다. 이러한 논의는 '-거나'를 '-
　　거-'와 '-(으)나'로 분석하여 '-(으)나'가 가지는 의미로 분류하기 때문이다.

'-거나'가 이끄는 접속문은 주로 위 (4)처럼 '-거나....-거나....V' 구성으로 나타나는 것이 특징적이다. 이 경우는 선택 접속문이 내포절 구성처럼 보이는 접속 구성을 취하고 있어 흥미롭다. 한편, (4 라)의 경우는 선택 접속문에 포함되는 구성이긴 하나 선행절의 내용과 상관없이 후행절의 내용이 일어나는 것으로 해석되기 때문에 일반적인 선택 접속문과는 차이를 보이는 경우라 하겠다. 가령, (4 라)가 '-거나'에 의해 접속된 구성이긴 하나 '잘 때나 깰 때나 (상관없이) 모두 평안할 것이다' 정도로 해석되어 일반적인 선택과는 차이를 보인다 하겠다. 아래에 '-거나....-거나....ㅎ-' 구성의 예를 추가로 제시해 둔다.

(5) 가. ᄒᆞ다가 어버ᅀᅵ <u>그립거나</u> 兄弟妻子息이 <u>그립거나</u> 閻浮提ㅅ 樂을 몯 <u>닛거나</u> ᄒᆞ거든〈月釋22:37b〉

나. 뎌 나라해 ᄇᆞᆯ쎠 <u>나거나</u> 이제 <u>나거나</u> 쟝ᄎᆞ <u>나거나</u> ᄒᆞ리라〈月釋7:76a〉

다. ᄒᆞᆫ 낫 고ᄌᆞ로 그륜 像을 <u>供養ᄒᆞᅀᆞᆸ거나</u> <u>저ᅀᆞᆸ거나</u> <u>合掌ᄒᆞᅀᆞᆸ거나</u> ᄒᆞᆫ 소ᄂᆞᆯ <u>드ᅀᆞᆸ거나</u> 잢간 머리를 <u>수기ᅀᆞᆸ거나</u> ᄒᆞ야〈釋詳13:53a〉

라. 一切 如來 <u>니ᄅᆞ시거나</u> 菩薩이 <u>니ᄅᆞ거나</u> 聲聞이 <u>니ᄅᆞ거나</u> ᄒᆞ욘 여러 經法 中에 ᄆᆞᆺ 第一이니 아뫼나 이 經典을 能히 바다 디니ᄂᆞᆫ 사ᄅᆞᆷ도 ᄯᅩ 이 ᄀᆞᆮᄒᆞ야〈釋詳20:23a〉

다음으로 배경 관계 접속문을 살펴보자. 배경 접속문은 선행절의 내용이 후행절의 내용에 전제가 되는 의미 관계를 가지는 구성으로 논자마다 이를 '설명', '배경', '제시', '상황' 등으로 표현하여 제시하였다. 그런데 본고에서는 선행절에 후행절 사태에 대한 배경이 제시되고 후행절이 특정 상황이 설명된다는 점에서 '배경'의 용어를 사용하기로 한다. 이 접속문에 해당하는 어미는 '-(으)니', '-오ᄃᆡ' 등이 대표적이다.

(6) 가. 羅雲이 前生애 혼 나랏 王이 두외야 <u>잇더니</u> 혼 道士ㅣ 죠고맛
　　　罪를 지어늘 그 王이 東山애 드려 갔간 가도라 ᄒ고 닛고 여쐐
　　　를 뒷더니〈釋詳3:37a〉

　　나. 즉자히 니러 竹園으로 <u>오더니</u> 부톄 마조 나아 마ᄌ샤 서르 고
　　　마ᄒ야 드르샤 說法ᄒ시니〈釋詳6:12b〉

　　다. 부텨를 기리ᅀᆞᆸ고 <u>願호ᄃᆡ</u> 부톄 나를 어엿비 너기샤 나를 보ᅀᆞᆸ
　　　게 ᄒ쇼셔〈釋詳6:40b〉

　　라. 내 太子를 <u>셤기ᅀᆞᄫᅩᄃᆡ</u> 하늘 셤기ᅀᆞᆸ듯 ᄒ야〈釋詳6:4a〉

위 '-(으)니'의 경우에는 이현희(1994), 전병용(1995), 황선엽(1995) 등에서
밝혀진 바와 같이 배경 외에도 원인, 양보 등의 의미를 가지고 있다. 그
런데 위의 경우처럼 '-(으)니'가 배경의 의미 관계를 가질 때 '-(으)니'를 '-
니라' 종결형으로 바꾸어도 문맥상 큰 문제는 없다.

　다음으로 시간 관련 접속문을 검토하자. 시간 접속문은 선행절과 후행
절이 시간적 관계에 따라서 접속된 구성을 말한다. 이 시간적 관계는 선
행절과 후행절의 사태에 따라서 선시적 관계, 후시적 관계, 동시적 관계
로 구분되나 선시적 관계와 후시적 관계를 통합한 계기 접속문과 동시
접속문으로 구분하여 다루는 것이 일반적이다. 이에 본고에서도 시간적
으로 선시적 관계와 후시적 관계를 구분하지 않고 하나의 의미 범주인
계기 접속문으로 분류하고, 이 계기 접속문을 동시 접속문과 구분하여 검
토하였다.

　계기 관계의 접속문은 선행절의 내용과 후행절의 내용이 시간적으로
선·후 관계를 가지는 접속문이다. '-고', '-아/어' 등이 이 의미 관계에 쓰
인다.

(7) 가. 父母ㅅ 알픠 <u>가</u> 꾸러 香 <u>퓌오고</u> 비러 盟誓ᄒ야〈月釋22:66a〉
　　나. 우리 무른 ᄇᆞᅀᆞ차 밥 비브르 <u>먹고셔</u> 든니노니〈杜詩25:11b〉

다. 네 당다이 轉輪聖王이 드외야 七寶千子 가져 四天下를 다스리
리어늘 엇뎨 마리 갓고물 즐기는다〈釋詳3:23a〉

위에서 (7 가, 나)의 '-고', (7 다)의 '-아'에 접속된 선행절의 사태는 후행절
에 사태에 대해서 단순한 시간적 선행만을 나타낸다. 위 경우처럼 계기
관계 접속문은 대체로 선행절의 사태가 후행절 사태보다 먼저 일어나는
구성으로 나타난다.

　다음으로 동시 관계 접속문을 살펴보자. 동시 관계는 선행절의 내용과
후행절의 내용이 시간적으로 동시에 일어난 접속문이다. '-고', '-어', '-다
가' 등이 이 의미 관계에 쓰인다.

　　(8) 가. 目連이 술보딕 山中에 므슴 粮食을 먹고 道理를 비호리잇고〈月
　　　　　釋23:77b〉

　　　　나. 三界 中에 尊ᄒ신 부니시니이다 ᄒ고 合掌ᄒ야 절ᄒᅀᆞᆸ고 울어
　　　　　늘〈釋詳3:1b〉

　　　　다. 四衆이 놀애 블러 讚嘆ᄒᅀᆞᄫᅡ 조쫍바 오더니〈釋詳11:12b〉

　　　　라. 사ᄅ미 바믜 녀다가 机를 보고 도ᄌᆞ긴가 너겨며〈釋詳11:34b〉

　　　　마. ᄯᅩ 나ᅀᅡ가시다가 아바님 맞나시니〈月釋8:85b〉

위 (8 가)는 '산중에서 무슨 음식을 먹으면서 도리를 배우겠습니까?' 정도
의 의미이고, (8 나)는 '절하면서 울거늘' 정도의 의미를 가진다. (8 다)는
'찬탄하면서 좇아 오더니' 정도로 해석된다. 이때 '-고', '-어'는 현대국어의
'-면서'로 대치된다. 이처럼 동시 관계는 선행절의 사태가 일어나는 도중
에 후행절의 사태가 일어나는 것을 말하므로 (8 라, 마)의 '-다가'가 이끄
는 접속문도 동시 관계로 분류할 수 있겠다. (8 라)는 사람이 밤에 다니는
도중에 机를 보는 것으로 해석되고, (8 마)는 나아가는 도중에 아버님을
만나는 것으로 해석되는 경우로 이때도 선행절과 후행절이 시간적으로

동시 관계를 보인다 하겠다.

　그러나 '-다가'는 다음의 예처럼 선행절의 행위가 중단되고 새로운 사건
인 후행절이 이어지는 관계에 쓰이기도 한다.

　　(9) 가. <u>坐禪ᄒ시다가</u> 나라해 빌머그라 오시니〈月釋1:5b〉

　　　　나. 곳 잇ᄂᆫ 싸홀 근가 <u>가시다가</u> 俱夷를 맛나시니〈月釋1:9b〉

　　　　다. 부톄 처엄 妙光佛末法에 出家ᄒ샤 道 <u>닷ᄀ시다가</u> 五十三 佛ㅅ
　　　　　　 일훔 드르시고 기픈 ᄆᆞᅀᆞᄆᆞ로 울워러 ᄉᆞ랑ᄒ샤〈法華4:14a〉

위의 예들은 선행절의 사태가 중단되고 후행절의 사태가 이어지는 해석
을 가지기 때문에 전환 혹은 중단의 의미 기능으로 파악하여 전환의 접속
문으로 분류하기도 하고 혹은 시간 관계를 중시하여 계기의 시간 관계로
파악하기도 하였다. 본고는 (9)의 경우가 선행절 사태와 후행절 사태가
이어지고 두 사태가 시간적으로 간격을 가지고 있다는 점에 무게를 두어
계기 접속문으로 보고자 한다.

　다음은 조건 관계 접속문이다. 조건 관계는 선행절의 내용이 후행절의
내용에 조건이 되는 접속문이다. '-(으)면', '-거든', '-어ᅀᅡ' 등이 이에 해당
된다.

　　(10) 가. 太子ㅣ 부톄 <u>ᄃᆞ외시면</u> 聖王ㄱ 子孫이 그츠시리이다〈釋詳3:10b〉

　　　　 나. 王이 <u>트시면</u> 天下를 ᄒᆞ롯 內예 다 도라오샤ᄃᆡ〈月釋1:28a〉

　　　　 다. 百姓을 <u>앗기거시든</u> 沙門을 자바 주쇼셔〈釋詳24:22a〉

　　　　 라. 너희 <u>出家ᄒ거든</u> 날 ᄇᆞ리곡 머리 가디 말라〈釋詳11:37a〉

　　　　 마. 諸佛도 <u>出家ᄒ샤ᅀᅡ</u> 道理를 닷ᄀ시ᄂᆞ니 나도 그리 호리라 ᄒ
　　　　　　 고〈釋詳6:12a〉

위 (10)은 선행절의 내용이 후행절의 내용에 조건으로 해석되는 구성으로
조건 접속문의 경우이다. 위 조건 접속 어미는 4장에서 검토한 바와 같이

후행절의 문체법에서 그 차이를 확인할 수 있다. 한편, '-어사'는 분석의 문제가 있는데 위처럼 조건의 의미 관계에 쓰일 때는 분석해서는 안 되지만 "이 願을 브터 <u>닷가사</u> 비르서 正覺을 일우리니"〈圓覺하3-1:128a〉, "뭇 後ㅅ 無明을 <u>그츠샤사</u> 비르서 佛道를 일우시ᄂ니라"〈楞嚴6:9a〉 등처럼 어느 한 시점을 기준으로 한 사태가 이루어지거나 변화하기 시작함을 뜻하는 부사 '비르서'가 후행절에 나타나는 '-어사'는 '~한 후에야 비로소'로 해석되기 때문에 계기의 접속어미 '-어'와 보조사 '-사'로 분석하여 (10 마)와 구분해야 할 것이다. 이에 대해서는 이현희(1995ㄴ), 박용찬(2006)에서 면밀하게 다뤄진 바 있다.

위 (10)의 조건 접속문은 선행절이 비실현적인 내용이지만 아래 예처럼 선행절이 반사실적인 내용으로 해석되는 경우도 있다.

(11) 가. 나사오니 <u>믈러가던덴</u> 목숨 ᄆᄎ리잇가〈龍歌51〉

　　 나. 내 아ᄃ리 지븨 <u>잇던딘</u> 輪王이 ᄃ외리러니〈月釋25:11b〉

　　 다. 내 아랫 뉘예 이 經을 바다 디녀 닐그며 외오며 ᄂᆞᆷᄃ려 니르디 아니ᄒ<u>더든</u> 阿耨多羅三藐三菩提를 샐리 得디 몯ᄒ리러니라〈釋詳19:34a〉

　　 라. ᄒ다가 我等相이 <u>잇던댄</u> 嗔恨을 내리러니라 ᄒ시니라〈永嘉하51a〉

위 (11 가)는 '물러갔더라면 목숨을 마쳤겠습니까?' 정도의 의미를 가지며, (11 나)는 '만약 아들이 집에 있었더라면 輪王이 되었을 것이니' 정도의 의미를 가진다. 즉 선행절이 사실이 아닌 것이 분명한 것으로 이때는 '-던덴', '-던딘', '-던댄', '-더든' 등이 주로 쓰인다.

다음은 원인의 접속문으로 선행절의 내용이 후행절의 내용에 원인이 되는 접속문이다. '-(으)ㄹ쎄', '-관디', '-(으)란디', '-(으)니', '-거늘', '-어' 등이 주로 쓰인다.

(12) 가. 耶輸ㅣ 잠깐도 듣디 <u>아니ᄒᆞ실ᄊᆡ</u> 目連이 淨飯王ᄭᅴ 도라가 이

辭緣을 ᄉᆞᆲ본대〈釋詳6:6a〉

나. 엇던 功德을 <u>닷ᄀᆞ시관ᄃᆡ</u> 이 神力이 겨시니잇고〈月釋18:82a〉

다. 이제 四方이 大平ᄒᆞ니 太子ㅣ 德과 ᄌᆡ조왜 <u>ᄀᆞᄌᆞ란ᄃᆡ</u> ᄀᆞᆺ 나라

해 보내샤 人心을 뫼ᄒᆞ게 ᄒᆞ쇼셔〈釋詳24:49b〉

라. ᄒᆞ마 큰 ᄠᅳᆮ 일우믈 <u>니ᄅᆞ시니</u> 그럴ᄊᆡ 大法 니ᄅᆞ쇼셔 請ᄒᆞ시니

라〈法華3:144b〉

마. 蜜多羅도 <u>모ᄅᆞ거늘</u> 太子ㅣ ᅀᅡ ᄀᆞᄅᆞ치시더라〈釋詳3:10b〉

바. 이 會옛 無數 百千萬億 阿僧祇 衆生이 아래 諸佛을 보ᅀᆞᇦ아 諸

根이 ᄂᆞᆯ캅고 智慧 <u>ᄇᆞᆯ가</u> 부텻 마ᄅᆞᆯ 듣ᄌᆞᄫᆞ면 어루 恭敬ᄒᆞ야 信

ᄒᆞᅀᆞᄫᆞ리이다〈釋詳13:44b〉

위 (12)에서 '-(으)ㄹᄊᆡ', '-관ᄃᆡ', '-(으)란ᄃᆡ'는 선행절이 후행절에 원인으로
해석되는 접속 구성에만 쓰이지만 '-(으)니', '-거늘', '-아'는 앞서 검토한 바
와 같이 다양한 접속 구성에 나타난다는 점에서 구별된다.

한편, 조건이나 원인 관계 접속문은 선행절이 조건 혹은 원인의 내용을
가지고 후행절은 결과의 내용을 가지므로 논리적 구성을 나타낸다는 점
에서는 유사하다. 그러나 조건 관계 접속문의 선행절이 비실현과 반사실
적 내용을 가지고 있는 반면에 원인 관계 접속문의 선행절은 사실적 내용
을 가지고 있다는 점에서 차이를 보인다. 이러한 의미적 특성은 다음 절
에서 보다 자세하게 살펴보게 될 것이다.

다음은 양보 관계 접속문이다. 양보 접속문은 후행절의 내용이 선행절
의 내용에 따른 결과에 어긋나는 관계를 가진 구성이다. '-고도', '-어도',
'-(으)ㄴ들', '-건마른', '-거늘' 등이 이 접속문에 쓰인다.

(13) 가. 비록 사ᄅᆞ믹 무레 <u>사니고도</u> 즁ᄉᆡᆼ마도 몯ᄒᆞ이다〈釋詳6:5a〉

나. 諸天이 비록 샹녯 光明이 <u>이셔도</u> 부텻 光明에 몯 밋ᄂᆞ니라〈月釋14:18b〉

다. 비록 쏘 <u>出家ᄒᆞᆫ둘</u> 므슴 德이 이시리오〈永嘉상24a〉

라. 理ㅣ 衆生이 ᄆᆞᅀᆞ미니 ᄀᆞᄅᆞ치샤ᄆᆞᆯ 듣ᄌᆞ오면 제 어로 ᄆᆞᅀᆞᄆᆞᆯ <u>보련마ᄅᆞᆫ</u> 숫가라ᄀᆞᆯ 여희여사 能히 ᄃᆞᄅᆞᆯ 알리라〈楞嚴2:23b〉

마. 尊者ᄂᆞᆫ 양지 端正ᄒᆞ고 슬히 <u>보ᄃᆞ랍거시ᄂᆞᆯ</u> 나ᄂᆞᆫ 양지 덧긏고 슬히 세요이다〈釋詳24:34b〉

위 (13 가)는 '비록 (우리 아이들이) 사람의 무리에 살아가지만 짐승만도 못합니다' 정도의 의미를 가진 것으로 선행절에 따른 예상과 어긋나는 내용이 후행절 '짐승만도 못하-'로 나타난 것이다. 후행절의 사태가 선행절의 사태로 인하여 발생하는 결과와 관련된다는 점에서는 앞서 살펴본 원인이나 조건 접속문과 유사하다. 그러나 양보 접속문은 예상과는 다른 결과가 후행절에 나타난다는 점에서 원인이나 조건 접속문과 다르다.

다음은 의도 관계 접속문이다. 의도 관계는 선행절의 내용이 의도가 되고 후행절의 내용이 의도에 따른 행위가 되는 관계를 말한다. '-오려', '-(으)라', '-고져', '-과ᄃᆡ여' 등이 이 접속 구성에 쓰인다.

(14) 가. 그 ᄢᅴ 會中에 一切 大衆이 너비 다 禮數ᄒᆞᅀᆞᆸ고 如來ㅅ 秘密章句ᄅᆞᆯ <u>듣ᄌᆞ오려</u> 기드리ᅀᆞᆸ더니〈楞嚴7:28a〉

나. 나라해 <u>빌머그라</u> 오시니 다 몰라보ᅀᆞᆸ더니〈月釋1:5b〉

다. 世尊하 우리ᄃᆞᆯ히 이 부텻 모ᄆᆞᆯ <u>보ᅀᆞᆸ고져</u> 願ᄒᆞ노이다〈月釋15:69b〉

라. 그저긔 모댓ᄂᆞᆫ 大衆ᄃᆞᆯ히 이 말 듣ᄌᆞᆸ고 흔ᄢᅴ 닐오ᄃᆡ 一切 衆生이 다 <u>버서나과ᄃᆡ여</u> 願ᄒᆞ노이다〈釋詳11:3b〉

의도 접속문의 경우는 대부분 선행절과 후행절의 주어가 동일한 경우와 동일하지 않은 경우로 구분될 수 있다. 그런데 이 두 경우 모두 후행절의 주어가 생략되어 나타나는 것이 일반적이다. '-오려', '-(으)라', '-고져'의 경우는 선행절의 주어와 후행절의 주어가 동일인인 경우에 쓰이며, '-과듸여'의 경우는 선행절의 주어와 후행절의 주어가 동일하지 않은 경우에 쓰인다.

마지막으로 결과 관계 접속문을 살펴보자. 결과 접속문은 후행절의 내용으로 인하여 일어나는 결과가 선행절에 나타난 구성을 말한다. 즉 선행절은 후행절의 내용에 따른 결과적 내용을 가리킨다. 이 접속 관계에 주로 '-드록', '-게'가 쓰인다.

(15) 가. 그 ᄯᆞ니미 몬 보드록 가듸 乃終내 도라보디 아니ᄒᆞ야시ᄂᆞᆯ〈釋詳11:29b〉

나. 츩 불휘 디허 ᄧᅡ 즙을 서 홉곰 머고듸 ᄌᆞ조 머거 긋도록 ᄒᆞ라〈救簡2:105a〉

다. ᄲᆞᆯ리 뎡바기옛 머리터리 ᄒᆞᆫ 져봄을 믜이 자바 들의요듸 신씌 츠리드록 ᄒᆞ라〈救簡1:30b〉

라. 댓무수미를 므레 글혀 하나 져그나 브스름 독이 업드록 머그라〈救簡3:33a〉

마. 내 菩提樹 아래브터 涅槃ᄒᆞ시드록 如來씌 여러 번 어즈리ᅀᆞᆸ다이다〈月釋4:26a〉

바. 이웃짓 브른 바미 깁드록 블갯도다〈杜詩7:6b〉

사. 그듸 가아 아라듣게 니르라〈釋詳6:6b〉

그러나 다음 (16)에서처럼 '-드록'이 '-ㄹ수록' 정도로 해석되는 몇 예도 확인된다.

(16) 가. 즙을 머고듸 만히 먹드록 됴ᄒᆞ니라〈救簡2:106a〉

나. 中下ᄂᆞᆫ 만히 듣드록 어둑 信티 아니ᄒᆞᄂᆞ니〈南明上36b〉

위 (16 가)는 '즙을 먹되 많이 먹을수록 좋아진다' 정도로 해석되고, (16
나)는 '中下는 많이 들을수록 더욱 믿지 아니하나니' 정도로 해석되는 접
속 구성으로 '-ㄹ수록' 정도로 해석되는 접속 구성이다. 이러한 '-두록'의
쓰임은 그리 많지는 않지만 위 (16)과 같이 선행절의 사태가 후행절의 사
태에 영향을 주는 것으로 해석되는 경우는 (15)와 구분하기로 하겠다.

한편, '-두록 ᄒᆞ-'가 '-게 ᄒᆞ-' 구성처럼 해석되는 경우도 확인된다. 가령,
"가히 터리 솜소미 이시면 독ᄒᆞᆫ 긔우니 ᄒᆞ마 나ᄂᆞ니 전국으로 ᄲᅮ추ᄃᆡ 솜솜
ᄒᆞᆫ 터리 업두록 ᄒᆞ야ᅀᅡ 둗ᄂᆞ니라〈救簡6:41b〉"은 '개의 털이 처럼 솜솜히
있으면 독한 기운이 곧 나니 된장으로 바르되 솜솜한 털이 업게 해야 좋
아진다' 정도로 해석되는 예문으로 '-두록'이 '-게 ᄒᆞ-'의 '-게'처럼 쓰이는 용
례이다. 이때의 의미는 (15)의 '-두록'의 쓰임이 발전한 것으로 판단된다.

지금까지 접속문의 의미 관계와 그 의미 관계에 쓰이는 접속어미를 살
펴보았다. 이를 정리하면 아래와 같다.

    (17) 선행절과 후행절의 의미 관계와 해당 접속어미

        가. 나열 의미 관계: '-고', '-(으)며'

        나. 선택 의미 관계: '-거나'

        다. 대조 의미 관계: '-(으)나', '-거니와', '-건마ᄅᆞᆫ', '-거늘'

        라. 원인 의미 관계: '-(으)ㄹ씨', '-관ᄃᆡ', '-(으)란ᄃᆡ', '-(으)니', '-거
           늘', '-어'

        마. 조건 의미 관계: '-(으)면', '-거든', '-어ᅀᅡ', '-던댄', '-던딘', '-던
           덴', '-더든'

        바. 계기 의미 관계: '-고', '-어'

        사. 동시 의미 관계: '-고', '-아', '-다가'

        아. 양보 의미 관계: '-고도', '-어도', '-ㄴᄃᆞᆯ', '-건마ᄅᆞᆫ'

        자. 의도 의미 관계: '-오려', '-(으)라', '-고져', '-과ᄃᆡ여'

차. 결과 의미 관계: '-드록', '-게'

카. 배경 의미 관계: '-(으)니', '-오디'

그런데 위의 내용은 2 장에서 검토한 의미 관계를 중심으로 정리한 결과이기에 합리적이고 체계적인 의미 범주 설정으로 보기에는 문제가 있을 수 있다. 제시한 접속어미의 경우도 각 의미 관계에 쓰이는 대표적 형태만을 제시한 한계를 가지고 있다. 무엇보다도 개별 접속어미에 따라서 보다 면밀한 검토가 이루어져야 하나 각 의미 관계에 쓰이는 접속어미를 확인하는 작업에 그치고 있는 한계점을 가지고 있다. 그러나 이는 본고의 초점이 이에 있지 않고 접속문의 의미 관계를 의미 자질을 통해서 보고자 하는 데에 있기 때문에, 의미 관계와 접속어미 검토는 선행 논의를 바탕으로 정리하는 수준에 그친 것이다. 이제 접속문의 의미 관계가 선·후행절의 사태의 시간적 관계와 양태적 관계에 따라서 다시 하위 분류될 수 있음을 검토하고 그 결과 내용이 통사적 특성과도 관련되어 있음을 확인하기로 하겠다.

3. 의미 관계의 하위 분류

그동안 접속문의 의미 관련 연구는 접속문의 의미 범주 설정을 중심으로 이루어져 왔다. 그러다 보니 연구의 범위가 자연스럽게 제한되어 접속문의 의미적 연구가 형태 혹은 통사적 논의에 비하여 미비한 것은 당연한 결과일 것이다. 그런데 최근에 다양한 의미적 특성을 통해서 각 접속문의 특성을 밝히려는 논의가 일어나면서 보다 다양한 의미 관련 연구가 시도되고 있다. 그러나 아직도 접속문 연구가 의미적 연구와 통사적 연구가 별개로 전개되고 있는 것은 매우 안타까운 상황이다. 이에 본고는 앞서 검토한 의미 관계를 '시간성'과 '양태성'의 의미 특성으로 다시 하위 분류하고, 그렇게 분류된 의미 관계가 통사적 특성과 어떠한 관련성을 가지는 지를 살펴보고자 한다.

여기에서 말하는 '시간성'은 시간적 배열을 말하는데, 이는 선행절 사태가 후행절 사태에 대해서 시간적으로 앞선 사태인지, 동시적 사태인지, 후시적 사태인지를 의미한다. 또한 '사실성'은 양태적 특성으로 선행절 사태가 후행절 사태에 대해서 사실적인 사태인지 아니면 비사실적인 사태인지를 말하는 것이다. 이러한 논의는 Martin(1992), Hengeveld(1998), Perez Quintero(2002), Cristofaro(2003) 등 주로 서양에서 본격적으로 다루어진 바 있고, 국내에서는 이은경(2000)에서 언급한 바 있다.

3.1. '시간성'에 따른 의미 관계 분류

그럼 먼저 '시간성'에 대해서 검토하기로 한다. 본고에서 말하는 '시간성'은 선행절의 사태가 후행절의 사태에 대해서 보이는 시간적 배열을 의미한다. 다음 예를 통해서 선행절과 후행절의 사태 사이의 시간 관계를 살펴보기로 한다. 편의상 현대국어 예를 통해 확인하기로 하겠다.

(18) 가. 철수는 신문을 보면서 밥을 먹었다.
　　　나. 철수는 배가 아파서 병원에 갔다.
　　　다. 철수는 유학을 가려고 돈을 모았다.

위 (18 가)는 동시의 '-(으)면서'가 이끄는 접속문으로 선행절 사태가 후행절의 사태에 대해서 동시로 해석된다. (18 나)는 원인의 '-아서'가 이끄는 접속문으로 선행절의 사태가 후행절 사태에 대해서 선시적으로 해석되고, (18 다)는 목적이나 의도의 '-려고'가 이끄는 접속문으로 선행절의 사태가 후행절의 사태에 대해서 후시적으로 해석된다. 이렇듯 각 접속문은 선행절과 후행절의 시간적 배열에 대해서 일정한 시간 관계를 가지고 있다.

즉, 선행절과 후행절 사태의 시간적 관계를 통해서 접속문의 의미 범주는 다시 하위 분류될 수 있다.

그런데 접속문 연구에서 선행절과 후행절의 시간적 특성에 대한 연구가 아주 없는 것은 아니다. 국어 시제 관련해서 접속문의 시제 현상이 지적되곤 하였다. 그러나 그간의 연구가 선행절의 시제가 절대적 시제로 해석되는지 상대적 시제로 해석되는지에 초점을 두고 선행절의 상황시와 후행절의 상황시, 그리고 발화시의 다양한 검토를 통해서 선행절의 시제 해석을 검증한 논의라면[31] 본고에서의 '시간성'은 선행절의 사태가 후행절의 사태에 대해서 어떠한 시간적 배열을 보이는 것을 말한다. 따라서 접속문의 시제 연구가 접속절의 시제 연구라면 본고의 '시간성'은 접속절의 시간 배열 관계 연구인 것이다.

이에 선행절의 사태가 후행절 사태에 대하여 갖는 '시간성'을 동시적 관계와 선시적 관계, 후시적 관계로 규정하고 이를 통해서 접속문의 '시간성'을 살펴보도록 하겠다. '시간성'의 하위 분류를 제시하면 아래와 같다.

(19) '시간성'에 의한 하위 분류
　　　동시성, 선시성, 후시성

그럼 위 (19)의 의미 특성을 가지고 대등 접속문인 '-고', '-(으)며'가 이끄는 나열의 접속문부터 살펴보기로 하자.

(20) 가. 이 네 天下를 金輪王은 <u>다스리시고</u> 銀輪王은 세 天下를 다스리시고〈月釋1:25a〉

　　　나. 一萬玉女는 金甁에 甘露 <u>담고</u> 一萬玉女는 香水 담고〈月釋

---

31) 접속문의 시제 해석에 대한 연구는 최동주(1994), 한동완(1996), 김정대(1999), 문숙영(2005) 등이 대표적이다.

2:32a〉

다. 閻浮檀金으로 줄기 밍ᄀᆞ르시고 白銀으로 닙 밍ᄀᆞ르시고 金剛
　　으로 터럭 밍ᄀᆞ르시고〈法華7:14a〉

라. 내 녜 아리 供養ᄒᆞᅀᆞᆸ고 오늘 ᄯᅩ 도로 親히 뵈ᅀᆞᆸ과이다〈法華
　　6:150a〉

마. 처ᅀᅥᆷ 二空觀ᄋᆞᆯ 닐기시고 後에 法界觀ᄋᆞᆯ 닐기시나〈圓覺상
　　2-2:23a〉

(21) 가. 王이 보시고 ᄯᅡ해 업더디여 우르시며 俱夷ᄂᆞᆫ 몰 고개를 안고
　　　우르시더라〈釋詳3:34b〉

　　나. 올ᄒᆞᆫ 소ᄂᆞ로 하ᄂᆞᆯ ᄀᆞ르치시며 왼 소ᄂᆞ로 ᄯᅡ ᄀᆞ르치시고 獅子
　　　목소리로 니르샤ᄃᆡ〈月釋2:38a〉

　　다. 내 아래브터 부텻긔 이런 마를 몯 듣ᄌᆞᄫᅥ며 四衆들토 다 疑
　　　心ᄒᆞᄂᆞ니〈釋詳13:44a〉

　　라. 뎌 수프레 잇ᄂᆞᆫ 벌에 즁ᄉᆡᆼ들토 다 깃거 太子ᄭᅴ 오ᅀᆞᄫᅥ며 그
　　　저긔 그 수프레 婆羅門들히 祭ᄒᆞ기 위ᄒᆞ야 쇠져즐 앗더니〈釋
　　　詳3:33a〉

　　마. 動ᄋᆞ로 몸 사ᄆᆞ며 動ᄋᆞ로 境 삼ᄂᆞ니라〈楞嚴2:2a〉

　　바. 今日事 모ᄅᆞ실ᄊᆡ 優陁耶ㅣ 슬ᄫᅥ며 아ᄃᆞᆯ님이 ᄯᅩ 슬ᄫᅵ시니〈月曲
　　　42b〉

　　사. 그저긔 夜叉王들히 圍繞ᄒᆞᅀᆞᄫᅥ며 一切 天人이 다 모다 讚歎ᄒᆞ
　　　ᅀᆞᆸ고〈月釋2:42b〉

위 (20)과 (21)은 각각 나열의 '-고'와 '-(으)며'가 이끄는 대등 접속문으로
선행절 사태와 후행절 사태가 대등적 관계를 가지는 접속 구성이다. 이
대등 접속문은 선행절과 후행절이 의미적으로 독립적이기 때문에 선·후
행절 사이의 일정한 시간 관계를 기대하기가 어렵다. 이는 (20 가, 나, 다)

처럼 선행절의 사태가 후행절의 사태에 대해서 시간적 간격이 거의 없는
것으로 해석되는 경우와 (20 라, 마)처럼 선행절 사태가 후행절 사태에 대
해서 선시적 사태로 해석되는 것에서 확인할 수 있다.

그런데 (21)과 같이 나열의 '-(으)며'는 주로 선·후행절 사태 사이에 시
간 간격이 나타나지 않는다는 점이 특징이다.[32] (21 가)의 '王이 보시고
짜해 업더디여 우르시며'의 사태와 '俱夷는 믈 고개를 안고 우르시더라'에
서 선행절 사태와 후행절 사태 사이의 시간적 간격을 확인할 수 없다.
(21 나)의 '올흔 소노로 하늘 フ르치시며'와 '왼 소노로 짜 フ르치시고'도
두 사태 사이에서 시간적 간격이 없어 보인다. (21 다, 라, 마, 바, 사)도
마찬가지이다.

그러나 "太子ㅅ 바를 할쓰ㅸ며 우더라"〈釋詳3:31a〉처럼 동시의 '-(으)면
서' 정도로 해석되는 '-(으)며'는 나열의 '-(으)며'와는 구별되어야 한다. 15
세기 국어에서 '-(으)며'가 나열의 기능을 하는 경우와 동시의 기능을 하는
경우로 나뉘는 것은 이미 지적된 사실이다. 동시의 '-(으)며'는 선행절과
후행절의 주어가 동일인인 특성을 가지나 위 (21)처럼 나열의 '-(으)며'는
대부분 선행절과 후행절의 문장 성분이 대칭적인 구조를 가진다. 다만,
나열의 '-(으)며'가 주로 시·공간적으로 일치를 보이는 자리에 쓰이기 때
문에 시간적인 간격이 나타나지 않는 것뿐이다.

다음으로 선택의 '-거나'가 이끄는 접속문을 살펴보도록 하자.

(22) 가. 시혹 내 허므를 <u>보거시나</u> 시혹 내 罪를 <u>듣거시나</u> 시혹 내 犯

---

32) 15세기 국어에서 나열의 '-(으)며'는 "薩이 돋니시며 셔 겨시며 안주시며 누ᄫ샤매 夫人
이 아ᄆ라토 아니ᄒ더시니"〈月釋2:26a〉, "하ᄂᆞᆺ 풍뤼 虛空애 フ득ᄒ야 곳비 비흐며 香
퓌우고"〈釋詳11:13a〉 등과 같이 주로 동일한 시간적, 공간적 사건을 나열하는 기능으로
쓰이는 것으로 보인다. 이러한 점이 나열의 '-고'와 다른 차이가 아닌가 싶다. 이에 대해
서는 정밀한 논의가 필요하다. 한편, "맛내 좌시며 줌 자싫 제 風流ㅣ フ바ᇰ더니"〈月曲
43a〉처럼 시간적으로 차이를 보이는 나열 접속문도 존재하기는 하나 극히 드물다.

을 疑心커시나 어엿비 너겨 ᄀ장 니ᄅ쇼셔 내 懺悔호리이다
〈月釋23:94a〉

나. 이 經도 一切 如來 니ᄅ거시나 菩薩이 니르거나 聲聞이 니르
거나〈月釋18:50a〉

다. 阿闍世王이 오시거나 彌勒이 下生커시나〈釋詳24:6b〉

위 (22)처럼 선택의 '-거나'가 이끄는 접속문도 나열의 접속문처럼 선행절
과 후행절이 각각 독립된 사태를 가지기 때문에 시간적 관계가 일정하지
않을 것으로 보이나 선택의 접속문은 선행절과 후행절의 사태가 모두 일
어나는 것이 아니고 하나의 사태만 실현될 가능성이 있기 때문에 선행절
과 후행절 사태 사이에서 일정한 시간 관계가 성립되지 않는 것으로 판단
된다.

아래는 대조의 접속문의 예들이다.

(23) 가. 네 이제 비록 해 드로믈 得ᄒ나 聖果를 일우디 몯ᄒ니라〈楞嚴
1:91b〉

나. 내 비록 度티 몯ᄒ나 願ᄒᅀᆞ오ᄃᆡ 末劫엣 一切 衆生을 度ᄒ야
지이다〈楞嚴6:82b〉

다. 내 ᄒ마 衆生의게 즐길 꺼슬 施ᄒ오ᄃᆡ ᄠᅳ듸 欲을 조초나 그러
나 이 衆生이 다 ᄒ마 衰老ᄒ야〈法華6:8a〉

라. 내 如來ㅅ 法身은 보ᅀᆞ뱃가니와 如來ㅅ 妙色身은 몯 보ᅀᆞ뱃노
니〈月釋4:31b〉

마. 아래 ᄌᆞ조 듣ᄌᆞᄫᅡ른 즉자히 도로 니저 ᄀᆞᆺ블 ᄡᅳ니니〈釋詳
6:11a〉

위 (23)은 대조의 '-(으)나'와 '-거니와', '-ㄴ마른'이 통합한 경우로 선행절
사태와 후행절 사태가 독립적 관계를 가지기 때문에 나열 접속 구성과 같

이 시간적 관계가 일정하지 않다. 가령 (23 가, 나)는 선행절의 사태가 후행절의 사태에 대해서 선시적 관계를 가지나 (23 다)는 선행절의 사태가 후행절의 사태에 대해서 후시적으로 해석된다. (23 마, 바)의 경우는 동시적 관계를 가진 것으로 해석된다.

다음은 종속 접속문이다. 먼저 원인의 종속 접속문을 경우부터 살펴보기로 하겠다.

(24) 가. 耶輸ㅣ 잠깐도 듣디 <u>아니호실씨</u> 目連이 淨飯王의 도라가 이 辭緣을 술혼대〈釋詳6:6b〉

　　　나. 五百 辟支佛을 供養호시며 그지 업슨 됴호 業을 <u>닷그실씨</u> 이제 와 如來를 나호시니라〈釋詳11:39b〉

　　　다. 迦葉이 如來를 <u>恭敬호ᅀᆞᆸ씨</u> 虛空ᄋᆞ로 ᄂᆞ라오디 아니코 弟子들 더블오 길호로 밧비 거러 닐웨어사 拘尸城 東녀긔 오더니 〈釋詳23:40a〉

　　　라. 엇던 行願을 <u>지ᅀᅳ시관ᄃᆡ</u> 이 相ᄋᆞᆯ 得호시니잇고〈月釋21:18a〉

　　　마. 이 獄앳 衆生ᄋᆞᆫ 前生애 므슷 罪業을 <u>짓관ᄃᆡ</u> 이런 受苦 ᄒᆞᄂᆞ뇨 〈月釋23:79a〉

　　　바. 엇던 功德을 <u>닷ᄀᆞ시관ᄃᆡ</u> 이 神力이 겨시니잇고〈月釋18:82a〉

　　　사. 이제 沐浴 다 <u>호시란ᄃᆡ</u> 安陁會를 니브쇼셔 ᄒᆞ야ᄂᆞᆯ 내 즉재 바다 니부니 〈月釋25:52b〉

　　　아. ᄒᆞ마 君子를 <u>뫼ᅀᆞ오란ᄃᆡ</u> 오직 命을 조초리이다〈內訓2:123b〉

위의 (24)처럼 선행절이 후행절에 대해서 원인으로 해석되는 경우는 일반적으로 선행절의 사태가 후행절 사태에 대해 선시적으로 해석된다. 즉, (24 가)의 '耶輸ㅣ 잠깐도 듣디 아니ᄒᆞ-', (24 나)의 '五百 辟支佛을 供養ᄒᆞ시며 그지 업슨 됴호 業을 닷-', (24 다)의 '迦葉이 如來를 恭敬ᄒᆞ-', (24 라)의 '엇던 行願을 지ᅀᅳ시-', (24 사)의 '이제 沐浴 다 ᄒᆞ-' 등의 선행절 사태는

후행절의 사태보다 앞서 일어난 상황으로 해석된다. 그러므로 원인의 접
속문은 선행절이 선시적으로 해석되는 일정한 시간적 관계를 가진다고
하겠다.

그런데 아래의 예는 선행절의 사태가 후시적으로 해석되는 것처럼 보
이는 원인의 접속문이다.

(25) 가. 쟝촛 八萬 菩薩와 흔쁴 <u>오시릴씬</u> 몬져 이 祥瑞를 나토시니라
〈月釋18:73b〉

　　나. 世尊이 <u>오시릴씬</u> 帝釋이 鬼神ᄋᆞ로 七寶黃金階를 딩ᄀᆞᅀᆞᄫᆞ니
〈月釋21:188b〉

　　다. 나ᄂᆞᆫ 늘거 ᄒᆞ마 無相天으로 가리니 法化를 몯 미처 <u>보ᅀᆞᄫᆞ릴</u>
<u>씬</u> 우노이다〈釋詳3:2a〉

　　라. 漢德이 비록 衰ᄒᆞ나 帝胄ㅣ <u>中興ᄒᆞ시릴씬</u> 大耳兒를 臥龍이 돕
ᅀᆞᄫᆞ니〈龍歌29〉

　　마. 뉘 <u>脩行ᄒᆞ리완ᄃᆡ</u> 엇뎨 幻 ᄀᆞᆮ호물 脩行호물 다시 니ᄅᆞ시니잇
고〈圓覺상2-1:9a〉

위 예들은 '-(으)ㄹ씬'와 '-관ᄃᆡ'가 이끄는 원인의 접속문으로 선행절의 어
간에 '-(으)리-'가 통합된 경우이다. 이때 선행절의 사태는 후행절의 사태
보다 후시적으로 해석되는 것처럼 보인다. 위 예문에서 '-(으)ㄹ씬'나 '-관
ᄃᆡ'는 현대국어의 '-기에' 정도로 해석되는 것이 자연스럽다.

그런데 위 (25)처럼 '-(으)리-'가 통합한 '-릴씬', '-리완ᄃᆡ' 형식의 경우는
선행절 사태에 대해서 화자 내지 문장의 주어가 사태를 인식한 시점(혹은
판단한 시점)이 후행절의 사태의 결과를 일으킨 원인이 되는 것으로 해석
할 수도 있다. 예컨대 (25 가)는 '장차 팔만 보살과 함께 올 사람이라고
여기기에 먼저 이 상서(祥瑞)를 나타내었다' 정도로 해석할 수 있고, (25
나)도 '(帝釋이) 세존이 올 것이라고 생각하기에 帝釋이 鬼神ᄋᆞ로 七寶黃金

階를 만들었으니' 정도로 해석할 수 있다. (25 다)도 '나는(阿私陁) 늙어 장차 無相天으로 가리니 法化를 미처 보지 못할 것으로 생각하기에 웁니다' 정도로 해석할 수 있고, (25 라)도 '한나라의 덕이 비록 쇠퇴하나 황제의 후예가 다시 일어날 것이라 생각되므로 큰 귀 가진 아이를 와룡이 도와 드렸다' 정도로 해석할 수 있다. (25 마)도 '누가 수행할 것이라 생각하기에' 정도로 해석할 수 있다. 그러므로 위 (25)의 경우는 선행절에 대한 화자 내지 주어의 인식을 선행절 사태로 해석하여 후행절의 사태가 일어난 원인으로 볼 수 있겠다.33) 따라서 (25)도 선행절 사태가 후행절 사태에 대해서 선시적 관계를 이루는 구성으로 분류할 수 있다.

다음은 조건의 종속 접속문을 살펴보자.

(26) 가. <u>出家ᄒ시면</u> 正覺을 일우시리로소이다〈月釋2:23b〉

　　 나. 太子ㅣ 부톄 <u>드외시면</u> 聖王ㄱ 子孫이 그츠시리이다〈釋詳
　　　　 3:10b〉

　　 다. 됴ᄒᆞᆫ 醋 ᄒᆞ 호블 섯거 <u>마시면</u> 즉자히 ᄂᆞ리ᄂᆞ니라〈救方하97a〉

　　 라. 夫人이 머리를 <u>ᄆᆞᆫ지시면</u> 病이 다 됴터라〈月釋2:30b〉

　　 마. 그 王이 닐오ᄃᆡ 象볏 어더 <u>오면</u> 너를 ᄀᆞ장 賞호리라〈月釋
　　　　 20:64a〉

　　 바. 나를 죠고맛 거슬 <u>주어시든</u> 샹녜 供養ᄒᆞᅀᆞᆸ하지이다〈釋詳
　　　　 6:44b〉

---

33) 본문 (25)의 경우 화자 내지 주어의 인식을 후행절 사태의 원인으로 보는 것을 무리한 설명이라 할 수 있을 것이다. 본문 (25)의 선행절 사태를 단순히 원인으로 볼 수도 있겠으나 원인이 되는 사태가 비사실적 내용이 되고 결과가 되는 사태가 사실적 내용이 된다는 점에서 원인 접속 구성의 일반적 관계(사실적-사실적 관계)와는 다른 구성으로 봐야 하는 어려움이 있다. 하지만 본고처럼 앞으로 일어날 선행절 사태에 대한 인식이 원인이 되어 후행절 사태가 그 인식 때문에 발생한 것으로 본다면 전체 해석에도 문제가 없고 원인 접속 구성의 일반적 관계(사실적-사실적 관계)에서도 크게 어려움이 없이 설명될 수 있을 것이다.

사. 이 塔애 녀허 뒷습다가 彌勒이 <u>나거시든</u> 내야 받즈보리이다
〈釋詳24:31b〉

아. 몬져 房의 <u>들어시든</u> 내 옷 マ라 니버 가리이다 ᄒ고〈三綱烈30〉

조건의 접속문은 선행절이 후행절에 조건이 되고 후행절은 선행절의 결과가 되는 구성이다. 때문에 이 경우도 (26 가)처럼 선행절 사태가 후행절 사태보다 먼저 일어난 구성으로 해석되는 것이 일반적이다. 그런데 선행절 사태와 후행절 사태의 시간 간격이 동시적으로 해석되는 것처럼 느껴지는 경우가 있어 주의가 요구된다. (26 나, 다, 라, 마, 바, 사)가 모두 그러한데 (26 나)의 경우에 선행절 '태자가 부처가 되면'과 후행절 '성왕의 자손이 끊어질 것이다'에서 시간적 공백이 상정되지 않고, (26 다)의 경우도 선행절과 후행절 사태가 거의 동시적 사태임을 시간 부사 '즉자히'를 통해서 짐작할 수 있다. 그러나 선행절 사태가 일어난 이후에 후행절 사태가 일어난다는 점에서, 즉 선행절이 조건이 되고 후행절이 그에 따른 결과가 된다는 점에서 선행절과 후행절 사이에 시간적 간격이 거의 나타나지 않더라도 선행절 사태가 후행절 사태보다 먼저 일어난 일임은 분명하다. 이에 조건 접속문에서 선행절과 후행절의 사태가 시간적 간격이 보이지 않더라도 선시적 시간 배열을 지니는 것으로 처리하기로 한다.

다음으로 양보의 접속문의 경우를 살펴보도록 하자.

(27) 가. 부톄 즈로 <u>니르샤도</u> 從ᄒ숩디 아니ᄒ더니〈釋詳6:10b〉

나. 難陀ㅣ 머리를 <u>갓고도</u> 샹녜 지븨 가고져 ᄒ거늘〈月釋7:9a〉

다. 므를 <u>걷나샤도</u> 므리 뮈디 아니ᄒ고 바리 젓디 아니ᄒᄂ니라
〈月釋1:28a〉

라. 녯 사르미 ᄒᆞᆫ 字 그르 <u>對쫍ᄒ고도</u> 오히려 野狐애 뻐러디니
〈金三5:47a〉

마. 揚子江南을 쩌리샤 使者를 <u>보내신들</u> 七代之王을 뉘 마ᄀ리잇

가〈龍歌15〉

양보의 접속문의 경우도 선행절의 사태가 후행절의 사태에 대해 선시적
으로 해석되는 것이 일반적이다. 양보의 접속문도 원인이나 조건의 접속
문과 같이 후행절이 선행절의 사태로 인한 결과를 나타내기 때문에 선행
절 사태가 후행절 사태보다 시간적으로 앞서 일어난 것으로 해석되는 것
이다.

　다음은 계기의 종속 접속문과 동시의 종속 접속문을 함께 살펴보도록
하자.

(28) 가. 耶輸ㅣ 그 긔별 드르시고 羅睺羅 더브러 노폰 樓 우희 오르시
　　　　고 門들흘 다 구디 줌겨 뒷더시니〈釋詳6:2b〉
　　나. 華供養 다ᄒ고 各各 宮殿으로 뎌 부텻긔 받ᄌᆞᆸ고 슬보ᄃᆡ〈月釋
　　　　14:21a〉
　　다. 一切 衆生이 다 소리 ᄀᆞᆮ가 閻浮提예 와 부텨씌 禮數ᄒᆞᆸ고 ᄒ
　　　　녀긔 안ᄌᆞ니〈釋詳11:16a〉
　　라. 이 말 다 솗고 부텨씌 禮數ᄒᆞᆸ고 가니라〈釋詳21:47b〉
　　마. 車匿이 寶冠 가져 도라오나ᄂᆞᆯ 王이 보시고 ᄯᅡ해 업더디여 우
　　　　르시며〈釋詳3:34b〉
　　바. 太子ㅣ ᄒᆞ마 나가시고 ᄯᅩ 羅睺羅ᄅᆞᆯ 出家ᄒ이샤〈釋詳6:7b〉
　　사. 이 드르시고 즉자히 南堀애 가샤 뎌 仙人ᄋᆞᆯ 보샤 禮數ᄒᆞ시고
　　　　〈釋詳11:28a〉

(29) 가. 山中에 므슴 糧食을 먹고 道理ᄅᆞᆯ 빈호리잇고〈月釋23:77b〉
　　나. 사ᄅᆞ미 바ᄆᆡ 녀다가 杌ᄅᆞᆯ 보고 도ᄌᆞᆨ긴가 너겨며〈釋詳11:34b〉
　　다. 諸國에 두루 ᄃᆞ니다가 次第로 乞食ᄒᆞ야〈釋詳24:14b〉

위 예들은 선행절과 후행절이 시간적인 관련만을 가지는 접속문으로 전
형적인 시간 관계 접속문이다. 위 (28)은 계기적 시간 관계를 보이는 접
속문으로 15세기 국어의 경우 대부분 선행절의 사태가 후행절의 사태보
다 선행하는 접속 구성이 나타난다. 이에 선행절의 사태가 후행절의 사태
에 대해서 선시적 시간 관계를 가지는 접속 구성으로 분류하기로 한다.

위 (29)는 선행절과 후행절이 동시적 시간 관계를 가지는 접속문으로
선행절의 사태가 진행되는 도중에 후행절의 사태가 일어나는 접속문이다.
즉, 선행절의 사태가 후행절의 사태보다 먼저 일어났음이 분명하지만 선
행절 사태 도중에 후행절 사태가 일어나는 의미가 부각된다는 점에서 선
행절의 사태가 후행절의 사태와 동시적으로 해석되는 접속 구성으로 분
류하기로 한다.

다음으로 의도의 접속문과 결과의 접속문을 함께 살펴보도록 하자.

(30) 가. 나라홀 아ᅀ 맛디시고 道理 빈호라 나아가샤〈月釋1:5a〉

　　나. 나라해 빌머그라 오시니〈月釋1:5b〉

　　다. 世尊하 우리 이 부텻 모ᄆᆯ 보ᅀᆞᆸ고져 願ᄒᆞᅀᆞᆸ노이다〈法華
　　　　4:116a〉

　　라. 새 글워를 듣고져 다시 思憶ᄒᆞ노라〈杜詩24:5a〉

　　마. 世亂ᄋᆞᆯ 救호려 나샤〈龍歌29〉

　　바. 그ᄢᅴ 會中에 一切 大衆이 너비 다 禮數ᄒᆞᅀᆞᆸ고 如來ㅅ 秘密章句
　　　　를 듣ᄌᆞ오려 기드리ᅀᆞᆸ더니〈楞嚴7:27b〉

(31) 가. 댓무수미를 므레 글혀 하나 져그나 브스ᇙ 독이 업드록 머그
　　　　라〈救簡3:33a〉

　　나. 술 몯 먹ᄂᆞ니는 ᄡᆞᆯ 글힌 므레 프러 머고ᄃᆡ ᄌᆞ조 두서 복을
　　　　누드록 머그라〈救簡3:85b〉

　　다. 그 ᄽᅳ니미 몯 보드록 가ᄃᆡ 乃終내 도라보디 아니ᄒᆞ야시ᄂᆞᆯ〈釋

詳11:29b〉

라. 一切龍이게 施ᄒᆞ야 正法을 擁護ᄒᆞ야 滅盡에 <u>다ᄃᆞᆮ드록</u> 부텻 ᄀᆞ
ᄅ치샤ᄆᆞᆯ 어긔디 아니ᄒᆞ리이다〈月釋25:32a〉

목적이나 결과 접속문은 원인이나 조건, 양보 접속문과 달리 선행절이 미래의 결과적 상황을 나타내기 때문에 선행절 사태가 후행절 사태보다 나중에 일어난 것으로 해석된다. 그런데 목적이나 결과 접속문의 선행절은 일반적으로 실제 현실의 세계의 사건이 아닌 미래의 사건이 나타나기 때문에 사태와 사태 사이의 시간 관계를 고려하는 것에 어려움이 있다. 그러나 선행절 사태가 후행절 사태에 대해서 시간적으로 후시적이라는 것은 부정할 수 없다. 그러므로 목적이나 결과 접속문에서 선행절의 사태는 후행절의 사태에 대해서 후시적으로 해석되는 일정한 시간 관계를 가진다 하겠다.

마지막으로 배경의 종속 접속문의 경우를 살펴보자.

(32) 가. 城 안햇 모든 사ᄅᆞ미……비단과 풍류와ᄅᆞᆯ 싁싀기 ᄭᅮ며 <u>기드
리ᅀᆞᆸ더니</u> 그저긔 世尊이 大悲力으로 金剛 모ᄆᆞᆯ ᄇᆞᆺ아 舍利ᄅᆞᆯ
밍ᄀᆞᄅᆞ시니〈釋詳23:50a〉

나. 舍利弗 굴근 弟子ᄃᆞᆯ히 다 神力으로 諸方애 가 옷밥 <u>얻더니</u> 그
제 提婆達多ㅣ 阿闍世王ᄭᅴ 닐오ᄃᆡ〈月釋22:71a〉

(33) 가. 光目이……ᄯᅩ 恭敬 ᄆᆞᅀᆞᄆᆞ로 슬허 우러 <u>저ᅀᆞᆸ더니</u> 믄득 밤 後
에 ᄭᅮ메 부텻 모ᄆᆞᆯ 보ᅀᆞᆸ니 金色이 빗나시고〈月釋21:54b〉

나. ᄯᅩ 梁 天監 元年에 智藥 三藏이 西ᄯᅳᆫ國으로브터 빈 타 <u>오ᄃᆡ</u> 뎌
삿 菩提樹 ᄒᆞᆫ 株ᄅᆞᆯ 가져 이 壇ㅅ ᄀᆞ새 시므고 ᄯᅩ 미리 記錄ᄒᆞ
야 닐오ᄃᆡ〈六祖상5b-8a〉

(34) 모매 몬져 무티시고 太子의 <u>가시니</u> ᄒ마 命終ᄒ거늘〈釋詳11:21b〉

이 (32), (33), (34)와 같이 동작성 서술어로 이루어진 배경 접속문은 선행절과 후행절 사태가 (32)처럼 동시적으로 해석되는 경우와 (33)처럼 선행절 사태가 선시적으로 해석되는 경우, (34)처럼 후시적으로 해석되는 경우가 모두 확인된다.

위 (32)는 동시적 시간 관계를 보이는 배경 접속문으로, (32 가)는 '성 안에 있는 모든 사람이 비단과 악기(풍류)를 엄숙하게 꾸미며 기다리고 있었는데 그 때 세존이 大悲力으로 金剛身을 부수어…' 정도로 해석되고, (32 나)는 '舍利佛 등 대제자들이 모두 神力으로 諸方에 가 옷밥을 구하고 있는데 그때 提婆達多ㅣ 阿闍世王께 말하되' 정도의 의미로 선행절과 후행절 사태가 동시적 시간 관계를 가진다.

한편, (33 가)의 경우는 선행절 '光目이 또 공경하는 마음으로 슬퍼하며 우러러 절하고 있었는데'가 후행절 사태에 선시적 사태로 해석되고, (33 나)는 '쏘 梁 天監 元年에 智藥 三藏이 西ᄶ國으로브터 배를 타고 왔는데'가 '그 땅의 菩提樹 ᄒ 株를 가져 이 壇의 가에 심고 또 미리 記錄하여 말하되' 보다 선시적으로 해석된다. 마지막 (34)는 선행절 '모매 먼저 묻히시고 太子께 가시니'가 후행절 '이미 죽었거늘'보다 후시적인 것으로 해석된다.

배경 접속문이 이러한 시간 관계를 보이는 것은 선행절과 후행절의 의미적 관계 때문인 것으로 보인다. 즉 배경 접속문은 선행절이 후행절의 사태가 일어나는 배경을 제시하기 때문에 선행절의 사태가 후행절의 사태와 동시적일 수도 있고, 선시적, 후시적 시간 관계를 가질 수 있는 것이다. 여기에서 이러한 시간 배열의 특성이 대등 접속문과 동일한 양상을 보인다는 점이 주목된다. 선행절 사태가 후행절 사태에 대해서 일정한 시간 관계를 가지지 않는 것이 선행절 사태의 독립성과 밀접하게 관련된 것으로 파악되기 때문이다.

이상으로 종속 접속문에서 선행절과 후행절의 사태 사이에 보이는 시간적 배열 관계를 정리하면 아래와 같다.

(35) '시간성'에 의한 의미 관계 분류
    가. 선행절의 사태가 선행절의 사태에 앞선 상황으로 해석되는 의미 관계(선시성): 원인, 조건, 양보, 계기
    나. 선행절의 사태가 후행절의 사태에 뒤의 상황으로 해석되는 의미 관계(후시성): 의도, 결과
    다. 선행절의 사태가 후행절의 사태와 동시적 상황으로 해석되는 의미 관계(동시성): 동시
    라. 선행절의 사태가 후행절의 사태와 특정 시간 관계를 가지지 않는 의미 관계: 나열, 선택, 대조, 배경

이상의 결과는 다시 (35 가, 나, 다)와 (35 라)로 분류될 수 있음을 알 수 있다. 즉, 접속문을 선행절과 후행절이 일정한 시간적 배열 관계를 가지는 의미 관계와 그렇지 않은 의미 관계로 분류할 수 있는데, 여기에서 특히 주목되는 것은 이 분류가 크게 대등 접속문과 종속 접속문으로 구분된다는 점과, 배경 접속문이 대등 접속문과 같이 일정한 시간 배열 관계를 가지지 않는다는 점이다. 우선 위 (35)가 크게 대등 접속문과 종속 접속문으로 재분류되는 것은 선행절이 후행절에 대해 가지는 독립성에서 비롯된 것으로 판단된다. 여기에서 독립성은 후행절과의 논리적 관계, 혹은 시간적 관계 등에서 어느 정도 자유로운(혹은 분리되어 있는) 의미 관계를 의미한다. 따라서 대등 접속문의 경우는 상황 맥락에 따라서 선행절 사태와 후행절 사태의 시간 관계가 다르게 나타날 수 있다. 반면 선행절 사태가 후행절 사태에 의존적인 종속 접속문은 선행절 사태와 후행절 사태가 매우 긴밀한 관계를 가지기 때문에 선행절 사태와 후행절 사태가 일정한 관계를 가지는 것은 당연한 일이다.

한편 배경 접속문이 종속 접속문의 특성과 달리 선행절 사태와 후행절

사태가 일정한 시간 관계를 가지지 않는 것이 주목을 끄는데, 배경 접속문의 의미 관계를 고려하면 충분히 가능한 일이다. 선행절이 후행절의 배경적 설명으로서 과거 사실이나 현재 사실 아니면 미래 사실을 주 내용으로 삼을 수 있기 때문이다. 선행절이 배경이 되는 구성에서 선행절과 후행절의 사태가 원인이나 조건, 양보 등과 같이 긴밀한 의미 관계를 이루지 않는 것은 주지의 사실이다. 이는 배경 접속문의 선행절과 후행절의 사태가 다소 자유로운 의미 관계를 이룬다고 볼 수 있는데 이러한 의미 관계 특성이 대등 접속문처럼 선시적, 동시적, 후시적 해석을 가능하게 한 것으로 판단된다.

본고는 종속성의 정도성 문제를 전면에 드러내어 논의하지는 않지만 곳곳에서 정도성과 관련한 현상이 나타나는 것 같아서 몇몇 현상에서는 그 가능성을 제기한 바 있다. 배경 접속문의 시간 배열 현상도 정도성의 문제와 관련된 것이 아닌가 한다. 배경 접속문을 제외하면 대등과 종속 접속문이 나뉘어지는데 이는 시간 배열 관계가 선행절의 독립성 혹은 의존성을 보여주는 현상으로 지적될 수 있다. 이러한 점을 고려하면 배경 접속문을 종속 접속문으로 분류하는 것보다 대등 접속문으로 분류하는 것이 나아 보인다. 하지만 다른 특성에서는 대등 접속문과 다른 현상을 보이기 때문에 완전한 대등 접속문으로 보기에도 어려움이 있다. 그러나 다른 종속 접속문은 대등 접속문이 나타나는 현상과 동일한 양상을 보이지 않지만 배경 접속문의 경우는 몇 현상이 대등 접속문과 유사한 모습을 띄기 때문에 다른 종속문과 무언가 다른 지위가 필요할 것으로 판단된다. 하지만 몇 경우만 가지고 속단할 수 없기에 지금으로서는 그 가능성을 제시하는 것만으로 만족하기로 한다.

3.2. '사실성'에 따른 의미 관계 분류

접속문의 선행절과 후행절의 의미 관계는 그 사태가 사실적이냐 사실적이지 않느냐에 의하여서 다시 하위 분류될 수 있다.[34] 여기에서 사실성(factuality)은 실제적 사태이며 사실로서의 명제적 내용이다. 그리고 단정적 발화 행위를 의미한다. 이와 관련해서 편의상 현대국어 예를 가지고 살펴보기로 하겠다.

(36) 가. 철수가 발을 다쳐서 병원에 갔다.
　　　 나. 내일 눈이 오면 영이에게 가겠다.

위 (36 가)는 원인의 '-어서'가 이끄는 접속문이고, (36 나)는 조건의 '-(으)면'이 이끄는 접속문이다. 이때 (36 가)의 경우는 선행절의 사태가 후행절 사태에 대해서 이미 일어난 일로 해석되기 때문에 사실적 사태로 해석되지만 (36 나)의 경우는 선행절 사태가 실제 현실에 일어난 일이 아니고 가상의 일이므로 비사실적 해석을 받는다. 따라서 (36 가)와 (36 나)는 각각 사실성(factuality)과 비사실성(non-factuality)의 의미적 특성을 가진다 할 수 있다. 이처럼 이 접속문은 양태적 특성으로써 사실성과 비사실성으로 분류될 수 있는데 이 의미 특성 또한 접속문의 전형적인 예들을 중심으로 살펴보게 될 것이다. 왜냐하면 선행절 사태의 실현은 후행절 사태(후행절 상황시)가 발화시보다 앞서 일어난 구성이냐 아니면 발화시보다 나중에 일어난 구성이냐에 따라서 달라질 수 있기 때문이다.

---

34) 본고의 '사실성(factuality)'의 양태적 특성은 이미 양태적 논의에서 언급된 바 있으며 (Lyons 1977 : 794, 795), 접속문에서 선행절과 후행절의 의미 관계에 적용된 것은 Martin(1992), Hengeveld(1998 : 349), Perez Quintero(2002 : 53), Cristofaro(2003 : 164)이 대표적 논의라 할 수 있다. 국내에서는 이은경(2000)에서 조건 접속문과 원인 접속문, 양보 접속문, 결과 접속문에 한해서 사실성이 논의된 바 있다.

한편, 여기에서 비사실성(non-factuality)은 반사실성(counter-factuality)
과 구별되는 의미 특성이다. 비사실성은 선행절의 사태에 대한 참과 거짓
이 부여되지 않은 의미적 특성이지만 반사실성은 선행절의 사태에 대해
거짓이 부여된 의미적 특성을 말한다. 가령 "철수가 이번 경기에 출전했
다면 금메달을 땄을 거야"에서 선행절의 사태는 거짓으로 해석되는데, 이
러한 경우에 선행절의 사태가 반사실적 의미 특성을 가진다 하겠다. 이제
본고에서 검토할 양태 의미적 특성을 제시하면 아래와 같다.

(37) 양태적 특성의 하위 분류
　　　사실성, 비사실성, 반사실성

그럼, 대등 접속문인 나열의 접속문부터 살펴보기로 하기로 하자. 다음
예는 나열의 '-고', '-(으)며'가 이끄는 접속문의 예들이다.

(38) 가. 梵王은 왼녁 겨틔 <u>셔숩고</u> 帝釋은 올흔녁 겨틔 <u>셔숩고</u>〈釋詳
　　　　 3:30a〉
　　 나. 그저긔 諸天은 하늘해 뫼셔다가 七寶塔 <u>셰숩고</u> 龍王은 龍宮의
　　　　 뫼셔다가 七寶塔 <u>셰숩고</u>〈釋詳23:56:a〉
　　 다. 그 쁴 六師이 무른 다 <u>모댓고</u> 舍利弗이 호오사 아니 왯더니
　　　　〈釋詳6:29a〉
　　 라. 王이 보시고 따해 업더디여 <u>우르시며</u> 俱夷는 몰 고개를 안고
　　　　 우르시더라〈釋詳3:34b〉
　　 마. 世尊하 이 妙音菩薩이 엇던 善根을 <u>시므시며</u> 엇던 功德을 닷
　　　　 ᄀ시관ᄃᆡ〈法華7:23b〉

위 (38)처럼 나열의 '-고'나 '-(으)며'가 이끄는 접속문은 선행절 사태가 대
체로 사실적 사태로 해석된다. 그런데 만약 선행절 사태와 후행절 사태의

상황시가 발화시 이후에 일어난 사태일 경우에는 후행절에 '-(으)리-'가 나타나거나 경우에 따라서는 선행절에 '-(으)리-'가 통합한 '-리오', '-리며' 형이 나타나 선행절 사태가 미래 혹은 가상의 일임을 나타나게 된다. 이와 같이 나열 접속문의 사태 관계는 '사실적 사태-사실적 사태', '비사실적 사태-비사실적 사태' 정도로 나타나는 것이 보통이다.

그러나 "이 다 地藏菩薩이 오라건 劫으로셔 흐마 濟渡흐니며 이제 濟渡흐ᄂ니며 쟝추 濟渡흐리들히라"〈釋詳11:5a〉처럼 선행절 사태가 사실적 사태로 해석되지만 후행절 사태가 비사실적 사태로 해석되는 경우도 확인된다. 이 예문은 부처가 한 말로 '이들은 모두 地藏菩薩이 오랜 겁에 걸쳐 이미 제도한 사람이며, 지금도 제도하는 사람이며, 장차 제도할 사람들이다.' 정도의 의미로 해석된다. 여기에서 후행절의 '장차 제도할 사람들'은 아직 현실 세계에 이루어지지 않은 사태로서 비사실적 사태로 해석된다. 이와 같이 '사실적 사태-비사실적 사태'로 나타나는 경우도 존재하지만 위 (38)처럼 나타나는 일이 많다.

다음으로 선택의 접속문을 살펴보도록 하자.

   (39) 가. 君臣ㅅ 法을 <u>헐어나</u> 信戒를 <u>헐어나</u> 흐면〈釋詳9:38a〉

       나. 善男子 善女人이 이 法華經을 바다 디녀 <u>닑거나</u> <u>외오거나</u> 사겨 <u>니르거나</u> <u>쓰거나</u> 흐면〈釋詳19:8b〉

       다. 시혹 내 허므를 <u>보거시나</u> 시혹 내 罪를 <u>듣거시나</u> 시혹 내 犯을 <u>疑心커시나</u> 어엿비 너겨 ᄀ장 니르쇼셔〈月釋23:94a〉

       라. 이 經도 一切 如來 <u>니르거시나</u> 菩薩이 <u>니르거나</u> 聲聞이 <u>니르거나</u>〈月釋18:49b〉

선택의 접속문은 나열의 접속문과 같이 선행절과 후행절이 각각 독립적 구성이긴 하지만 선택 접속문의 특성상 미정 혹은 가정의 상황을 가리키기 때문에 선행절과 후행절 모두 비사실적으로 해석되는 것이 일반적이다. '-거나' 뒤에 주로 'ᄒ면' 구성이 통합하여 나타나거나 (39 다)처럼 '-쇼셔'가 통합하는 것이 선택의 접속문이 가상의 사태를 나타내는 것을 방증한다. 그러므로 선택의 접속문은 선행절과 후행절이 '비사실적 사태-비사실적 사태' 관계를 가지는 것으로 정리할 수 있겠다.

다음으로 대조의 접속문을 살펴보도록 하자.

(40) 가. 비록 날 보고 깃거 救療를 <u>求ᄒ나</u> 이 됴ᄒ 藥을 즐겨 먹디 아니ᄒᄂ니〈法華5:157a〉

　　　나. 비록 無數ᄒ 法門을 <u>니르시나</u> 그 實은 ᄒ 乘이라〈月釋11:115b〉

　　　다. 내 ᄒ마 衆生의게 즐길 꺼슬 施ᄒ오ᄃᆡ ᄠᅳ듸 欲을 <u>조초나</u> 그러나 이 衆生이 다 ᄒ마 衰老ᄒ야〈法華6:8a〉

　　　라. 내 如來ㅅ 法身은 <u>보ᅀᆞ뱃가니와</u> 如來ㅅ 妙色身은 몯 보ᅀᆞ뱃노니〈月釋4:31b〉

　　　마. 내 妙勝ᄒ 일들흘 몯 다 <u>슯가니와</u> 어둘 슯노니〈月釋25:100a〉

　　　바. 아래 ᄌᆞ조 <u>듣ᄌᆞ반마른</u> 즉자히 도로 니저 굿블 ᄡᆞ니니〈釋詳6:11a〉

위 (40)과 같이 대조의 접속문의 경우도 나열의 접속문처럼 대체로 사실적 사태와 사실적 사태의 연결로 구성되어 나타난다. 물론 이 접속문의 경우도 선행절 사태와 후행절 사태의 상황시가 발화시 이후에 일어난 일일 경우에는 선행절에 '-(으)리-'가 통합한 '-러니와' 형이 나타나서 선행절 사태가 미래 혹은 가상의 일임이 나타나게 된다. "劫은 쏄리 다ᄋ려니와 뎌 부텻 行과 願과 工巧ᄒ신 方便은 다오미 업스리라"〈釋詳9:29a〉이 그에 해당하는 예문이다.

그러나 아래의 예처럼 선행절은 사실적 사태로 해석되지만 후행절은 비사실적 사태로 해석되는 경우도 확인된다.

(41) 가. 손발울 <u>바히ᅀᄫ나</u> 歌利ᄅᆞᆯ 救호려 ᄒᆞ시니〈月曲34a〉

　　나. 내 비록 度티 <u>몯호나</u> (願ᄒᆞᅀᆞ오ᄃᆡ) 末劫엣 一切 衆生ᄋᆞᆯ 度ᄒᆞ
　　　　야지이다〈楞嚴6:82b〉

　　다. 福이ᅀᅡ 곧 업디 <u>아니ᄒᆞ나</u> 그러나 ᄯᅩ 밧글 向ᄒᆞ야 ᄃᆞᆫ녀 求호
　　　　ᄆᆞᆯ 免티 몯ᄒᆞ리어니와〈金三3:58b〉

위 (41)의 예들은 선행절은 사실적 사태로 해석되지만 후행절은 비사실적
사태로 해석되는 경우이다. 즉 위 경우는 '사실적 사태-비사실적 사태' 관
계를 가지는 접속 구성인 것이다. 물론 대조 접속문도 나열 접속 구성처
럼 위 (40)의 구성이 (41)의 구성보다 출현 빈도가 아주 우세하다.

　지금까지 대등 접속문의 의미 관계를 중심으로 살펴보았다. 이제 종속
접속문의 의미 관계를 살펴보기로 하자. 먼저 원인의 접속문부터 살펴보
기로 하겠다.

(42) 가. 그 ᄢᅥ 鹿母夫人ᄋᆞᆫ .... 五百 辟支佛을 供養ᄒᆞ시며 그지 업슨 됴
　　　　ᄒᆞᆫ 業을 <u>닷ᄀᆞ실ᄊᆡ</u> 이제 와 如來ᄅᆞᆯ 나ᄒᆞ시니라〈釋詳11:39b〉

　　나. 世間애 現ᄒᆞ샤 소사나샤 正覺 <u>일우실ᄊᆡ</u> 우리 甚히 깃ᄉᆞ와 慶
　　　　賀ᄒᆞᅀᆞ오며......讚歎ᄒᆞᅀᆞᆸᄂᆞ이다〈法華3:126a〉

　　다. 믈 깊고 ᄇᆡ 업건마른 하늘히 <u>命ᄒᆞ실ᄊᆡ</u> 믈 톤 자히 건너시니
　　　　이다〈龍歌35〉

　　라. 太子ᄂᆞᆫ 여쉰네 글을 아니 비화 <u>아ᄅᆞ실ᄊᆡ</u> 蜜多羅ᄅᆞᆯ ᄯᅩ ᄀᆞᄅᆞ치
　　　　시니〈月曲13b〉

　　마. ᄒᆞ마 君子ᄅᆞᆯ <u>뫼ᅀᆞ오란ᄃᆡ</u> 오직 命을 조초리이다〈內訓2:123b〉

　　바. 梨耶ㅣ ᄒᆞ마 動靜에 <u>通ᄒᆞ란ᄃᆡ</u> 오직 生滅門애 이쇼미 몯ᄒᆞ리라
　　　　〈月釋11:61a〉

　　사. 네 ᄒᆞ마 부텻 正化ᄅᆞᆯ <u>즐기란ᄃᆡ</u> 貪欲과 憍慢을 ᄇᆞ리고 부텻 말
　　　　ᄊᆞᆷ을 바다 精進ᄋᆞ로 道行을 ᄉᆞ랑ᄒᆞ라〈釋詳23:12b〉

아. 네 ᄒᆞ마 <u>맛나ᅀᆞᄫᅡ니</u> 前生ㄱ 罪業을 어루 버스리라〈月釋2:62b〉
자. 내 ᄀᆞᄅᆞ쵸ᄆᆞᆯ 受티 <u>아니ᄒᆞᄂᆞ니</u> 쟝ᄎ 브리 ᄢᇰ호미 ᄃᆞ외리로다
〈法華2:136a〉

위와 같이 선행절이 원인이 되고 후행절이 원인에 대한 결과가 되는 원인 접속문은 선행절 사태가 사실적으로 해석되는 일이 많다. (42 가)는 '그때의 녹모부인이 좋은 업을 닦으셨으므로 이제 와 여래를 낳으신 것이다' 정도로 해석되는 구성이고, (42 나)는 선행절이 '세간에 나타나 솟아나시어 정각을 일우셨으므로' 정도로 해석되는 구성이다. (42 다)는 '하늘이 명하셨기에 말 탄 채로 건너셨습니다' 정도로 해석되는 구성이고, (42 마)는 '이미 군자를 모시었기에 오직 명을 좇을 것이다' 정도로 해석되는 구성으로 모두 선행절의 사태는 후행절에 대해서 사실적으로 해석된다. (42 라, 바, 사, 아, 자)도 마찬가지로 선행절 사태가 사실적으로 해석된다.

그런데 여기에서 또 한 가지 주목을 끄는 점은 '-(으)ㄹ씨'와 '-(으)란딕' 접속 구성이 선행절과 후행절의 양태적 관계에서 차이를 보인다는 것이다. 예컨대, 위 (42 가, 나, 다, 라)의 경우처럼 '-(으)ㄹ씨'가 이끄는 접속문의 경우는 선행절과 후행절의 양태적 관계가 '사실적 사태-사실적 사태'로 나타나는 일이 많고, (42 마, 바, 사)처럼 '-(으)란딕'가 이끄는 접속문의 경우는 '사실적 사태-비사실적 사태'로 나타나는 일이 많다. 특히 '-(으)란딕'의 경우는 후행절이 명령형으로 종결되든지 위 (42 마, 바)처럼 후행절에 '-(으)리-'가 통합하여 나타나는 점이 특징적인데 이와 같이 후행절에 아직 일어나지 않은 사실을 담고 있는 비사실적 사태가 주로 나타나는 사실은 다른 원인 접속어미와 구별되는 특성으로 볼 수 있다.

다음으로 조건의 종속 접속문을 살펴보자.

(43) 가. 太子ㅣ 부톄 <u>ᄃᆞ외시면</u> 聖王ㄱ 子孫이 그츠시리이다〈釋詳3:10b〉
나. <u>出家ᄒᆞ시면</u> 正覺을 일우시리로소이다〈月釋2:23b〉

다. 世尊하 우리를 혼 거슬 <u>주어시든</u> 本鄕애 가아 塔 일어 죽드
　　록 供養ᄒᆞᅀᆞᆸ바지이다〈月釋4:59b〉

라. 사ᄅᆞ미 이 門 안해 <u>들어든</u> 다시 몯 나긔 ᄒᆞ야지이다〈釋詳
　　24:14a〉

마. 그 ᄯᆞ리 닐오ᄃᆡ 고디옷 아니 <u>듣거시든</u> 혼 번 가 보쇼셔〈月釋
　　22:59b〉

바. 聖神이 니ᅀᆞ샤도 <u>敬天勤民ᄒᆞ샤ᅀᅡ</u> 더욱 구드시리이다〈龍歌
　　125〉

위 (43)과 같이 조건의 접속문은 보통 선행절과 후행절 사태가 가정 혹은 미래의 상황으로 제시되어 나타난다. 이는 (43 가, 나, 바)처럼 후행절의 서술어에 '-(으)리-'가 통합하거나 (43 다, 라)처럼 현대국어의 '- 고 싶습니다' 정도의 '-어지이다'가 통합하여 나타나기도 하고, (43 마)처럼 명령형 종결어미가 통합하여 나타나는 사실을 통해서도 알 수 있다. 이 사실은 선행절과 후행절의 사태가 발화시 이후에 일어난 구성임을 말해준다. 즉, 조건 접속문의 발화시가 선행절과 후행절의 상황시보다 앞서 일어난 구성인 것이다. 그러므로 조건 접속문의 선행절과 후행절은 모두 비사실적 사태를 가지는 '비사실적 사태-비사실적 사태' 구성을 취하는 것이 일반적이다.

　그런데 아래는 조건 접속문의 선행절이 분명하게 거짓으로 드러난 사태로 해석되는 예들이다.

(44) 가. 내 아랫 뉘예 이 經을 바다 디녀 닐그며 외오며 늡두려 니르
　　　　디 <u>아니ᄒᆞ더든</u> 阿耨多羅三藐三菩提를 샐리 得디 몯ᄒᆞ리러니라
　　　　〈釋詳19:34a〉

나. 이 念을 호ᄃᆡ ᄒᆞ다가 아비옷 <u>겨시던댄</u> 우릴 어엿비 너겨 能
　　히 救護ᄒᆞ시리러니〈法華5:158a〉

다. ᄒᆞ다가 우리 큰 法 즐기ᄂᆞᆫ ᄆᆞᅀᆞ미 <u>잇던댄</u> 부톄 우리 爲ᄒᆞ야
大乘法을 니ᄅᆞ시리라ᅀᆞ이다〈月釋13:36a〉

라. ᄒᆞ다가 내 衆生 맛나 佛道를 다 <u>ᄀᆞᄅᆞ치던댄</u> 智慧 업슨 사ᄅᆞ미
섯거 어즐ᄒᆞ야 迷惑ᄒᆞ야 ᄀᆞᄅᆞ쵸ᄆᆞᆯ 받디 아니ᄒᆞ리러니라〈法華
1:208a〉

마. 王이 平床애셔 ᄠᅥ러디샤 오래 ᄎᆞ림 몯ᄒᆞ얫다가 ᄭᆡ샤 너기샤
ᄃᆡ 내 아ᄃᆞ리 지븨 <u>잇던딘</u> 輪王이 ᄃᆞ외리러니〈月釋25:11b〉

위 (44)의 선행절은 '~했었다면/~했다면' 정도로 해석되는 경우로 선행
절의 사태가 현재와 반대되는 과거의 상황을 제시하고 있다. 즉 (44)의
선행절은 과거의 사실과 반대되는 반사실적 상황을 가정하여 조건으로
제시한 경우이다. 가령 (44 가)는 '내가 지난 세대에 이 경전을 받아 지니
고 읽으며 외우며 남에게 이르지 않았다면 阿耨多羅三藐三菩提를 빨리 得
하지 못했을 것이다' 정도로 해석되는 것으로 선행절 사태가 반사실적 상
황인 것이다. (44 나, 다, 라, 마)도 마찬가지이다. 특히 위 (44)와 같이 선
행절이 반사실적 상황을 조건을 삼는 경우가 '-던댄', '-던딘', '-더든', '-던
든' 등의 접속어미에서 보인다는 사실이 흥미롭다. 이도 해당 접속어미를
동일 의미 범주에 속하는 다른 접속어미와 구분할 수 있는 특성으로 볼
수 있기 때문이다.
　다음으로 양보 접속문의 경우를 살펴보자.

(45) 가. 보미 <u>가고도</u> 고지 오히려 잇고〈金三3:18b〉

　　　나. 그 ᄢᅴ 目連이 種種 方便으로 다시곰 <u>술바도</u> 耶輸ㅣ 잠깐도 듣
　　　　　디 아니ᄒᆞ실ᄊᆡ〈釋詳6:6a〉

　　　다. 비록 사ᄅᆞ미 무레 <u>사니고도</u> 즁ᅀᅵᆼ마도 몯호이다〈釋詳6:5a〉

　　　라. 四衆을 머리셔 <u>보고도</u> 또 부러 가 절ᄒᆞ고 讚嘆ᄒᆞ야 닐오ᄃᆡ
　　　　　〈釋詳19:30a〉

마. 太子ㅣ 妃子를 <u>드리샤도</u> 즈올아비 아니ᄒᆞ더시니〈釋詳3:14b〉

바. 後에 太子와 諸王이 <u>나샤도</u> 恩을 그치디 아니ᄒᆞ더시다〈內訓
2:89b〉

(46) 가. 未來世옛 衆生ᄃᆞᆯ흔 비록 如來ㅅ 誠實흔 마를 <u>듣ᄌᆞᄫᅡ도</u> 당다이
疑惑ᄒᆞ리니〈月釋21:15a〉

나. 내 겨지비사 현마 <u>주거도</u> 두 ᄠᅳ들 업스리이다〈三綱烈30〉

다. 鳩槃茶ㅣ어나 餓鬼ᄃᆞᆯ히 뎌른 ᄃᆡ를 <u>救ᄒᆞ야도</u> 便을 得디 몯ᄒᆞ리
이다〈釋詳21:25b〉

라. 十方애 <u>求ᄒᆞ야도</u> 곧 몯 어드리로다〈釋詳23:17a〉

마. 揚子江南을 ᄲᅵ리샤 使者를 <u>보내신ᄃᆞᆯ</u> 七代之王을 뉘 마ᄀᆞ리잇
가〈龍歌15〉

양보 접속문의 경우는 후행절의 사태가 발화시보다 이전에 일어난 경우
와 발화시보다 이후에 일어난 경우가 모두 자연스럽게 쓰이는 것이 확인
된다. 즉 양보 접속문은 (45)처럼 후행절 사태의 상황시가 발화시보다 앞
선 '상황시 〉 발화시' 관계를 보이는 구성과 (46)처럼 발화시가 상황시보
다 앞선 '발화시 〉 상황시' 관계를 보이는 구성으로 구분될 수 있겠다.

우선 (45)와 같이 후행절의 상황시가 발화시보다 앞선 경우는 선행절과
사태와 후행절 사태가 모두 과거의 사태로 해석되기 때문에 선행절 사태
와 후행절 사태가 모두 사실적 해석을 받기 마련이다. 특히 양보 접속문
의 선행절은 후행절에 대해서 선시적 시간 관계를 보이기 때문에 (45)와
같은 경우에 선행절 사태가 후행절 사태에 대해서 사실적 해석을 받는 것
은 당연한 일이다.

이에 반해 (46)은 선행절 사태와 후행절 사태 모두 발화시 이후에 일어
날 것으로 해석되기 때문에 선행절 사태는 물론이고 후행절 사태도 비사
실적으로 해석된다. 그러므로 양보 접속문의 경우는 (45)처럼 '사실적 사

태-사실적 사태'와 (46)처럼 '비사실적 사태-비사실적 사태'를 모두 취하는 것으로 구분하여 정리하도록 하자.

다음으로 계기의 접속문과 동시의 접속문을 살펴보자.

(47) 가. 耶輸ㅣ 그 긔별 드르시고 羅睺羅 더브러 노푼 樓 우희 오르시고〈釋詳6:2b〉

　　나. 太子ㅣ ᄒ마 나가시고 ᄯ 羅睺羅ᄅᆞᆯ 出家ᄒᆡ샤〈釋詳6:7b〉

　　다. 그 나랏 十八億 사ᄅᆞ미 그런 祥瑞ᄅᆞᆯ 보ᅀᆞᆸ고 모다 오나ᄂᆞᆯ〈釋詳6:39a〉

　　라. 이 品 듣ᄌᆞ오시고 그 功을 기피 讚歎ᄒᆞ시니〈法華7:102a〉

　　마. 波斯匿王도 그 말 듣고 紫摩金으로 如來ㅅ 像을 딩ᄀᆞᅀᆞᆸ니〈釋詳11:10b〉

(48) 가. 目連이 그 말 듣ᄌᆞᆸ고 ᄯᅡ해 업더디여 우다가 니러 地獄애 가 도녀 보더니〈月釋23:78b〉

　　나. 阿育王이 婇女 더블오 밧 東山애 가 노니다가 ᄒᆞᆫ 無憂樹ㅅ 고지 ᄀᆞ장 펫거늘 보고 이 곳 남기 내 일훔과 ᄒᆞᆫ가지라 ᄒᆞ야 깃거ᄒᆞ더니〈月釋25:75a〉

　　다. 사ᄅᆞ미 바ᄆᆡ 녀다가 机ᄅᆞᆯ 보고 도ᄌᆞ긴가 너겨며〈釋詳11:34b〉

위 (47)처럼 계기의 접속문의 경우는 선행절의 사태가 후행절의 사태보다 시간적으로 먼저 일어나는 구성이지만 대개는 그 양태적 특성이 동일하다. 즉, '사실적 사태-사실적 사태' 혹은 '비사실적 사태-비사실적 사태' 구성을 취하는 것이 보통인데 이 구성 중에서 전자 구성이 주로 나타나는 경향을 보인다. 후자 구성은 "大王하 내 이제 도로 가 이 부텨를 供養ᄒᆞᅀᆞ보리이다"〈釋詳20:14a〉, "우리 듣ᄌᆞᆸ고 다 닷가 빗호ᅀᆞ보리이다"〈月釋14:42a〉 처럼 후행절에 '-(으)리-'가 통합하여 나타난다.

위 (48)은 동시의 접속문으로 선행절 사태 도중에 후행절의 사태가 잇
달아 일어나는 구성이다. 이 경우도 '사실적 사태-사실적 사태', '비사실적
사태-비사실적 사태'가 모두 가능하지만 선행절 사태가 사실적으로 해석
되는 전자 구성으로 나타나는 일이 많다. 이처럼 선행절이 사실적으로 해
석되는 경우는 후행절 사태가 발화시보다 이전에 일어난 것이어야 한다.
다음으로 의도의 접속문의 경우를 살펴보도록 하자.

(49) 가. 世亂을 <u>救호려</u> 나샤〈龍歌29〉

나. 對答호딕 그듸 精舍 <u>지수려</u> 터흘 굿 始作ᄒ야〈釋詳6:35a〉

다. 一切 大衆이 如來ㅅ 秘密章句를 <u>듣ᄌᆞ오려</u> 기드리ᅀᆞᆸ더니〈楞嚴
7:27b〉

라. 나라해 <u>빌머그라</u> 오시니 다 몰라보ᅀᆞᆸ더니〈月釋1:5b〉

위 (49)와 같은 의도의 접속문은 선행절의 사태가 후행절의 사태에 대해
서 목적을 나타내기 때문에 선행절 사태는 후행절 사태에 대해서 아직 일
어나지 않은 것으로 해석된다. 물론 선후행절 모두 사실적 사태로 해석되
는 일도 있지만 의도 접속문은 주로 '비사실적 사태-사실적 사태' 관계로
나타난다.
다음은 결과 접속문의 경우이다.

(50) 가. 그 ᄯᆞ니미 몯 <u>보ᄃᆞ록</u> 가딕 乃終내 도라보디 아니ᄒ야시늘 그
아비 애ᄃᆞ라 닐오딕〈釋詳11:29b〉

나. 내 菩提樹 아래브터 <u>涅槃ᄒ시ᄃᆞ록</u> 如來끠 여러 번 어즈리ᅀᆞᆸ
다이다〈月釋4:26a〉

다. 正法을 擁護ᄒ야 滅盡에 <u>다ᄃᆞᄃᆞ록</u> 부텻 ᄀᆞᄅᆞ치샤ᄆᆞᆯ 어긔디
아니호리이다〈月釋25:32a〉

라. 번드기 뛰를 아나 뎃 서리로 드러가거늘 입시우리 ᄆᆞᄅᆞ며 이

비 <u>무르드록</u> 브르다가〈杜詩6:42a〉

결과 접속문은 후행절의 사태로 인하여 선행절의 사태가 실현되는 의미 관계를 가진다. 여기에서 선행절 사태는 예상되는 결과로 나타나기 때문에 아직 실현되지 않은 비사실적 사태가 나타나기도 하지만 발화시를 기준으로 했을 때 이미 실현된 사실적 사태가 나타날 수도 있다. 그런데 15세기 국어 시기의 문헌에서는 주로 선행절 사태가 아직 실현되지 않은 비사실적 사태로 나타나는 일이 많다.

마지막으로 배경의 접속문을 살펴보자.

(51) 가. 舍利弗 굴근 弟子들히 다 神力으로 諸方애 가 옷밥 <u>얻더니</u> 그제 提婆 達多ㅣ 阿闍世王씌 닐오딕〈月釋22:71a〉

　　나. 內使ㅣ 밤 나지 니서 <u>오ᄂ니</u> 님그미 ᄆᅀᆞ믈 便安히 몯 너겨 ᄒ시놋다〈杜詩6:18a〉

　　다. 그 後에 家內예 婢 ᄒᆞᆫ 아ᄃᆞᆯ 를 <u>나ᄒᆞ니</u> 사ᄋᆞᆯ 몯 차셔 말ᄒᆞ며〈月釋21:55a〉

　　라. 모매 몬지 무티시고 太子씌 <u>가시니</u> ᄒᆞ마 命終ᄒᆞ거늘〈釋詳11:21b〉

　　마. 내 녜 願호ᄃᆡ 즈믄 모ᄆᆞᆯ ᄇᆞ료려 호니 ᄒᆞ마 九百 아흔아홉 모ᄆᆞᆯ <u>ᄇᆞ료니</u> 오ᄂᆞᆯ ᄇᆞ리면 즈믄 모미 ᄎᆞ릴ᄊᆡ ᄇᆞ료려 ᄒᆞ노이다〈月釋11:6b〉

　　바. 天下ᄅᆞᆯ ᄒᆞᆯ릇 內예 다 <u>도라오샤ᄃᆡ</u> 그 ᄆᆞ리 긋디 아니ᄒᆞ며 그 믈 블븐 짜ᄒᆞᆫ 몰애 金이 ᄃᆞ외ᄂᆞ니라〈月釋1:28a〉

　　사. 臺上애 모다 안자 몸애 믈이 <u>나ᄃᆡ</u> 花間애 흘러 ᄯᅡ히 아니 저즈니〈月曲68b〉

배경 접속문은 후행절의 사태를 설명하기 위해서 선행절에 시간적 혹은 공간적 배경이 나타나는 의미 관계이다. 이 배경 접속문의 경우에 선행절과 후행절의 사태 사이에 시간적 배열이 일정하지는 않기 때문에 사태의 해석도 자유롭게 나타날 것으로 예상되나 선행절 사태는 이미 실현된 사실적 사태로 나타나는 일이 많다.

지금까지 검토한 선행절과 후행절 사이의 양태적 관계를 정리하면 아래와 같다.

(52) '사실성'에 의한 의미 관계 분류

    가. 선행절의 사태가 주로 사실적 사태로 나타나는 의미 관계

        나열, 대조, 원인, 계기, 동시, 양보, 배경

    나. 선행절의 사태가 주로 비사실적 사태로 나타나는 의미 관계

        선택, 조건, 의도, 양보, 결과

4. 의미적 특성과 통사적 특성의 관련성

이 절에서는 앞에서 살펴본 선행절과 후행절의 의미 관계의 하위 분류와 통사적 특성과의 관련성을 살펴보고자 한다.

4장에서 접속문의 통사적 특성을 확인하고 그 결과가 대등 접속문과 종속 접속문에 따라 나타나는 차이를 확인하였다. 특히 주제어 표지 '-는'의 통합 양상, 의문사의 실현 및 언표 내적 효력의 양상, 분열문 형성 등은 대등 접속문과 종속 접속문의 차이를 보여주는 두드러진 특성이다. 이처럼 접속문이 의미적으로 대등적이냐 의존적이냐를 떠나서 통사적 차원에서 접속문의 특성을 살필 수 있다는 것은 접속문을 보다 객관적으로 파악할 수 있다는 점에서 의미 있는 논의로 볼 수 있다.

그런데 지금까지의 의미적 연구가 대부분 통사적 논의와는 별도로 진행되어 온 것은 사실이다. 주로 의미 범주 설정과 접속어미의 의미 특성

을 살피는 데에 그치고 있어 의미적 측면에서 대등 접속문과 종속 접속문의 특성을 검토하는 논의는 그리 많지 않다. 그래도 최근에 접속문의 의미적 특성이 많이 지적되면서 다양한 관점에서 통사적 논의와 함께 이루어지고 있어 고무적이다. 이에 본고도 이러한 관점에서 앞서 검토한 시간성과 양태성의 결과 내용을 다시 재분류하여 각 접속문의 특성을 다시 확인하고 나아가 통사적 특성과 관련하여 대등 접속문과 종속 접속문을 나누어 이해할 수 있는지를 검토하고자 한다.

그럼, 이제부터 5.2, 5.3에서 검토한 의미 관계 결과를 통해서 접속문의 특성을 살펴보자. 이를 위해서 앞 절에서 검토한 내용을 다시 제시하기로 한다.

(53) '시간성'에 의한 의미 관계 분류

    가. 선행절의 사태가 선행절의 사태에 앞선 상황으로 해석되는 의미 관계(선시성): 원인, 조건, 양보, 계기

    나. 선행절의 사태가 후행절의 사태에 뒤의 상황으로 해석되는 의미 관계(후시성): 의도, 결과

    다. 선행절의 사태가 후행절의 사태와 동시적 상황으로 해석되는 의미 관계(동시성): 동시

    라. 선행절의 사태가 후행절의 사태와 특정 시간 관계를 가지지 않는 의미 관계: 나열, 선택, 대조, 배경

위 (53)은 선행절 사태와 후행절 사태 사이의 시간적 배열 관계에 따라 그 특성을 분류한 것이다. 이를 선행절과 후행절 사태의 시간 관계가 일정한 관계를 보이는 접속문과 일정한 관계를 보이지 않는 접속문으로 다시 분류하여 보자.

(54) '시간성'에 의한 의미 관계 재분류

    가. 선행절과 후행절이 일정한 시간 관계를 보이는 의미 관계

       원인, 조건, 양보, 계기, 동시, 의도, 결과

    나. 선행절과 후행절이 일정한 시간 관계를 보이지 않는 의미 관계

       나열, 선택, 대조, 배경

위 (54 가)의 경우는 '선시적 사태-후시적 사태' 혹은 '후시적 사태-선시적 사태' 등처럼 일정한 시간 관계를 보이는 접속문인데 비해 (54 나)는 그러한 일정한 관계를 보이지 않는 접속문이다. 그런데 여기에서 흥미로운 사실은 일정한 시간 관계에 따라 다시 분류한 결과가 대등 접속문과 종속 접속문으로 나누어진다는 점이다. 물론 배경 접속문은 후자의 경우에 속하지만 (54 가)는 모두 종속 접속문이고, (54 나)는 배경을 제외하면 모두 대등 접속문이기 때문에 일정한 시간 관계에 의해서 접속문은 대등과 종속 접속문으로 분류될 수 있다고 볼 수 있다. 이는 통사적 특성에서 확인할 수 있는 접속문의 분류로 의미적 측면에서도 확인할 수 있어 의미가 있다.

그렇다면 (54)와 같은 결과가 나타난 이유는 무엇일까? 이 결과가 나타난 이유는 통사적 특성에서도 그랬듯이 후행절에 대한 선행절의 독립성에서 찾아볼 수 있다. 주지하는 바와 같이 종속 접속문의 경우는 의미적으로 서로 긴밀한 관계를 가진다. 가령 원인 접속문은 '원인-결과' 구조를, 조건 접속문은 '조건-결과' 등의 논리적 관계를 가지기 때문에 선후행절을 바꾸거나 한 절이 생략되면 의미적으로 어색하거나 전체적인 의미 내용이 변하게 된다. 반면 대등 접속문은 그렇지 않다. 선행절과 후행절을 바꾸어도 선·후행절 중 한 절을 생략해도 문장이 성립하는 데에 아무 문제가 없다. 그렇다고 전체적인 의미 내용이 변하는 것도 아니다. 이는 대등 접속문의 선행절이 상대적으로 독립적인 사태로 해석되기 때문이다. 즉 선행절의 사태가 독립적인 사태로 인식되는 대등 접속문은 후행절과의

시간 관계에서 보다 자유로운 시간 배열의 특징을 보이는 것이다.

그런데 여기에서 문제는 배경 접속문이다. 시간의 배열 관계가 대등 접속문과 종속 접속문에 따라 양분되는 양상을 보이는 경향과는 달리 배경 접속문이 종속 접속문의 특성이 아닌 대등 접속문과 동일한 양상을 보이기 때문이다. 하지만 앞서 검토한 통사적 특성에서도 배경 접속문이 대등 접속문과 유사한 양상을 보이는 것을 확인하였는데 이를 비추어 보면 위 (54)의 결과가 매우 낯선 것만은 아니다. 배경 접속문이 원인이나 조건, 결과 등처럼 선행절의 내용이 전제의 역할을 담당하고 있기는 하나 논리적으로 긴밀한 관계를 가지는 것이 아니기 때문에 배경 접속문의 선행절이 다른 종속 접속문에 비해 다소 독립적인 사태로 해석되는 것은 당연한 일이다. 이러한 의미 관계가 대등 접속문과 동일한 모습으로 나타나게 된 것으로 보인다.

다음으로 '사실성'에 따른 결과를 다시 살펴보자. 앞서 검토한 결과를 제시하면 아래와 같다.

   (55) '사실성'에 의한 의미 관계 분류
         가. 선행절의 사태가 주로 사실적 사태로 나타나는 의미 관계
            나열, 대조, 원인, 계기, 동시, 양보, 배경
         나. 선행절의 사태가 주로 비사실적 사태로 나타나는 의미 관계
            선택, 조건, 의도, 양보, 결과

위 (55)는 선행절 사태가 후행절 사태에 대해서 가지는 양태적 특성을 정리한 것이다. 이를 선행절과 후행절 사태 사이의 양태적 관계에 따라서 다시 분류하면 다음 (56)과 같다.

   (56) '사실성'에 의한 의미 관계 재분류
         가. 선행절과 후행절의 사태가 일정한 양태적 관계를 가지는 의

미 관계

- 선택, 조건, 양보, 계기, 동시, 의도, 결과

나. 선행절과 후행절의 사태가 일정한 양태적 관계를 가지지 않
는 의미 관계

- 나열, 대조, 원인, 배경

위 (56 가, 나)는 선행절과 후행절의 사태 해석을 통해서 선행절과 후행절의 사태가 일정한 양태적 관계를 가지는 경우와 선행절과 후행절의 사태가 일정한 양태적 관계를 가지지 않는 경우로 다시 재분류한 것이다. 가령 선택은 '비사실 - 비사실'의 일정한 양태적 관계를 가지며 양보는 '사실 - 사실', '비사실 - 비사실'의 일정한 양태적 관계를 가진다. 그러나 나열의 경우는 '사실 - 사실', '사실 - 비사실' 등의 자유로운 관계를 보인다. 이러한 특성에 따라서 재분류하게 되면 앞서 살펴본 시간 관계와 유사한 양상을 보이는 것을 알 수 있다. 다만 선택 접속문과 원인 접속문이 (54)와 다른 양상을 보인 것인데 이는 의미 특성 내지 어미의 특성에서 비롯된 것이다.

선택 접속문의 경우에 선행절과 후행절 사태가 일정한 양태적 관계를 보이는 것은 선택의 의미 특성에서 기인한 것으로 판단된다. 선택은 선행절과 후행절이 아직 확정되지 않은 가상 혹은 가정의 일을 나타내기 때문에 선행절이든 후행절이든 항상 비사실적 사태로 해석되는 일이 많다. 이 의미 특성 때문에 일정한 양상을 보이는 것이다. 그런데 원인 접속문은 대체로 '사실적 사태-사실적 사태' 관계 구성으로 나타나나 '-(으)란딕'가 이끄는 접속문은 '사실적 사태-비사실 사태' 관계 구성으로 나타나는 일이 많기 때문에 일정한 관계를 보이지 않는 것으로 분류한 것이다. 하지만 '-(으)란딕'를 제외한 원인 접속문은 대개 '사실적 사태-사실적 사태'로 나타난다.

접속문 연구에서 대등 접속문과 종속 접속문을 구분하는 주요한 특성

으로 독립성이 제기되었다. 이 독립성은 주로 통사적 특성을 통해서 논의되어 왔다. 그러나 본고에서는 선행절과 후행절의 사태 사이에 보이는 '시간성'과 '사실성'을 통해서도 접속문의 독립성이 논의될 수 있음을 지적할 수 있었다. 이로써 접속문의 의미적 특성을 확인하고, 나아가 통사적 특성뿐 아니라 의미적 특성에서도 대등 접속문과 종속 접속문의 차이를 확인할 수 있는 것이 의미 있는 결과라 할 수 있겠다.

5. 요약

본 장에서는 기존 논의를 바탕으로 선행절과 후행절의 의미 관계를 정리하면서 해당 접속어미를 확인하고, 이를 바탕으로 이 의미 관계가 선행절과 후행절에서 보이는 시간적 배열 관계와 양태적 관계에 따라서 다시 하위 분류될 수 있음을 지적하였다. 아울러 이 결과가 앞장에서 검토한 통사적 특성과도 관련되어 있음을 살펴보았다.

먼저 선행절과 후행절의 의미 관계에 따라 나타난 시간적 배열 관계를 제시하면 다음과 같다.

(57) '시간성'에 의한 의미 관계 분류
　　　가. 선행절의 사태가 선행절의 사태에 앞선 상황으로 해석되는
　　　　　의미 관계(선시성): 원인, 조건, 양보, 계기
　　　나. 선행절의 사태가 후행절의 사태에 뒤의 상황으로 해석되는
　　　　　의미 관계(후시성): 의도, 결과
　　　다. 선행절의 사태가 후행절의 사태와 동시적 상황으로 해석되
　　　　　는 의미 관계(동시성): 동시
　　　라. 선행절의 사태가 후행절의 사태와 특정 시간 관계를 가지지
　　　　　않는 의미 관계: 나열, 선택, 대조, 배경

위의 결과는 다시 아래와 같이 분류될 수 있다.

(58) '시간성'에 의한 의미 관계 재분류

　　가. 선행절과 후행절이 일정한 시간 관계를 가지는 의미 관계
　　　　- 원인, 조건, 양보, 계기, 동시, 의도, 결과
　　나. 선행절과 후행절이 일정한 시간 관계를 가지지 않는 의미 관계
　　　　- 나열, 선택, 대조, 배경

즉, 접속문의 의미 관계는 크게 선행절과 후행절이 일정한 시간 관계를 가지는 의미 관계와 그렇지 않은 의미 관계로 구분될 수 있다. 그런데 여기에서 주목되는 것은 의미 관계가 대체로 대등 접속문과 종속 접속문으로 구분된다는 점과 배경 접속문이 일정한 시간 관계를 가지지 않는다는 점이다. 전자의 경우는 대등 접속과 종속 접속을 구분하는 특성으로 파악하였고, 후자의 경우는 배경 접속문이 독립성을 지니는 특성으로 기술하였다.

　다음으로 선행절과 후행절의 양태적 특성에 대해서 살펴보았다. 검토한 결과를 제시하면 아래와 같다.

(59) '사실성'에 의한 의미 관계 분류

　　가. 선행절의 사태가 주로 사실적 사태로 나타나는 의미 관계
　　　　- 나열, 대조, 원인, 계기, 동시, 양보, 배경
　　나. 선행절의 사태가 주로 비사실적 사태로 나타나는 의미 관계
　　　　- 선택, 조건, 의도, 양보, 결과

(60) '사실성'에 의한 의미 관계 재분류

　　가. 선행절과 후행절의 사태가 일정한 양태적 관계를 가지는 의
　　　　미 관계

　　　　- 선택, 조건, 양보, 계기, 동시, 의도, 결과
　　나. 선행절과 후행절의 사태가 일정한 양태적 관계를 가지지 않
　　　　는 의미 관계
　　　　- 나열, 대조, 원인, 배경

선행절과 후행절의 의미 관계가 '사실성'이라는 양태적 특성에 의하여서 하위 분류될 수 있음을 살펴보았다. 먼저 의미 관계가 선행절에 사실적 사태가 나타나는 경우와 비사실적 사태가 나타나는 경우로 구분하였다. 이는 각 접속문의 의미 관계가 별개의 의미 범주 설정에 그치지 않고 어떤 면에서 동일한 양상을 보이며 차이를 보이는지 확인할 수 있다는 점에서 유의미한 분류라 생각한다.

　한편 (60 가, 나)는 선행절과 후행절의 사태 해석을 통해서 선행절과 후행절의 사태가 일정한 양태적 관계를 가지는 경우와 선행절과 후행절의 사태가 일정한 양태적 관계를 가지지 않는 경우로 다시 재분류한 것이다. 가령 선택은 '비사실 - 비사실'의 일정한 양태적 관계를 가지며 양보는 '사실 - 사실', '비사실 - 비사실'의 일정한 양태적 관계를 가진다. 그러나 나열의 경우는 '사실 - 사실', '사실 - 비사실' 등의 자유로운 관계를 보인다. 이러한 특성에 따라서 재분류하게 되면 앞서 살펴본 시간 관계와 동일한 양상을 보이는 것을 알 수 있다. 즉 선행절과 후행절 사태의 독립성이 양태적 특성에서도 확인된다 하겠다.

　이러한 의미적 특성의 결과가 그동안 주로 통사적 연구에서 확인해 오던 선행절의 독립성과 대등 접속문과 종속 접속문의 차이를 보여줄 수 있다는 점에서 의미 있는 결과라 할 수 있겠다.

제6장
결론

지금까지 본고는 15세기 국어 접속문과 관련된 문제들을 중심으로 논의를 이끌어 왔다. 논의를 크게 세 부분으로 구분하여 진행하였는데, 첫 번째로 접속어미와 선어말어미의 통합 양상, 접속어미와 보조사의 통합 양상을 검토하였고, 두 번째는 접속문의 통사적 특성에 대해서 검토하였다. 마지막으로는 접속문의 의미 관계를 정리하고, 접속문이 시간적 특성과 양태적 특성에 의하여서 다시 하위 분류될 수 있음을 지적하고, 그 결과가 접속문의 통사적 특성과 밀접하게 관련되어 있음을 검토하였다. 이상의 논의를 요약하면 아래와 같다.

6.1. 연구 논의 요약 및 정리

2장에서는 본격적인 논의의 앞서서 접속의 개념과 접속어미의 구조에 대해서 본고의 생각을 정리하고 접속문의 의미 범주를 선행 연구를 적극적으로 받아들여 정리하였다.

먼저 접속의 단위가 절임을 상기시키고 접속은 절과 절을 연결하는 복합 구성 방식임을 지적하였다. 따라서 접속문은 이 접속에 의하여서 형성된 새로운 문장(복합문)을 의미한다. 아울러 국어의 특성상 접속어미는 선행절에 통합하는 구조이어야 함을 지적하고 접속과 접속어미의 특성을 염두에 둘 때, '[ ]'으로 표시하면 "[CP [[[IP1] -Conj] [IP2]]-C]"와 같은 구조가 상정될 수 있음을 기술하였다. 이 구조는 서술어의 어간에 접속어미가 통합하지 않은 구성을 IP라고 할 때, 접속문은 IP인 절과 절이 접속에 의하여서 형성된 새로운 문장(접속문)을 표시한 것이다. 이를 토대로 후행절이 독립된 명제(사태)로 자격을 지니지 못하는 복합문을 논의의 대상에서 제외하였다.

다음으로, 접속문의 의미 범주를 정리하였다. 사실 이 영역은 접속문 연구에서 보다 정확하고 가치 있는 논의가 필요한 부분이다. 그러나 본 논의에서는 선행 연구를 토대로 대등 접속문과 종속 접속문의 의미 범주를 '나열, 선택, 대조, 원인, 조건, 양보, 결과, 동시, 계기, 의도, 배경'으로 정리하였다.

3장에서는 선어말어미와 접속어미, 접속어미와 보조사의 통합 양상을 살펴보았다. 접속어미와 선어말어미, 접속어미와 보조사의 통합관계를 중심으로 15세기 국어에서의 통합 양상을 기술하였다. 먼저 3.2에서는 선어말어미와 선어말어미의 통합관계를 확인하고, 나아가 해당 선어말어미가 접속문에 따라서 선행절과 후행절에 모두 통합하여 나타나는 것이 일반적인지 아니면 후행절에만 나타나는 것이 일반적인지를 검토하여 정리하였다.

검토 결과, 주체 존대법 '-(으)시-'의 경우에 대등 접속문에서는 선행절과 후행절에 모두 나타나는 것이 일반적임을 확인하였다. 그런데 종속 접속문에서는 하위 접속 구성에 따라서 차이가 있음을 확인하였다. 원인과 조건, 양보, 동시, 배경의 접속문은 선행절과 후행절에 모두 나타나는 것이 일반적이나 계기 접속 구성은 후행절에만 나타나는 경우도 상당히 확인하였다. 한편, 의도 접속 구성은 후행절에 의존하여 해석되는 것이 일반적인 것으로 보인다.

겸양법 '-ᅀᆞᆸ-'의 경우도 '-(으)시-'와 유사한 양상으로 나타나는데 '-(으)시-'의 용법보다 다소 복잡한 용법으로 인해 '-(으)시-'만큼 다양한 예를 확인할 수는 없었지만 검토 결과를 보면 대등 접속문이든 종속 접속문이든 선행절과 후행절에 모두 나타나는 것이 일반적임을 확인할 수 있었다. 그러나 계기 접속문의 경우는 '-ᅀᆞᆸ-'이 후행절에만 나타나는 경우도 확인된다.

시제법 선어말어미 경우는 경어법 선어말어미에 비해서 상당히 제약적 분포를 보여 그 독립적 분포를 확인하는데 어려움이 있었다. 검토한 내용을 보면, 먼저 현재 '-ᄂᆞ-'의 경우 '-(으)니' 접속 구성에서만 선행절에 통합하여 나타나는 것이 확인된다. '-(으)니' 접속 구성에서 '-ᄂᆞ-'는 선행절과 후행절이 현재의 상황을 가리킬 경우에 선행절과 후행절에 모두 나타나는 것이 일반적임을 확인하였다. 다음 과거 '-더-'의 경우는 '-(으)니', '-(으)

ㄴ댄', '-(으)ㄴ틴', '-든' 접속 구성에서 선행절에 통합하여 나타나는 것이 확인된다. '-(으)니' 접속 구성에서는 '-더-'가 선행절과 후행절에 모두 통합하여 나타나기도 하고 후행절에만 나타나기도 하는데 이때는 모두 선·후행절의 사태가 과거의 상황을 가리킨다. 즉 '-(으)니' 접속 구성에서 선·후행절의 사태가 과거를 나타낼 때 '-더-'가 선행절에 나타나는 것은 수의적이라 하겠다. 한편, '-던댄', '-던틴', '-더든' 구성은 선행절이 반사실적으로 해석되는 경우로만 나타난다.

다음, 미래 '-(으)리-'의 경우는 다른 시제 선어말어미에 비해서 많은 접속어미에 통합하여 나타나는 사실을 확인하였다. 그런데 문헌 자료의 한계로 인해서 선행절에서의 독립성 여부는 '-(으)ㄹ씨', '-관대', '-(으)니', '-거늘', '-거니와' 등에서만 확인할 수 있었다. 이들 접속 구성에서 선·후행절의 사태가 미래를 나타낼 때 '-(으)리-'는 선행절과 후행절이 모두 나타나는 것이 일반적으로 나타났다.

의도법 '-오-'의 경우는 선·후행절의 주어가 1인칭일 때 '-거니와', '-(으)나', '-(으)니' 구성에서는 선행절과 후행절 모두 통합하여 나타나는 것이 일반적임을 확인하였다. 그러나 계기나 동시, 원인, 조건, 의도 등의 접속문에서는 선행절의 주어가 1인칭이더라도 '-오-'는 항상 후행절에만 통합하여 나타난다.

이상의 검토에서 본고가 주안점을 둔 사항은 선어말어미의 독립적 분포인데 검토 결과에서 흥미로운 사실은 계기나 의도 접속문의 경우에 다른 접속문과 달리 경어법 선어말어미와 시제법 선어말어미, 의도법 선어말어미가 모두 후행절에만 분포하는 경향을 보인다는 것이다. 즉 선행절의 문법적 의미가 후행절에 의존하여 해석되는 경향으로 나타난 사실이다. 본고는 이 분포를 우연적으로 보지 않고 대등성 혹은 종속성의 정도성 때문에 나타난 현상으로 보고자 한다. 한편, 종속 접속문의 경우에 선어말어미의 독립성이 몇몇의 경우에 차이를 보이는 현상이 확인된다. 종속 접속문의 동일 범주에 묶이지만 구체적인 현상에서 차이를 보이는 것이 특징적이다. 이에 대해서 본고는 종속 접속문의 의존성 혹은 종속성의 차이에서 비롯된 것으로 추정하였다. 이에 대한 적극적인 논의를 이끌어 내지는 못했지만 종속 접속문이라 할지라도 각 접속문이 의미적 관계의 긴밀성에서 갖는 차이가 다를 것인데 이러한 정보가 선어말어미의 분포에서 드러난 것이 아닌가 한다.

3.3에서는 접속어미에 통합하는 보조사를 중심으로 검토하였다. 접속어미에 통합하는 보조사는 '-ㅇ', '-ㅁ', '-ㄱ', '-곳', '-ᅀᅡ', '-ᄂᆞᆫ', '-셔', '-브터', '-도', '-다가'를 중심으로 검토하였는데, 이들이 접속어미에 통합하는 것도 상당히 제약적임을 확인하였다. 먼저 '-곳', '-ᅀᅡ', '-ᄂᆞᆫ', '-셔', '-브터', '-도', '-다가'가 종속 접속어미와만 통합하는 사실과 '-ㅁ', '-ㄱ', '-ㅇ'은 대등 접속어미와 종속 접속어미에 통합하는 사실을 확인하였다. 그 결과를 표로 나타내면 아래와 같다.

(87) 접속어미와 보조사의 통합 양상

의미	목록	대등 접속문	종속 접속문	어형(접속어미+보조사)
강세	ㄱ	●	●	'-곡', '-억/악', '-다각'
	ᅀᅡ	×	●	'-고ᅀᅡ', '-어ᅀᅡ', '-거늘ᅀᅡ', '-거든ᅀᅡ'
	ㅁ	×	●	'-곰', '-엄/엄'
	ㅇ	●	×	'-명'
	곳	×	●	'-어옷'
주제(대조)	ᄂᆞᆫ	×	●	'-곤', '-언', '-어ᄂᆞᆫ'
출발점	셔	×	●	'-고셔', '-어셔'
	브터	×	●	'-고브터'
역동	도	×	●	'-고도', '-어도', '-다가도'
방법	다가	×	●	'-어다가'

'●'은 해당 접속문에 통합하여 나타난다는 표시이고, '×'은 해당 접속문에 통합하여 나타나지 않는다는 표시이다.

위 표에서 특히 주목되는 것은 보조사 '-곳', '-ᄭᅡ', '-ᄂᆞᆫ', '-셔', '-브터', '-도', '-다가'가 주로 계기의 '-고', '-어', 원인의 '-어', 동시의 '-다가', 조건의 '-거든' 등에 통합한다는 사실이다. 이 보조사들은 15세기 국어에서 고유의 의미 기능을 가진 것으로 분명한 문법적 지위를 가진 보조사들이다. 이 보조사 들이 대등 접속어미와는 통합하지 않고 종속 접속어미와만 통합하여 나타 나며, 종속 접속어미 중에서도 계기와 조건, 원인 등의 접속어미와 통합하 여 나타나는 것은 접속문의 대등성 혹은 독립성과 관련되어 있다는 점에서 중요하다. 보조사가 종속 접속어미에 통합하는 사실은 종속 접속문의 선행 절이 후행절에 종속적인(의존적인) 사실을 말해주기 때문이다. 이는 내포 문의 종속절에 보조사가 통합하는 것과 관련된다.

그런데 보조사가 종속 접속문 중에서도 주로 원인, 조건, 계기, 동시 접 속문에 한정되어 통합하는 점이 주목된다. 본고는 잠정적으로 Kuno (1973), 이은경(2000)에서 지적한 종속성(정도성)의 문제가 이 현상에 적 용되어야 할 것으로 판단하였다. 선행절과 후행절의 관계가 대등과 종속 관계로 양분되지 않고 정도성에 의하여서 세분되어야 한다는 것이다. 즉, 위 원인, 조건, 계기, 동시 접속문이 보다 더 종속적이기에 보조사의 통합 이 가능하다는 설명인데, 이와 유사한 현상이 통사적 특성, 의미적 관계 에서도 발견되기 때문이다.

4장에서는 여러 가지 통사적 현상을 통하여 선행절과 후행절 사이의 통 사적 특성을 검토하였다. 지금까지 논의된 접속문의 통사적 특성을 중심 으로 논의 가능한 주제어 표지 '-ᄂᆞᆫ'의 통합 양상, 부정사 '아니', '몯', '아니 ᄒᆞ-', '몯ᄒᆞ-'의 실현 양상 및 부정 범위, 의문사의 실현 및 의문어미와의 호응 관계, 주어 명사구 생략 현상, 문체법 통합 현상, 분열문 형성 등을 검토하였다.

먼저 주제어 표지 '-ᄂᆞᆫ'이 통합 양상을 살펴보았다. '-ᄂᆞᆫ'은 대등 접속문 의 경우에 선행절과 후행절에 모두 나타나는 것이 일반적이나 선택 접속문은 대체로 '-이'가 나타나고 대조 접속문은 접속어미에 따라서 약간의 차이를 보인다. 종속 접속문의 경우에 '-는'은 후행절에만 나타나는 것이 일반적이나 배경의 '-(으)니', '-오디'의 경우는 선행절에 나타나는 경우도 있다. 이와 같이 접속문의 유형에 따라서 주제어 표지 '-는'의 실현이 차이를 보이는데, 이는 선행절과 후행절의 통사적 위상 때문으로 생각된다. 즉, 선행절과 후행절이 대등한 관계를 가지는 대등 접속문은 선행절과 후행절에 '-는'이 모두 통합하여 나타나는 것이 일반적인 것이고, 종속 접속문처럼 선행절이 후행절에 대해서 의존적인 경우는 '-는'이 후행절에만 나타나는 것이 일반적인 것이다. 그런데 배경의 접속문의 경우에 '-는'이 선행절에 나타나는 경우가 확인되는데, 이는 다른 종속 접속문에 비해 배경 접속문의 선행절이 덜 의존적인 특성을 보여주는 것으로 이해된다.

다음으로 4.3에서는 부정사 '아니', '몯', '아니ᄒ-', '몯ᄒ-'의 실현 양상 및 그 부정 범위를 살펴보았다. 이 부정 요소는 접속문의 유형에 따라서 특정한 제약 현상은 보이지 않으며 해당 절만 부정 영역으로 삼는 것을 확인하였다. 그런데 'V-(으며) - V' 구성에 한해서 선행 서술어까지 부정하는 경우가 있다. 그러나 그 예가 매우 적고 그러한 구성이라도 부정 요소가 선행 서술어와 후행 서술어에 각각 통합하여 나타나는 경우가 있기 때문에 본고에서는 예외로 처리하였다.

4.4에서는 의문사의 실현 양상 및 의문어미와의 호응 관계, 의문의 언표 내적 효력을 검토하였다. 의문사 실현의 경우에 대등 접속문과 종속 접속문이 차이를 보이는데, 대등 접속문의 경우에는 의문사가 선행절과 후행절에 모두 나타나는 경향을 보이는 반면에 종속 접속문의 경우는 선행절이든 후행절이든 한 절에만 나타나는 경향을 보인다. 한편 의문어미와의 호응은 대등 접속문과 종속 접속문이 동일한 모습을 보인다. 의문의 언표 내적 효력은 대등 접속문과 종속 접속문에 따라서 서로 다른 양상을 보이는 것을 확인하였다. 대등 접속문은 선행절과 후행절 모두 의문의 언표 내적 효력을 가지지만 종속 접속문은 선행절이든 후행절이든 어느 한

절만 의문의 언표 내적 효력을 가진다. 이러한 차이는 접속 구성의 구조적, 의미적 특성과 관련된 것으로 파악하였다. 한편, 접속문에서 의문사의 통합 양상과 의문의 언표 내적 효력이 유사한 양상을 보이는 것도 확인하였다. 특히 종속 접속문의 경우에 의문사가 나타나는 절과 판정의문문에서 언표내적효력이 일치하는 현상을 확인하였는데 이는 선행절과 후행절의 의미 관계를 통해서 충분히 예측된다.

4.5에서는 주어 명사구 생략 현상을 살펴보았다. 동일 주어 접속문일 때 일반적으로 후행절의 주어 명사구가 생략되는 것을 확인하였다.

다음 4.6과 4.7에서는 접속문과 문체법 통합 양상, 접속문에서의 분열문 현상을 다루었다. 4.6에서는 동일한 의미 범주에 속하는 접속어미들이 일정한 문체법과 호응하는 것을 지적하였다. 동일 의미 범주에 속하는 접속어미들이 문체법과 일정한 호응 관계를 보이는 것을 포착하였다. 이는 접속어미의 의미 특성을 이해하는 데에 도움이 되리라 생각한다. 4.7에서는 접속문의 분열문 현상을 정리하였는데, 분열문을 이루는 접속문이 원인과 의도의 종속 접속문인 것과, 분열문으로 '~옴은 ~이다' 구성과 '~접속어미 ~이다'의 구성이 함께 나타나는 것을 지적하였다. 지금까지 검토한 결과를 경향성에 따라서 표로 나타내면 아래와 같다.

(88) 통사적 특성에 따른 일반적인 경향성

	'-는'의 통합	부정사 통합	의문사 통합	의문의 언표내적 효력	주어명사 구생략	서법 통합 경향성	분열문 형성
대등접속문	선·후행절 동시 통합	독립적 통합	선·후행절 동시 통합	선·후행절	선행생략	X	X
종속접속문	한 절에만 통합		한 절에만 통합	한 절		◑	◑

◑ : 몇몇 접속어미만 일정한 양상을 보이는 것을 나타내는 표시임.

본고에서 검토한 통사적 특성을 일정한 경향성에 따라서 정리해 보니 주제어 '-는'의 통합 양상, 의문사의 통합, 의문의 언표내적 효력, 분열문 현상에 의한 결과가 크게는 대등 접속문과 종속 접속문으로 구분되는 사실을 확인할 수 있다. 대등 접속문과 종속 접속문의 차이를 보여줄 수 있는 결과이자 접속문의 대등성 내지 종속성을 말해주는 현상으로 파악된다. 즉, 선행절이 후행절에 독립적인 대등 접속문과 의존적인 종속 접속문이 통사적 관계에서 차이를 보이는 것이다.

이와 함께 유념해야 할 것은 위 표에서는 확인되지 않지만 그 내부를 보면 대등 접속문에서도 나열이나 선택, 대조 접속문이 모두 동일한 특성을 보이지 않고 종속 접속문에서도 원인이나 조건, 계기, 동시, 의도, 결과, 배경이 모두 동일 동일한 특성을 보이지 않는 사실이다. 어떤 경우에는 동일 의미 범주 안에서 접속어미의 특성에 따라서도 차이를 보이기 때문에 접속문을 일정한 범주에 묶는 연구에 그쳐서는 안 된다. 접속문을 단순히 대등 접속문과 종속 접속문으로 구분한 연구에 묶이지 않고 보다 세밀하고 체계적인 연구를 통해서 각 접속문 차이를 분명히 제시하여 그 관계를 밝히는 연구가 요구되는 부분이다.

지금까지 많은 논의들이 접속문을 대등 접속문과 종속 접속문으로 양분하여 논의하여 왔다. 본고도 물론이다. 그러나 접속문에 나타난 통사적 특성이 대등적이냐 종속적이냐 하는 이분법으로 해석될 수 있는 것이 아닌 듯하다. 가령, 주제어 '-는'의 실현 양상 및 분열문 현상 등은 접속문의 유형에 따라서 차이를 보이기 때문에 그에 맞는 해석이 필요한 것이다. 3장에서 검토한 선어말어미와 보조사의 통합 양상도 그렇다. 3장의 결론에서도 정도성(대등성 혹은 종속성) 문제를 거론하였는데, 이에 대한 본격적인 논의가 요구되는 부분이다.

5장에서는 선행절과 후행절의 의미 관계에 대한 기존의 논의를 정리하면서 해당 접속어미를 확인하고, 이러한 검토를 바탕으로 선행절과 후행절의 의미 관계가 선행절의 사태와 후행절의 사태 사이의 시간적 관계와 양태적 관계에 따라서 다시 하위 분류될 수 있음을 지적하였다. 나아가 이 사실이 3장과 4장에서 검토한 통사적 특성과도 관련되어 있음을 살펴보았다.

검토 결과, 접속문의 의미 관계는 크게 선행절과 후행절이 일정한 시간 관계를 가지는 의미 관계와 그렇지 않은 의미 관계로 구분될 수 있다. 그런데 여기에서 주목되는 것은 의미 관계가 대체로 대등 접속문과 종속 접속문으로 구분된다는 점과 더불어 배경 접속문이 대등 접속문과 같이 일정한 시간 관계를 가지지 않는다는 점이다. 이러한 사실은 통사적 특성과도 관련된 것으로 접속문에서 선행절의 독립성을 말해주는 것으로 이해된다. 또한 접속문의 의미 관계는 선행절과 후행절이 일정한 양태적 관계를 가지는 의미 관계와 그렇지 않은 의미 관계로 구분될 수 있다. 이 결과에서도 양태적 특성이 대등 접속문과 종속 접속문으로 구분되는 사실을 확인하였다. 여기에서 한 가지 주목되는 것은 배경 접속문이 대등 접속문과 동일한 양상을 보인다는 점이다. 이 점이 시사하는 바가 분명히 있다고 생각한다. 접속문 연구에서 독립성은 대등 접속문과 종속 접속문을 구분하는 주요한 특성으로 제기되었다. 이 독립성은 주로 통사적 특성을 통해서 논의되어 왔다. 그런데 '시간성'과 '사실성'을 통해서도 선행절과 후행절 사태의 독립성을 확인할 수 있는 결과를 이끌어 낼 수 있었다.

6.2. 남은 문제

본고는 15세기 국어 접속문에서 선어말어미와 보조사가 접속문의 선행절에 통합하는 현상을 검토하고, 나아가 접속문의 통사·의미적 특성을 살펴보았다.

15세기 국어 접속문의 특성을 검토하고자 하는 본고의 시도는 몇 가지 측면에서 그 의의가 있다고 생각된다. 먼저 15세기 접속문을 검토함으로

써 국어 접속문의 특성을 보다 정밀화할 수 있는 기틀을 마련했다는 점에서 의의가 있다. 15세기 국어 접속문 연구가 현대국어 접속문은 물론 접속문의 전반을 이해하는 데에 도움이 되는 것은 주지의 사실이다. 국어 접속문 연구에서 쟁점이 되는 접속문과 내포문의 차이, 대등 접속문과 종속 접속문의 차이를 15세기 국어에서 접속문이 어떤 양상을 보이는지를 면밀하게 살펴봄으로써 여러 양상들이 더 정밀하게 설명될 수도 있을 것이다. 또한 접속문의 변화를 통해서 언어의 역사적 변화를 살펴볼 수 있는 문법사적 의의도 들 수 있다. 언어의 역사적 변화에 대한 연구가 주로 음운과 형태 중심으로 진행되어 왔기 때문에 통사적 현상의 역사적 변화를 문장 차원에서 확인할 수 있는 단초를 마련했다는 점이 또한 의의가 될 수 있다. 뿐만 아니라 15세기 국어 접속문 연구는 아직까지 정밀하게 기술되지 않았기 때문에 다양한 구문에 대한 기술은 그 자체로도 자료적인 가치를 지닐 수 있을 것이다.

그러나 본고가 15세기 국어의 제한된 문헌 자료를 중심으로 검토한 연구라는 점에서 한계가 있다. 하나의 현상을 검토하기 위해서는 다양한 예문을 관찰하고 언어적 직관을 통해서 부정적 예들을 검토하여야 하는데, 15세기 국어는 그 예가 다양하지 못하여 보다 논리적인 결과를 이끌어 내는데 어려움이 있었다. 그러므로 먼저는 다양한 문헌을 발굴하고 검토하는 것이 남은 문제일 것이다.

또한, 역사적 연구에서 중요한 부분 중에 하나는 한 언어 현상을 통시적으로 관찰하는 것인데 본 연구가 접속문을 15세기 국어에 국한시켜 연구하고, 통시적 변화에 대한 검토를 병행하지 못한 점도 앞으로의 과제라 할 수 있겠다. 만약 이 부분에 대한 연구가 나온다면 구문의 역사적 변화를 볼 수 있는 중요한 성과가 될 것이다.

참고문헌

강기진(1985), 「국어 접속어미 '-니'와 '-니까'의 연구」, 『국어학』 14, 국어학회.

고광주(1999), 「대등 접속문에 대한 재검토」, 『한국어학』 9, 한국어학회.

고영근(1981), 『중세국어의 시상과 서법』, 탑출판사.

______(1987), 『표준 중세국어 문법론』, 탑출판사.

______(1999), 『국어형태론연구』, 서울대학교 출판부.

______(2004), 『한국어의 시제 서법 동작상』, 태학사.

권재일(1985ㄱ), 『국어의 복합문 구성 연구』, 집문당.

______(1985ㄴ), 「중세 한국어의 접속문 연구」, 『歷史言語學』, 전예원.

______(1986), 「형태론적 구성으로 인식되는 복합문 구성에 대하여」, 『국어학』 15, 국어학회.

______(1988), 「접속문 구성의 변천 양상」, 『언어』 13-2, 한국언어학회.

______(1991), 「한국어 접속문 연구사」, 김방한 편, 『언어학 연구사』, 서울대 출판부.

김동식(1990), 「부정법」, 『국어연구 어디까지 왔나』, 동아출판사.

김소희(1996), 「16세기 국어의 '-거/어-' 연구」, 국어연구 142, 서울대 석사학위논문.

김송원(1988), 『15세기 중기 국어의 접속월』, 건국대 박사학위논문.

김승곤(1986), 「이음씨끝 '-게'와 '-도록'의 의미와 통어적 기능」, 『국어학 신연구』, 탑출판사.

김영희(1988), 「등위 접속문의 통사적 양상」, 『한글』 201·202, 한글학회. [김영희(1998)에 재수록]

______(1991ㄱ), 「종속 접속문의 통사적 양상」, 『서재극박사 환갑기념논문집』, 계명대 출판부. [김영희(1998)에 재수록]

______(1991ㄴ), 「문장」, 『한국 민족문화 대백과사전』, 한국정신문화연구원.

______(1998), 『한국어 통사론을 위한 논의』, 한국문화사.

김인택(1993), 「한국어 종속마디와 어찌마디」, 『국어국문학』 30, 부산대 국어국문학과.

김일웅(1986), 「생략의 유형」, 『국어학신연구』, 탑출판사.

김정대(1999), 「한국어 접속문에서의 시제구 구조」, 『언어학』 24, 한국언어학회.

______(2003), 「'문장'에 대한 이해」, 『시학과언어학』 6, 시학과언어학회.

______(2004), 「한국어 접속문의 구조」, 『국어국문학』 138, 국어국문학회.

김정호(1962), 「생략에 대하여」, 『한글』 130, 한글학회.

김종록(1992), 「국어 접속문 구성에서의 부정법」, 『어문학』 53, 한국어문학회.

______(1993), 『국어 접속문의 통사론적 연구』, 경북대 박사학위논문.

김지홍(1989), 『국어 부사형 어미 구문과 논항 구조에 대한 연구』, 서강대 박사학위논문.

김진수(1987), 「'-고', '-(으)며', '-(으)면서'의 통사, 의미의 상관성」, 『국어학』 16, 국어학회.

김진영(1995), 「중세국어 보조사에 대한 연구」, 『국어연구』 136.

김흥수(1976), 「계기의 '고'에 대하여」, 『국어학』 5, 국어학회.

______(1978), 「동시 구문 고찰」, 『국어학』 7, 국어학회.

나찬연(1993), 「우리말 이음에서의 삭제와 생략 현상」, 『우리말연구』 3, 우리말연구회.

남기심(1985), 「접속어미와 부사형어미」, 『말』 10, 연세대 한국어학당.

______(1996), 『국어 문법의 탐구 Ⅰ』, 태학사.

남길임(2007), 「국어 억양 단위의 통사적 상관성 연구」, 『어문학』 96, 한국어문학회.

남미정(1998), 「접속어미 '-거든'의 통시적 연구」, 서강대 석사학위논문.

______(2004), 「接續語尾 '-ㄱㄹ'에 대한 一考察」, 『구결연구』 12, 구결학회.

남윤진(1989), 『15세기 국어의 접속어미에 대한 연구』, 서울대 석사학위논문.

남풍현(1976), 「국어 부정법의 발달」, 『문법연구』 3, 문법연구회.

리의도(1990), 『우리말 이음씨끝의 통시적 연구』, 어문각.

문숙영(2005), 『한국어 시제 범주 연구』, 서울대 박사학위논문.

박부자(2005), 『한국어 선어말어미 통합순서의 역사적 변화에 대한 연구』, 한국학중앙연구원 박사학위논문.

박승윤(1983), 「생략에서의 동일성 조건」, 『언어』 8-1, 한국언어학회.

박용찬(1996), 「'마른', '-건마른', '컨마른'에 대하여」, 『관악어문연구』 21.

______(2006), 『15세기 국어 연결 어미와 보조사의 통합형 연구』, 서울대 박사학위논문.

박형우(2005), 「16세기 국어 부정문 연구」, 『한민족어문학』 47, 한민족어문학회.

서정목(1979), 「경남방언의 의문법에 대하여」, 『언어』 4-2, 한국언어학회.

______(1985), 「疑問詞와 WH-疑問 補文子의 呼應」, 『국어학』 14, 국어학회. [서정목(1994)에 재수록]

______(1987), 『국어 의문문 연구』, 탑출판사.

______(1991), 「한국어의 구절 구조와 엑스-바 이론」, 『국어학의 새로운 인식과 전개』, 민음사. [서정목(1994)에 재수록]

______(1993ㄱ), 「계사 구문과 그 부정문의 통사 구조에 대하여」, 『국어사 자료와 국어학의 연구』, 문학과 지성사.

______(1993ㄴ), 「國語 敬語法의 變遷」, 『한국어문』 2.

______(1994), 『국어 통사 구조 I』, 서강대학교출판부.

______(1999), 『문법의 모형과 핵 계층 이론』, 태학사.

서정수(1974), 국어의 부정법 연구에 관하여, 『문법연구』 1, 문법연구회.

______(1982), 「부사절의 시상」, 『어학연구』 18:1, 서울대 어학연구소.

______(1985), 「시간관계 접속어미」, 『歷史言語學』, 전예원.

______(1994), 『국어 문법』, 한양대학교 출판부.

서종학(1983), 「15세기 국어의 후치사 연구」, 『국어연구』 53.

서태룡(1979), 「내포와 접속」, 『국어학』 8, 국어학회.

신성옥(1991), 「한국어 복합문의 시제」, 『우리말 연구』 1, 우리말연구회.

송재목(1990), 「16세기 언해자료에 나타난 부정법의 특성-'아니'를 중심으로」, 『언어연구』 2, 서울대 언어연구회.

안병희(1959), 「중기어의 부정어 '아니'에 대하여」, 『국어국문학』 20, 국어국문학회.

______(1961), 「주체겸양법의 접미사 {-습-}에 대하여」 『진단학보』 22, 진단학회.

______(1965), 「후기 중세국어의 의문법에 대하여」, 『학술지』 6(건국대).

______(1982), 「중세국어 겸양법 연구에 대한 반성」, 『국어학』 11, 국어학회.

______(1992), 『國語史 研究』, 문학과 지성사.

안병희 · 이광호(1990/2001), 『中世國語文法論』, 학연사.

양명희(1996), 「국어의 생략 현상」, 『국어국문학』 117, 국어국문학회.

유현경(1985), 「접속문의 통사적 특질 연구」, 연세대 석사학위논문.

______(1986), 「국어 접속문의 통사적 특질에 대하여」, 『한글』 191, 한글학회.

윤평현(1989), 『국어의 접속어미에 대한 연구』, 전남대 박사학위논문.

이관규(1999), 「대등문·종속문·부사절 구문의 변별 특성」, 『선청어문』 27, 서울대 국어교육학과.

이기갑(1981), 「씨끝 '-야'와 '-고'의 역사적 교체」, 『어학연구』 17-2, 서울대 어학연구소.

이기문(1972), 『개정 국어사 개설』, 민중서관.

이병기(1998), 「선어말어미 '-라'의 기원」, 『구결연구』 4, 구결학회.

이성범(1999), 『언어와 의미』, 태학사.

이상태(1988), 『국어 접속어미 연구』, 계명대 박사학위논문.

______(1988), 「접속문의 통사현상에 관한 연구」, 『국어교육연구』 20, 국어교육학회.

이숭녕(1981), 『중세국어문법론』, 을유문화사.

이승명(1991), 「전제의 통사론적 양상」, 『국어의 이해와 인식』, 갈음 김석득 교수 회갑기념 논문집, 한국문화사.

이승욱(1970), 「과거시제에 대하여-15세기의 '-더-'를 중심으로-」, 『국어국문학』 49·50, 국어국문학회.

______(1973), 『국어 문법체계의 사적 연구』, 일조각.

______(1997), 『국어 형태사 연구』, 태학사.

이승희(1996), 「중세국어 감동법 연구」, 『국어연구』 139.

이시형(1989), 「보문자 '게', '도록'의 대비 고찰」, 『국어국문학논총』(이정정연찬선생 회갑기념논총), 탑출판사.

______(1990), 『한국어 연결 어미 '-어', '-고'에 관한 연구』, 서강대 박사학위논문.

이영민(1991), 「국어 접속문의 WH-현상」, 『석정이승욱선생 회갑기념논문집』, 원일사.

이 용(2003), 『연결 어미의 형성에 관한 연구』, 역락.

이은경(2000), 『국어의 연결 어미 연구』, 국어학총서 31, 태학사.

이은정(1983), 「'-드록'의 기능과 의미 유형 고찰」, 『한글』 181, 한글학회.

이익섭(1974), 「국어 경어법의 체계화 문제」, 『국어학』 2, 국어학회.

이익섭·임홍빈(1983), 『국어문법론』, 학연사.

이익섭(2003), 『국어 부사절』, 태학사.

이익섭·채완(2005), 『국어문법론강의』, 학연사.

이정훈(2004), 『국어의 문법형식과 통사구조』, 서강대 박사학위논문.

______(2007), 「국어 어미의 통합단위」, 『한국어학』 37, 한국어학회.

______(2008), 「한국어 접속문의 구조」, 『생성문법연구』 18, 한국어생성문법학회.

이지영(2005), 『국어의 용언 부정문에 관한 역사적 연구』, 서울대 박사학위논문.

이필영(1994), 「대등절과 종속절에 관하여」, 『선청어문』 22, 서울대 국어교육학과.

______(1995), 『국어의 인용구문 연구』, 탑출판사.

이태영(1988), 『국어 동사의 문법화 연구』, 한신문화사.

이현우(1986), 「현대국어의 접속의 양상에 대한 연구」, 『국어연구』 70.

이현희(1994ㄱ), 『中世國語 構文硏究』, 신구문화사.

______(1994ㄴ), 「국어 문법사 기술의 몇 문제」, 『한국어문』 2.

______(1994ㄷ), 「19세기 문법사적 고찰」, 『한국문화』 15.

______(1995ㄱ), 「'-아져'와 '-良結'」, 『국어사와 차자표기』, 남풍현선생 회갑기념
        논총, 태학사.

______(1995ㄴ), 「'-샤'와 '沙'」, 『한일어학논총』, 남학 이종철 선생 회갑 기념 논
        문집, 국학자료원.

______(1996), 「중세국어 자료(한글문헌)」, 『국어의 시대별 변천·실태 연구 1-중
        세국어-』, 국립국어원.

임규홍(1996), 「국어 생략현상에 대한 연구」, 『어문학』 57, 한국어문학회.

임동훈(1996), 『현대 국어 경어법 어미 '-시-'에 대한 연구』, 서울대 박사학위논문.

임지룡(1992), 『국어 의미론』, 탑출판사.

임홍빈(1972), 「국어의 주제화 연구」, 『국어연구』 28.

______(1978), 「부정법 논의와 국어의 현실」, 『국어학』 6, 국어학회.

______(1984), 「문종결의 논리와 수행-억양」, 『말』 9.

______(1987), 「국어 부정문의 통사와 의미」, 『국어생활』 10, 국어연구소.

______(1998), 「부정법」, 『문법연구와 자료』, 태학사.

임홍빈·장소원(1995), 『國語文法論·1』, 한국방송대학교출판부.

장요한(2002), 「19세기 말에서 20세기 초의 {-습-}에 대한 연구」, 서강대 석사학
위논문.

______(2003), 「19세기 국어 경어법의 체계에 대하여」, 『언어와 정보사회』 2. 서
강대 언어정보연구소.

______(2004), 「문장 종결형 '-습'에 대하여」, 『국어국문학』 136, 국어국문학회.

______(2006), 「어미 '-과'의 의미 기능에 대한 고찰」, 『한민족어문학』 49, 한민
족어문학회.

______(2007), 「중세국어 접속문에서의 부정 범위에 대하여」, 『국어국문학』 146,
국어국문학회.

______(2007), 「문장의 확장'에 대한 소고」, 『시학과 언어학』 14, 시학과 언어학
회.

______(2009), 『15세기 접속문 연구』, 서강대 박사학위논문.

______(2009), 「中世國語 接續 構成에서의 事實性」, 『어문연구』 141, 어문교육연
구회.

______(2009), 「한국어 교육을 위한 양보 연결어미의 연구 -"-아도", "-더라도", "-
고도", "-은들"을 중심으로-」, 『새국어교육』 81, 한국국어교육학회.

______(2009), 「근대국어에 나타난 감탄법 종결어미 유형」, 『형태론』 11-2, 형태
론학회.

______(2010), 「중세국어 조사 '-ᄃᆞ려', '-더브러', '-의/ㅅ손ᄃᆡ'의 문법」, 『한민족어
문학』 56, 한민족어문학회.

장윤희(1991), 「중세국어의 조건 접속어미에 대한 연구」, 『국어연구』 104.

______(1998), 『중세국어 종결 어미에 대한 통시적 연구』, 서울대 박사학위논문.

전병용(1986), 「근대국어 접속어미 연구:'-고', '-며'와 '-어'를 중심으로」, 단국대 석
사학위논문.

______(1995), 『중세국어의 어미 '-니'에 대한 연구』, 단국대 박사학위논문.

전수태(1984), 「진술 미완의 {-애와 진술 완료의 {-괴」, 『한글』 185, 한글학회.

정언학(2006), 『상 이론과 보조 용언의 역사적 연구』, 태학사.

정재영(1992), 「통합형어미 '-ㄴᄃᆞᆫ'과 '-ㄴ뎌'에 대한 고찰」, 『국어학』 22, 국어학
회.

______(1996), 『의존명사 'ᄃᆞ'의 문법화』, 국어학총서 23, 태학사.

정혜선(2005), 「19세기 국어의 '원인' 통합형 접속어미 연구」, 서강대 석사학위논문.

주시경(1910), 『국어문법』, 박문서관.

최동주(1994), 「국어 접속문에서의 시제현상」, 『국어학』 24, 국어학회.

______(1995), 『국어 시상체계의 통시적 변화에 대한 연구』, 서울대 박사학위논문.

최현배(1937/1971), 『우리말본』, 정음사.

채 완(1976), 「조사 '는'의 의미」, 『국어학』 4, 국어학회.

최재희(1985), 「'-고' 접속문의 양상」, 『국어국문학』 94, 국어국문학회.

______(1987), 「국어 접속문의 생략 현상」, 『국어교육연구』 5, 조선대학교.

______(1991), 『국어 접속문 구성 연구』, 탑출판사.

______(2004), 『한국어 문법론』, 태학사.

하귀녀(2005), 『보조사의 통시적 연구』, 서울대 박사학위논문.

한동완(1989), 「'-으니' 접속 구성의 의미에 대한 일고찰 - 시제 현상을 중심으로」, 『이정정연찬선생회갑기념논총』, 탑출판사.

______(1996), 『國語의 時制 研究』, 국어학총서 24, 태학사.

한재영(1996), 『十六世紀 國語構文의 研究』, 신구문화사.

한재현(1981), 『생략과 대용현상』, 전북대 박사학위논문.

허원욱(1993), 『15세기 국어 통어론』, 샘문화사.

허 웅(1975), 『우리 옛 말본』, 샘 문화사.

허재영(2002), 『부정문의 통시적 연구』, 역락.

허철구(1997), 『국어 합성동사 형성과 어기분리』, 서강대 박사학위논문.

______(2005), 「대등 접속문의 통사 구조」, 『배달말』 36, 배달말학회.

홍윤표(1969), 「15세기 국어의 격 연구」, 『국어연구』 21.

______(1994), 『근대국어연구 Ⅰ』, 태학사.

______(2004), 「서지학 연구」, 2004년도 2학기 연세대학교 대학원 서지학 강의 자료.

홍재성(1982), 「'-러' 연결어미문과 이동동사」, 『어학연구』 18-2, 서울대 어학연구소.

황문환(1998), 「ᄒ니·ᄒ라류 종결형의 대우 성격에 대한 통시적 고찰」, 『국어학』 32, 국어학회.

황병순(1980), 「국어 부정법의 통시적 고찰」, 『어문학』 40, 한국어문학회.

황선엽(1995), 「15세기 국어 '-으니'의 용법과 그 기원」, 『국어연구』 135.

Bloomfield, L.(1993), *Language*, Holt, Rinehart and Winston.

Bynon, T.(1977), *Historical Linguistics*, Cambridge Univ. Press.[최전승 역 (1995), 『歷史言語學』, 한신문화사]

Chomsky, N.(1986), *Barriers,* MIT Press.

Comrie, B.(1981), *Language Universals and Linguistic Typology*, Basil Blackwell.

Cristofaro, S.(2003), *SUBORDINATION*, Oxford: Oxford University Press.

Foley, W. A and R. D. Van Valin, Jr.(1984), *Functional Syntax and Universal Grammar*, Cambridge: Cambridge University Press.

Givón, T.(1990), *Syntax Ⅰ : A Functional-Typological Introduction*, Amsterdam and Philadelphia: John Benjamins Publishing Company.

Haegeman, L.(1994), *Introduction to Government and Binding Theory*, 2nd edition, Blackwell.

Haeyeon Kim(1993), *Clause combining in discourse and grammar : an analysis of some korean clausal connectives in discourse*, 언어학 총서 13, 태학사.

Haiman, J. and S. A. Thompson(1984), *"Subordination" in universal grammar'*, in Proceedings of the Tenth Annual Meeting of Berkeley Linguistic Society.

Halliday, M. A. K.(1985), *An Introduction to Functional Grammar,* London : Edward Arnold.

Hengeveld, K.(1998), *Adverbial clauses in the languages of Europe*, in : J. Van der Auwera(ed) Adverbial constructions in the languages of Europe, Berlin : Mouton de Gruyter.

Hockett, C. F.(1958), *A Course in Modern Linguistics*, Macmillan.

Jesperson, O.(1924), *The Philosophy of Grammar*, George Allen and Unwin.

Kortmann, B.(1997), *Adverbial Subordination: A Typology and History of*

Adverbial Subordinators based on European Languages, Berlin and New York : Mouton de Gruyter.

Kuno, S.(1973), The Structure of the Japanese Language, Cambridge, Mass : the MIT Press.

Lehmann, C. (1988). 'Towards a typology of clause linkage', in J. Haiman and S. A. Thompson(eds), Clause Combining in Grammar and Discourse, pp. 181-225. Amsterdam and Philadelphia: John Benjamins.

Longacre, Robert.(1970), Sentence structure as a statement calculus, Language 46, 783-815.

Lyons, J.(1977), Semantics 2, Cambridge: Cambridge University Press.

Martin, J. R.(1992), English Text: System and Structure, Amsterdam : John Benjamins Publishing Company.

Matthiessen, C. and S. A. Thompson.(1988), The structure of discourse and subordination, in J. Hamiman and S. A. Thompson(eds), Clause Combining in Grammar and Discourse, Amsterdam and Philandelphia : John Benjamins.

Nida, E. A.(1949), Morphology : The Descriptive Anslysis of Words, 2nd ed. University of Michigan Press.

Perez Quintero, Maria Jesus.(2002), Adverbial Subordination in English: A Functional Approach, Netherlands: Rodopi B.V..

Palmer, F. R.(1986), Mood and Modality, Cambridge: Cambridge University Press.

Radford, A.(1988), Transformational Grammar, Cambridge University Press.

Robert, J.(1979), Principles and Methods for Historical Linguistics, MIT Press.

Van Valin, Jr., R. D. and R. J. Lapolla(1997). Syntax. Cambridge: Cambridge.

장요한

· 전북 부안 출생
· 전주대학교 국어국문학과 졸업(2001)
· 서강대학교 대학원 국어국문학과 문학석사(2003)
· 서강대학교 대학원 국어국문학과 문학박사(2009)
· 서강대, 숭실대, 청주교대, 영남대, 전주대, 우석대, 웅지세무대 강사 역임
· 현재 서울대학교 국어국문학과 Post-doc

주요 논저

· 문장 종결형 '-습'에 대하여(2004)
· 중세국어 접속문에서의 부정 범위에 대하여(2007)
· 中世國語 接續 構成에서의 事實性(2009)
· 근대국어에 나타난 감탄법 종결어미 유형(2009)

國語學叢書 67

15세기 국어 접속문의 통사와 의미

초판 제1쇄 인쇄 2010년 11월 22일
초판 제1쇄 발행 2010년 11월 29일
지은이 장요한
펴낸이 지현구　**펴낸곳** 태학사　**등록** 제406-2006-00008호
주소 경기도 파주시 교하읍 문발리 파주출판도시 498-8
전화 마케팅부 (031) 955-7580~82 편집부 (031) 955-7585~89　**전송** (031) 955-0910
전자우편 thaehak4@chol.com　**홈페이지** www.thaehaksa.com

ⓒ 장요한, 2010

값은 뒤표지에 있습니다.

ISBN 978-89-5966-409-2 94710
ISBN 978-89-7626-147-2 (세트)

國語學 叢書 目錄